누가복음
풀어쓴 성경

누가복음
풀어쓴 성경

하나님의
마음으로 읽는
의미역 번역과 통찰

강산 지음

하온

일러두기

1. 본문에 사용된 성경 본문은 《풀어쓴 성경》*MPT, Mountain's Personal Translation*이다. 《헬라어 성경 NA28판》을 저본으로 하되, 저자가 100여 권의 누가복음 번역본을 참고하고, 60여 권의 주석과 논문 이해를 토대로 직접 옮겼다. 중학생도 다른 해설서 없이 오직 읽는 것만으로 누가복음의 원래 의도와 목적까지 자연스럽게 함께 깨달을 수 있도록, 성경으로 성경을 이해할 수 있도록 했다.

2. 성경 번역에서 ( ) 안은 성경 원문에 문맥적으로 담겨 있어 내용상 충분히 유추할 수 있는 부분이고, 〔 〕 안은 원문에 문자적으로 담겨 있지 않으나 참고로 읽어보면 도움이 될 만한 것으로 보충한, 일종의 주석 부분이다. 문장의 자연스러운 흐름을 위해 자유롭게 첨언하고 확장하여 번역한 부분이 있음을 밝힌다. 정확한 원문 및 번역 파악을 위해서는 부록에 담긴 직역과 의역을 참고하라.

3. 누가복음 전체의 원어 직역 및 의역은 저자의 블로그 게시판에서 확인할 수 있다. 모든 구절마다 《헬라어 성경 NA28판》 원어 직역과 의역을 제공하고, 의역은 《풀어쓴 성경》 본문을 사용하였다.

   링크 주소 https://blog.naver.com/mt941802/222773778175
   • 큐알 코드를 찍으면 저자의 블로그로 연결된다.

참으로 말씀을 사모했던
김정화 집사님에게

성경은 계속해서 쉽게 번역되어야 합니다. 시대와 함께 글의 감각과 이해도 달라지기 때문입니다. 그것이 유진 피터슨의 《메시지》 번역 성경의 매력일 것입니다.

여기 우리 시대 한국인의 감각으로 번역된 성경이 나왔습니다. 사복음서 중 가장 세밀한 의사의 안목으로 쓰인 누가복음입니다. 강산 목사님의 수고로 번역과 적용이 어우러진 멋진 작품입니다. 이런 수고가 성경 전체에 시도되었으면 하는 갈망이 제게 생겼습니다. 우선 누가복음으로 시작하여 이 맛깔 난 우리 말로 성경을 통독하십시오. 그리고 이런 노력으로 한층 부요해질 한국 교회 강단을 꿈꾸어봅니다. 번역과 강해가 조화를 이룬 이 책의 탄생을 함께 축복합니다.

이동원 (지구촌목회리더십센터 대표, 지구촌교회 원로목사)

성경 번역은 두 언어에 능통해야 한다. 출발어인 헬라 어뿐 아니라 도착어인 한글에 관한 깊은 이해가 있어야 한다. 따라서 둘 사이의 균형 잡힌 언어 감각을 유지하면서 성경을 번역해 내는 게 쉬운 일이 아니다.

"풀어쓴 성경"이란 기치 아래 이사야서의 오묘한 맛을 잘 살려 번역했던 강산 목사가 이제 누가복음을 새롭게 풀어 번역해 냈다. 저자는 두 언어의 숨소리에 귀를 기울일 줄 안다. 두 언어 사이에 오가는 미묘한 율동과 미세한 호흡 소리를 놓치지 않고 읽어낸다. 마침내 유연하고 정갈하게 읽히는 누가복음이 새 모습을 입고 독자의 입에서 부드럽게 녹아 온몸에 퍼진다. 누가가 전하는 좋은 소식을 누구나 자기 것으로 삼을 수 있을 것이다. 깔끔하고 부드러우면서도 분명한 누가의 목소리를 들을 수 있기 때문이다. 독자들은 68개의 강산 인사이트 칼럼을 덤으로 받는다.

류호준 (전 백석대학교 신학대학원 교수, 성경 번역가)

이 책은 저자의 성경 원어에 대한 남다른 애착과 연구 그리고 진실한 삶이 어우러진 보석과 같은 작품이다. 성경에 대한 새로운 번역은 우리 시대의 절실한 요청이다. 번역된 말씀은 결국 삶에서 그 뜻을 따르려는 사람의 진정성이 더해져 꽃과 열매로 나타난다. 강산 목사가 이어가고 있는 성경 번역과 삶은 이 두 차원이 잘 어우러지고 있는 말씀의 증언인 셈이다. 이 귀한 작품을 읽어 내려가면서 우리의 신앙이 새로워지기를 기대한다. 저자의 성경과 말씀에 대한 사랑이 앞으로도 귀한 결실로 맺히기를 응원한다.

박정수 (성결대학교 신학대학원장)

저자 강산 목사님은 하나님의 말씀을 사랑하는 목회자입니다. 이 책은 그 증거입니다. 심혈을 기울여 번역해 나간 단어 하나하나, 문장 하나하나에 그 사랑을 고스란히 담아냈습니다. 무엇보다, 헬라어 본문의 원래 뜻을 살리면서도 우리나라 말과 표현 중 원문의 뜻을 가장 잘 살릴 수 있는 어휘를 택하고자 얼마나 치열하게 고민했는지 이 책을 읽는 내내 경험할 수 있었습니다. 목사님의 치열함은 이 번역서가 나오기까지 2년간 100여 권의 다른 번역본과 60여 권의 주석과 논문을 참조한 것을 통해서도 확인할 수 있습니다. 삶의 참된 변화는 하나님의 말씀이 내 삶으로 번역되는 것임을 다시 한번 깨닫게 합니다. 주의 말씀을 사랑하는 독자들에게 이 누가복음 번역서를 적극 추천합니다.

박윤만 (하늘깊은샘교회 담임목사, 대신대학교 신학대학원 신약신학 교수)

차례

저자 서문

진리와 성령의 숨결로 가득한
누가복음 안으로 들어가 함께 뛰놀다

그 순간 두 제자는 서로를 향해 감동의 고백을 나누었다.
"우리 마음이 뜨겁게 타오르는 것을 느끼지 않았나?
부활하신 예수님께서 말씀하실 때 말이야! 길에서 성경 말씀을
자세히 풀어 설명해주실 때 말이야!"라고 말하면서.

누가복음 24:32, MPT

개인적으로 누가복음의 저자 누가를 참 좋아합니다. 그는 철저하게 진리를 추구하고 말씀을 연구한 사람이었습니다. 누가복음을 시작하는 문장에서 누가는 "그 모든 일을 근원부터 자세히 미루어 살폈다"(1 : 3, 개역개정)라고 고백하기 때문입니다.

하지만 그는 단순히 책상에 앉아 책만 읽은 학자는 아니었습니다. 그는 뜨거운 가슴을 가진 목회자이기도 했습니다. 삶의 현장에서 실제적으로 일어나는 현실의 복음을 만지고 전했습니다. 특히 의사였던 누가는 육체적으로나 영적으로 병들고 아픈 사람들에 대해 많은 기록을 남겼으며, 여성과 같이 소외된 약자들에 관한 관심이 각별했습니다. 그래서 예수님에 대한 묘사를 보더라도 그분의 신성이 가진 존엄과 위대함과 함께 그분의 인성에서 흘러나오는 눈물과 따뜻함이 조화를 이루며 그의 글 사이를 채우고 있습니다.

이것으로 끝이 아닙니다. 무엇보다 그는 성령의 사람이었고 기도하는 사람이었습니다. 누가복음의 후속편인 사도행전을 보면 더 확

실하지만, 누가복음을 보더라도 그는 기도의 신비와 성령님의 능력을 적극 소개하고 그 흐름에 모든 성도가 참여하기를 열정적으로 도전합니다.

누구나 자신이 좋아하는 것을 말하고, 나누는 것이 자연스럽지 않겠습니까? 그래서 저 역시 제가 무척 아끼는 누가의 말씀을 번역하고 해석한 후에, 저의 부족한 삶에 담아 이렇게 나누게 되었습니다.

하지만 그 과정은 쉽지 않았습니다. 누가복음의 문을 여는 첫 문장, 첫 번째 헬라어 단어인 '에페이데페르'를 번역하는 데만 일주일이 걸렸습니다. 대다수 한글 성경 번역본에는 이 단어를 풀어내지도 않았습니다. 헬라어 문장의 어순을 지키면서도 한국어의 자연스러운 독법에 어울리는 단어를 고민하고 기도하다가 '바야흐로'라는 단어를 찾아냈습니다. 이런 식으로 약 2년간《헬라어 성경 NA28판》을 저본으로 하여 제가 구할 수 있는 거의 모든 누가복음 번역본 100여 권을 참고했고, 또한 제가 읽을 수 있는 최대한의 주석과 논문 60여 권을 읽었습니다. 그리고 단어와 문장, 문맥 하나하나를 연결하여 누가복음 스물네 장을 약 2년 동안 번역하였습니다. 이따금 수명이 단축되는 것 같은 고통도 있었지만, 주님의 은혜로 마무리하여 이렇게 출간하게 된 것에 너무나 감사합니다.

코로나가 지속되면서 수많은 목회자가 어렵다는 말을 많이 했습니다. 물론 저도 어려웠습니다. 하지만 이 위기는 기회였습니다. 코로나 전에는 거의 매일 예배와 모임이 있었지만, 코로나가 터진 이후에 예배와 모임은 최소한으로 축소되었습니다. 전혀 만날 수 없는 성도들도 있었습니다. 저는 고민했습니다. 이 위기를 어떻게 하면 기회로 만들 수 있을까 기도했습니다. 그리고 작은 응답을 받았습니다. 지금까지 일주일에 10번의 예배를 준비하기 위해 매번 5시간씩 50시간을 들였다면, 이제 두세 번밖에 드릴 수 없는 예배를 위해 그 모든 시간을 다 쓰기로 한 것입니다. 더 밀도 있고, 삶의 적용에 도전할 수 있는 말씀과 메시지가 되도록 저에게 주어진 작은 기회에 전부를 걸었습니다. 그래서 지금도 저는 주일 예배 한 번을 위해서만 일주일에 30시간 이상씩 준비하고 있습니다. 이 책은 그 헌신의 결과물입니다.

이미 이전에 출간한 《이사야서 풀어쓴 성경》을 많은 독자가 사랑해주셨고, 어떤 분은 번역본 전체를 필사까지 하여 보여주셨습니다. 그러한 열정은 제게 큰 감동을 주었고, 이번 번역을 다시 시작할 수 있는 자극도 되었습니다. 그래서 더 많은 시간을 투자했습니다.

가장 먼저 누가복음 전체를 3부로 나누었습니다. 1부 "갈릴리 이야기"는 북쪽 갈릴리 지역에서 사역하신 내용이 중심을 이루며, 2부 "길의 이야기"는 갈릴리에서 예루살렘까지 이동하시는 과정에서 예수님의 정체성을 더 선명하게 드러냅니다. 3부 "예루살렘 이야기"에서는 십자가와 부활의 사명을 감당하시고 제자들에게 사명을 이어주시며 마무리하십니다. 특별히 지도까지 만들어 추가했으니 시각적인 도움도 받을 수 있을 것입니다.

적절한 분량에 맞추어 모든 누가복음 본문을 헬라어에서 직역하고, 다시 주석 작업을 마무리한 후에 오늘을 살아가는 성도들이 가장 이해하기 쉽도록 의역을 추가했습니다. (직역과 의역은 부록에서 확인할 수 있습니다.) 아울러 그런 번역에서 도출된 메시지가 삶에 제대로 적용될 수 있도록 매주 칼럼 하나를 써서 담았습니다. 더 자세한 주해적 설명을 담지 않은 것은 제대로 번역된 성경은 그 성경 자체를 읽기만 해도 충분히 그 의미가 이해될 뿐만 아니라, 성령님께서 풍성하게 열어주시는 더 넓은 의미를 독자들이 스스로 발견하기를 기대했기 때문입니다.

이어서 번역된 본문에 추가된 저의 칼럼 부분은, 본문 자체를 대충 읽으셨다면 둘 사이가 어떤 연관성을 갖는지 바로 이해가 안 될 수도 있습니다. 그러나 번역된 본문에 오래 머물면서 천천히 묵상하고 나면 이어지는 칼럼과 특별한 연결성이 있음을 발견하게 될 것입니다.

마지막으로 이런 어려운 과정을 견디며 성경을 번역하고 칼럼을 담을 수 있었던 것은 바로 십자가교회 성도들이 있었기 때문입니다. 유튜브에서 누군지도 모르는 구독자들을 위해 설교한 것이 아니라, 날마다 기억하고 기도하며 애달프고 소중한 우리 십자가교회 성도들을 생각하며 번역하고 칼럼을 적었습니다. 하나님 말씀이 성도들에게 그저 잘 정돈된 교리로만 그치지 않고 삶의 현장에서 생명이 되고 능력이 되길 간절히 기대하였습니다. 제가 살아낸 적 없는 허황된 지식이 아니라 직접 살아보니 열매가 되었던 진리를 전하고자 애썼습니다. "성경 읽는다고 지금 내 삶에 무엇이 바뀌나?"가 아니라 "정말 말씀을 바로 알아서 그대로 적용하고 살아보니 놀라운 일이 일어났다"라는 값진 체험을 나눌 수 있기를 소망하면서 말입니다. 그래서 어떤 메시지는 많이 찔리고 아프기도 했을 것입니다. 그러나 그 모든 것이 성도들을 위한 부족한 목사의 사랑 고백이었음을 이해해 주길 바랍니다.

늘 말씀드리지만, 저의 번역과 메시지는 기존 성경을 대체하는 것이 아니라 진정한 성경 말씀 속으로 들어가기 위한 통로요 도구일 뿐입니다. 분명히 미숙한 번역과 오역이 있을 것입니다. 오직 바라는 것은 이 부족한 종이 번역한 것들로 한 영혼, 한 영혼이 더 말씀을 분명히 깨닫게 되고 그 말씀의 주인 되신 하나님을 사랑하게 되는 것입니다. 말씀에 대한 온전한 이해가 완성되면 저의 하잘것없는 번역과 글들은 폐기처분 되더라도 상관없습니다.

마지막으로 이 책이 나오기까지 늘 응원해준 아내와 다소, 건, 다연이 그리고 늘 기도해주신 성도님들, 특히 누가복음 연구를 위해 필요한 책을 매달 아낌없이 선물해주신 보석 같은 손길에 진심으로 감사드립니다. 아울러 처음 번역된 본문 일부를 미리 읽어보시고 조언해주신 정방울, 양시진 집사님에게 감사드리며, 지도 제작을 위해 소중한 재능과 시간을 사용해준 김경진 성도님과 김종성 전도사님에게도 감사드립니다. 가장 감사한 사람은 지금 이 책을 손에 들고 있는 당신입니다. 천천히 소리 내어 읽어 보시고, 한 가지라도 실제로 살아내 보십시오. 그러면 글이 된 말씀이 삶이 된 진리가 될 것입니다. 이 부족한 번역과 글을 통해 더 깊게 하나님을 만날 것을 기대하며, 당신을 진심으로 축복합니다.

오직 하나님께 영광을 돌리며,
2022년 사순절에, 십자가교회 서재에서

강산 목사

제1부

갈릴리 이야기 (1:1-9:50)

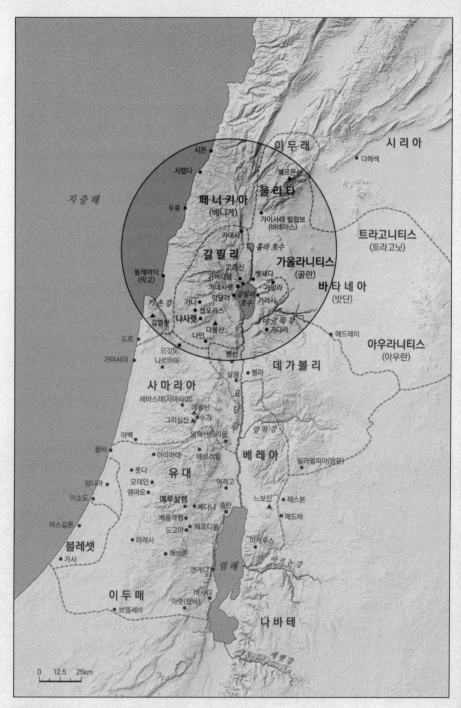

"갈릴리 이야기"

예수께서 갈릴리에서 태어나고 자라신 이야기, 제자들을 뽑으신 이야기가 주로 담겨 있다.

1-4 **1** 바야흐로 우리 안에서 이루어진 복음 이야기, 곧 하나님께서 계획하시고 그 아들 예수께서 성취하신 구원 이야기, 하나님 나라 이야기를 순서대로 잘 기록해보고자 많은 사람이 노력해왔습니다. 그 이야기는 처음에 하나님의 말씀이신 예수님을 직접 눈으로 본 목격자들이자 그분의 말씀을 전하고 가르치는 사역을 감당했던 제자들이 우리에게 전해준 것입니다. 그 이야기를 철저하게 조사하고 그 이야기와 함께했던 나, 누가는 존경하는 데오빌로 님께 이 모든 내용을 그 기원부터 시작해서, 빠짐없이, 순서대로 기록해서 전하는 것이 옳은 일이라고 생각했습니다[그래서 이렇게 누가복음을 기록하게 되었습니다]. 위대한 이야기에는 언제나 위대한 목적이 있습니다. 지금부터 시작되는 위대한 이야기는 하나님을 사랑하는 데오빌로 님께서 이미 들었고 배운 하나님의 말씀들을 확실하게 해주는 위대한 목적으로 이끌 것입니다.

확실성 상실의 시대

제가 신학교 시절에 섬기던 교회에는 여름마다 특별한 프로그램이 열렸습니다. 한때 탕자처럼 살던 담임목사의 아들은 주님을 만나고 변화되어 필리핀 선교사가 되었고, 그 선교사는 여름마다 전도된 필리핀 사람 중에서 영어 잘하는 사람들을 데리고 한국 여행을 시켜주는 조건으로 약 한 달간 교회 청소년들을 모아 '영어 성경 캠프'를 연 것입니다. 교회 젊은이들에게 원어민 교사가 직접 영어도 가르치고 함께 성경도 가르칠 수 있어서 반응이 매우 좋았습니다. 문제는 일정이 매우 빡빡했다는 것입니다. 새벽부터 시작해서 밤 12시가 되어서야 끝났습니다. 한창때인 20대의 저도 힘들었으니, 필리핀에서 온 영어 선생님들도 무척이나 힘들었을 것입니다. 하지만 중간중간 그들이 무엇인가를 마시며 새 힘을 얻는 것 같았습니다.

당시에 유행하던 '박카스D'라는 음료 때문이었습니다. 나중에 알았지만, 필리핀 사람들은 그 음료수 안에 한국의 특별한 뿌리식물인 산삼이 들어 있다고 믿었다고 합니다. 그래서 그것만 마시면 아무리 피곤해도 새 힘을 낼 수 있다고 생각한 것이지요. 하지만 그들 대다수는 중간에 코피가 터지고 말았습니다. 안타깝게도 그 저렴한 음료수 안에 정말 산삼이 들어 있는지를 확실히 알아보려 한 사람은 한 명도 없었습니다.

오늘날 우리의 삶도 크게 다르지 않습니다. 첨단 정보와 기술이 앞에서 이끌고, 학문적인 발전도 어마어마한 시대인데도 사람들은 유튜브에서 한 번 본 것을 그냥 믿어버리고, 누가 무심코 한 말을 별 의심 없이 그냥 받아들입니다. 그들이 누군지도 모르고 어디서 그 글과 정보를 가져왔는지 제대로 알아보지도 않고 말입니다. 그중에서 그리스도인이 가장 참담합니다. 신앙생활을 그토록 오래 하고도 하나님에 대해, 복음에 대해 확신이 없습니다. 얼마 전에도 부교역자들을 모아놓고 복음이 잘 정리된 성경 구절을 하나만 말해보라고 하니, 다들 아무 말도 하지 못했습니다. 천국이 있는지, 무엇이 죄인지, 어떤 것이 하나님께서 기뻐하시는 일인지 우리는 불확실하게 알고 있습니다. 그 이유는 한 번도 제대로 말씀 속으로 들어가 알아보지도, 찾아보지도 않아 진리가 자신 안에 확실하게 자리 잡고 있지 못하기 때문입니다. 결국, 불확실한 정보, 불확실한 진리 속에서 우리 삶도 불확실하게 흘러가고 있습니다.

그 해결책은 확실한 대답 몇 개를 무조건 외우는 것이 아니라, '확실한 과정'을 거치는 데 있습니다. 그래서 구약에서, 요셉은 형들을 여러 번 애굽과 가나안을 오가게 한 것이며, 하나님께서는 이스라엘 백성을 광야에서 연단하신 것입니다. 신약에서도, 누가복음을 확실하게 전하고자 누가는 "모든 일을 근원부터 자세히 미루어 살[폈다]"라고 하고(눅 1:3), 바울이 복음을 전해준 베뢰아 사람들은 "이것이 그러한가 하여 날마다 성경을 상고"했습니다(행 17:11). 그러므로 우리도 그 과정을 가져야 합니다. 확실성이 상실된 시대를 살게 된 가장 큰 이유는 확실한 것이 없기 때문이 아니라 "확실함으로 가는 과정"을 상실했기 때문입니다. 게으르고 나태하기 때문이며, 무관심하고 고집스럽기 때문입니다. 저는 방언이 없다는 사람도 만나보았고 신유가 없다고 주장하는 사람도 만났습니다. 하지만 그들과의 논쟁은 아무 의미가 없었습니다. 정말 그런가 하고 말씀을 제대로 연구하고 깊게 기도했더니, 저는 방언도 받고 신유도 체험했습니다.

진정한 그리스도인이 되기 위해서는 단순히 교리와 정보를 앵무새처럼 반복하는 것이 아니라, 스스로 그 과정에 헌신하고 수고하여 다른 누군가의 하나님이 아니라 나의 하나님을 만나고, 어떤 교단의 원칙이 아니라 진짜 나의 복음을 체험해야 합니다.

당신은 어떻게 할 것입니까? 인생의 마지막 순간까지 불확실한 길을 매일 두려움과 염려 속에서 방황만 하다 끝날 것입니까? 아니면 힘들고 어려워도 십자가 뒤에 정말 부활이 있는지 확실하게 걸어가 볼 것입니까?

"또 우리에게는 더 확실한 예언이 있어 어두운 데를 비추는 등불과 같으니 날이 새어 샛별이 너희 마음에 떠오르기까지 너희가 이것을 주의하는 것이 옳으니라"(벧후 1:19, 개역개정).

1:5-7   (로마 시대) 헤롯이 유대 지역의 분봉왕이 되어 다스리던 시절에
〔헤롯대왕 B.C. 37-A.D. 4〕, 24개의 제사장 반열(조) 중에서 아비야
반열에 속한 제사장 사가랴가 살았다. 그에게 아내가 있었는데, 그녀
도 같은 아론지파 사람으로 이름은 엘리사벳이었다. 두 사람은 모
두 하나님 앞에서 의로운 사람이었다. 둘 다 하나님의 모든 계명과
율법을 철저히 지키면서 살았다. 그런데 그 부부에게는 자녀가 없
었다. (아내) 엘리자베스가 임신할 수 없는 몸이었기 때문이다. 그
리고 두 사람은 나이도 많았다.

8-12   마침 사가랴가 제사장으로써 하나님 앞에서 (성전의) 직무를 수
행해야 할 순서가 되었다. 제사장들의 전통에 따라 제비뽑기를 했
더니 사가랴가 뽑혀서, 이번에 하나님의 성전 안에 있는 성소에
들어가 분향단 위에 향을 태우는 사역을 감당하게 된 것이다. 사
가랴 제사장이 성소에 들어가 분향하는 동안, 모든 백성은 밖에서
기도하고 있었다. 사가랴가 성막 안으로 들어가, 분향단 앞에서
향을 태우고 있었는데, 갑자기 하나님의 천사 하나가 분향단 오른
쪽에 나타났다. 사가랴는 그 천사를 보고 깜짝 놀랐고 두려움에
사로잡혔다.

13-17   나타난 천사는 이렇게 말했다. "두려워 마시오! 사가랴 제사
장! 그대가 하나님께 간절히 기도했던 내용이 응답 되었기 때문입
니다. 그대의 아내 엘리사벳은 아들을 낳겠고 그 아이를 요한이라
는 이름으로 부르게 될 것입니다. 그 아이가 태어남으로, 당신도
기뻐하고 감격할 것이고 많은 이도 기뻐하게 될 것입니다. 그 아

이가 하나님 앞에서, 하나님을 위해 위대한 사람이 될 것이기 때문입니다. 그래서 그는 포도주든 독주든 전혀 마시지 않을 것이며 태에서부터 성령으로 충만케 될 것입니다. 더 나아가, 많은 이스라엘 사람을 회개하게 하여 그들의 주인 되신 하나님께로 돌아가게 할 것입니다. 그[요한]는 엘리야의 영과 능력으로, 주님께서 오시기 전에 먼저 그 길을 준비할 것이며, 아버지의 마음을 자녀에게로 돌이키게 하고, 악하고 완고한 자들의 마음을 순종하는 사람들이 가진 지혜로운 마음, 즉 옳은 삶을 추구하는 태도로 바꾸어 주님께서 오실 때 그분을 맞이하기에 합당한 존재로 준비시킬 것입니다."

18   그러자 사가랴가 천사에게 이렇게 말했다. "제가 어떻게 그 말을 믿을 수 있겠습니까? 제가 믿을 만한 표적이나 징조가 있나요? 저는 이미 노인이고, 아내도 나이가 많은데요."

19-20   그래서 그 천사가 대답했다. "나는 하나님 앞에서 그분을 모시는 천사 가브리엘입니다. 나는 분명히 그대에게 이 기쁜 소식을 전하라고 보냄을 받았습니다. (이것은 확실하고 권위 있는 하나님의 말씀입니다.) 자! 그러면 내가 표적을 하나 주겠습니다. 내가 한 말이 실현되는 그 날까지 그대는 전혀 말을 할 수 없을 것입니다. 하나님께서 정하신 때 이루시고자 그대에게 주신 말씀을 당신이 믿지 않았기 때문입니다."

21-23   그러는 동안, 백성들은 밖에서 사가랴가 나오기를 기다렸는데 그가 나오는 시간이 예상보다 늦어지자 이상하게 생각하고 있었다. 드디어 사가랴가 나왔지만 밖에서 기다리던 사람들에게 몸짓만 할 뿐, 전혀 말을 하지 못하는 상태가 되었다. 그러자 백성들은 사가랴가 성소 안에서 신비한 체험을 한 것이라고 확신하게 되었다. 사가랴는 제사장 직무를 모두 마치고 나서 자기 집으로 돌아갔다.

　　그리고 어느 정도 시간이 지난 후에 사가랴의 아내 엘리사벳이 〔많은 나이와 불임 상태에도 불구하고〕 정말로 임신을 하게 되었다. 엘리사벳은 다섯 달 동안 잠잠히 있으면서 이런 말을 하였다. "주님께서 나를 불쌍히 보시고 나에게 이렇게 해주셨구나! 사람들 앞에서 나의 수치를 제거하시려고 말이다!"

Mountains Insight
준비하시는 하나님

선교학을 전공하던 대학 시절에, 새 교수님이 오셨습니다. 국내에서 명문대를 졸업하고 독일의 유명 대학원에서 박사학위를 받으신 분이었습니다. 제가 특히 관심 있는 분야는 성경 번역과 관련된 언어학 수업이었습니다. 언어 체계가 문자로 확립되지 않은 나라에 가서 그들의 말을 듣고 문자와 사전을 만들어 그들의 언어로 성경을 번역하는 사역에 관해 배우는 흥미진진한 수업이었습니다. 당시 한국에는 그런 내용을 담은 책이 없었기에 영어로 된 상당히 어려운 교재로 공부했습니다. 저는 교수님의 수업 교재를 열심히 예습하고 수업에 참석했습니다.

하지만 수업을 진행하면서 조금씩 이상한 점을 느꼈습니다. 교수님은 수업 중간에 영어 문장 몇 개를 조금 어정쩡하게 번역하시더니 나중에는 아예 그 본문이 말하는 것과 다른 내용으로 수업이 흘러가는 것이었습니다. 저는 몇 주를 참다가 수업 시간에 손을 들고 번역이 잘못된 것은 아닌지 조심스럽게 여쭈었습니다. 교수님은 책을 내려놓고 솔직히 털어놓았습니다. 최근에 할 일이 너무 많아, 매주 수업을 마치면 교재를 책상에 그대로 내려놓았고 수업에 들어오면서 다시 들고 왔으며, 지금 바로 강의하면서 번역하다 보니 실수가 있었다고 말입니다. 교수님의 솔직한 말씀이 감사했지만, 이후에도 그런 식의 강의는 계속 이어졌습니다. 시간이 흐르고, 결국, 교수님은 학교에서 나가서야 했습니다.

안타깝게도 이런 모습은 지금도 많은 가정, 학교 그리고 교회에서 여전히 계속됩니다. 자녀를 낳았지만, 육아 서적 하나 제대로 읽지 않는 부모가 대다수이고, 좋은 학교에 입학했으나 몸만 오갈 뿐, 졸업 후 그들이 맞이할 인생에 대해 지성적·감정적·의지적 준비가 되어 있지 않습니다. 가장 심각한 것은 교회입니다. 준비 없는 설교, 준비 없는 예배, 준비 없는 삶으로 결국 교회에는 주님 오실 날을 전혀 준비하지 않은 어리석은 다섯 처녀 같은 사람이 넘쳐납니다. 가장 통탄할 일은 기회가 없는 것이 아니라 준비되지 못한 상태에서 큰 기회를 맞이하는 것입니다.

그래서 하나님은 우리를 준비시키십니다. 사랑의 하나님, 용서의 하나님, 승리의 하나님, 기적의 하나님은 또한 '준비의 하나님'이기도 하십니다. 하나님은 사람을 이 땅에 창조하시기 전에 먼저 하늘과 땅을 준비하셨습니다. 하나님은 노아에게 단번에 큰 배를 선물하신 것이 아니라 백 년 넘는 시간 동안 방주를 만들라고 하십니다. 아브라함에게 아들을 그렇게 주셨고, 다윗에게도 합당한 연단을 통과하게 하셨습니다. 하나님의 아들조차 어린아이로 세상에 보내서서 십자가를 준비시키셨습니다. 그리고 이제는 우리에게 주님 다시 오실 날을 준비하게 하십니다.

지금 힘들고 외롭고 어렵다고 시간을 낭비하지 마십시오. 지금은 가장 위대한 날들을 위해 하나님께서 '준비'라는 선물을 주신 소중한 시간과 기회입니다.

지난주에 막내딸 다연이와 신발 구경을 하러 갔다가 예쁜 신발을 하나 보았습니다. 다연이는 그 신발이 무척 사고 싶었지만 포기하고 말았습니다. 찍찍이가 달린 어린이 신발이 아니라, 신발 끈이 달린 소위 '언니 신발'이었기 때문이었습니다. 다연이는 집에 돌아와 열심히 신발 끈을 묶고 푸는 법을 반복적으로 배우고 있습니다. 저는 다연이에게 말했습니다. "다연아 눈을 감고도 묶을 수 있어야 해!" 다연이가 그 이유를 물어봅니다. "혹시라도 네가 신발 끈이 풀렸을 때, 아무것도 보이지 않는 밤이 될 수도 있으니까!" 다연이는 다시 눈을 감고 신발 끈을 묶는 연습을 하고 있습니다.

하늘 아버지께서도 우리에게 더 좋은 것을 주고 싶어 하십니다. 다만 당신이 준비되어 있지 않아서 받지 못할 뿐입니다. 너무 늦기 전에, 준비하시는 하나님을 꼭 만나십시오!

1:26-28 엘리사벳이 임신하고 여섯 달 정도 지난 후에, 하나님께서는 천사 가브리엘을 갈릴리 지역에 있는 나사렛이라는 마을로 보내셨다. 천사 가브리엘이 찾아간 사람은, 다윗의 후손 요셉이라는 남자와 약혼한 처녀 마리아였다. 천사 가브리엘은 마리아를 만나 이렇게 말했다. "안녕하세요, 은혜를 받은 여자여! 하나님께서 당신과 함께하십니다!"

29 마리아는 천사의 이런 말을 듣고 깜짝 놀랐다. 그리고 속으로 천사가 자신에게 한 인사의 의미를 곰곰이 생각했다.

30-33 그러자 천사 가브리엘이 마리아에게 이렇게 말했다. "마리아여! 두려워 마세요! 당신은 지금 하나님의 은혜를 경험하게 되었기 때문입니다. 자! 당신은 곧 임신하게 될 것이며 아들을 낳을 것입니다. 그리고 그 아들의 이름은 예수[구원자]가 될 것입니다. 예수는 위대한 분이 되시고, 사람들은 가장 높으신 하나님의 아들이라고 부를 것입니다. 주 하나님께서 예수께 그의 조상인 다윗의 왕좌를 주실 것입니다. 그러면 예수께서는 왕이 되시어 야곱의 집, 곧 온 세상의 영적 이스라엘인을 영원히 다스리실 것입니다. 그분이 왕이 되어 다스리는 하나님 나라는 영원할 것입니다."

34-37 그러자 마리아가 가브리엘 천사에게 물었습니다. "저는 남자와 잠자리를 한 적도 없는데 어떻게 이런 일이 일어날 수 있을까요?"

가브리엘 천사는 마리아에게 이렇게 대답했다. "남자가 없어도 당신은 임신할 수 있습니다. 아무것이 없더라도 모든 것을 만드신 창조 능력을 지닌 분, 곧 성령께서 당신에게 내려오시고, 가장 높으신 하나님의 능력이 당신을 덮을 것입니다. 그러면 당신은 거룩한 분, 예수를 임신하여 낳게 되고, 사람들은 그분을 하나님의 아들이라고 부르게 될 것입니다. 보세요! 당신의 친척 엘리사벳도 기적적으로 임신했습니다. 그리고 임신한 지 6개월이 넘어가고 있지요. 그녀는 나이가 많았고 심지어 불임이었는데도 말입니다. 이처럼 하나님께서 하시는 모든 말씀에 불가능은 없습니다."

38-40 그러자 마리아가 말했다. "아멘입니다. 저는 주님의 여종입니다. 주님 뜻에 순종하겠습니다. 하나님께서 말씀하신 대로 그대로 될 것을 믿습니다." 그러고서 가브리엘 천사는 자신의 사명을 마치고 떠났다.

그 후에 마리아는 일어나서 유대 산간지역에 있는 한 마을로 빨리 갔다. 마리아는 그곳에 있는 제사장 사가랴의 집을 찾아갔고 엘리사벳을 만나 인사를 건넸다.

41-45 마리아가 엘리사벳에게 인사하자, 임신한 엘리사벳의 배 속에 있던 태아가 그 소리를 듣고 기뻐 뛰었고 엘리사벳은 그 순간 성령으로 충만해졌다. 성령 충만해진 엘리사벳은 큰 소리로 다음과 같이 말했다.

"마리아! 당신은 여자들 중에서 가장 복 받은 사람이며, 당신의 배 속에 있는 아이도 참으로 복된 존재입니다! 내 주인 되신 분[예수]의 어머니가 나 같은 사람을 찾아오시다니, 이 얼마나 놀랍고 감격스러운 일인지요! 내가 이런 말을 하는 이유는, 당신이 나를 찾아와 인사하자, 그 소리를 내 배 속에 있는 아이가 듣고 기뻐 뛰었기 때문입니다. [천사를 통해] 전해진 하나님 말씀을 믿고 받아들임으로 하나님의 놀라운 계획을 완성한 마리아 당신은 참으로 복된 여자입니다!"

46-50   그러자 마리아가 말했다.

"내 혼이 주님을 높여드립니다. 그리고 내 영이 나의 구원자 하나님으로 인해 기뻐합니다. 하나님께서 비천한 종과 같은 나의 상황을 살펴보아 주셨기 때문입니다. 이제부터는 모든 사람이 나를 복된 여자라고 할 것입니다. 전능하신 하나님께서 나에게 위대한 일을 행하셨기 때문입니다. 그분의 이름, 그분의 존재는 거룩하시기에, 그분을 거룩한 마음으로 경외하는 자들에게는 그분의 긍휼하심, 곧 그분이 나 같은 사람들을 불쌍히 여기실 뿐만 아니라 상황을 역전시켜 하나님의 이야기를 이어갈 통로로 삼으시는 놀라운 역사가 나 같은 사람들에게 영원히 임할 것이기 때문입니다!

51-56   하나님께서는 그분의 능력으로 강력한 일을 역전적으로 행하실 것입니다. 자신들이 대단하다고 생각하며 교만해진 자들을 낮추시고 가루처럼 부서뜨리실 것입니다. 또한, 하나님께서는 〔하나님을 무시하고〕 높은 자리에 앉은 자들을 끌어내리시고 반대로 겸손하게 낮아진 불쌍한 사람들을 높은 곳으로 올리실 것입니다. 하나님께서는 가진 것 없어 굶주린 자들에게는 선한 것들로 풍족히 채워주시고, 욕심만 부리고 나눔이 없는 부자들은 하나님 나라에서 쫓아내실 것입니다. 이 모든 역전적인 능력은 하나님께서 우리 신앙의 조상 된 아브라함에게 말씀하신 것이며, 그 후손들에게 이어서 계속 말씀해오신 것입니다. 바로 이처럼 하나님께서는 우리를 언제나 불쌍히 여기시고 그분의 사명을 감당할 이스라엘을 붙잡아 도우시며 지켜주실 것입니다!"

마리아는 엘리사벳의 집에서 세 달 정도 함께 있다가, 그 후에 자신의 집으로 돌아갔다.

영적 수용성

5년 전에, 아주 짧지만 특별한 체험이 있었습니다.

그날 하루 특별한 금식기도를 하던 중이었는데 그 와중에 어쩔 수 없이 지하철로 어디를 다녀와야 했습니다. 감사하게도 제가 탄 지하철에 빈자리가 있어 앉게 되었고 바로 성경을 펴서 말씀을 읽기 시작했습니다. 그런데 옆에 앉아 있던 아주머니가 저를 한참 지켜보시다가 "저기, 신학생이에요?" 하면서 말을 걸었습니다. 그 짧은 순간 하나님께서 두 마디 말씀을 주셨고, 즉시 그 아주머니에게 말하라고 하셨습니다. 저는 무례하게 보이지 않으려고 성경책을 덮고 아주머니를 바라보며 이렇게 말했습니다. "집사님, 지금 하시려는 일을 하나님께서 기뻐하지 않으십니다. 그리고 이번에 내리셔야 하지 않나요?" 바로 그 순간 지하철 문이 열렸습니다. 아주머니는 깜짝 놀라시며 "그걸 어떻게 알았어요?"라고 한 후에, 더 말을 잇지 못하시고 지하철에서 내렸습니다. 지하철 창문 너머로, 여전히 놀란 눈으로 서 있는 아주머니가 보였습니다. 그분의 눈에서는 눈물이 흐르고 있었습니다. 다시 말씀드리지만 아주 특별한 체험이었습니다.

교리적인 용어나 멋진 말로 자신의 지식을 자랑하거나, 어쩔 수 없다는 식으로 현재 처지를 합리화하거나 포장할 필요가 없습니다. 모든 것은 '수용성'에서 결정 납니다. 쉽게 말해 자신이 무엇을 받아들이느냐에 자신의 존재가 달려 있습니다. 아무리 영적인 이야기를 해도 늘 눈으로 보고 귀로 듣는 것이 세상 음악이고 웹툰이고 게임이면 그 사람은 그런 쪽으로 열려 있는 삶, 바로 육적 수용성을 가진 사람입니다. 그것이 좋아 거기에 눈과 마음이 열릴수록 그런 방향으로 더 집착하고 중독됩니다. 하지만 신학도 배우지 않았고 특별한 체험이 없어도 예배를 사모하고 기도하기를 즐거워하며 입에서는 찬양이 흐르고 시간 날 때마다 영적인 것들을 받아들이는 데 집중하는 사람은 영적인 수용성이 발달합니다. 하나님과 관련된 것, 하나님과 연결된 것을 즐겨 환영하는 사람은 시간이 지날수록 하나님의 성품과 임재와 능력에 더 집중하고 몰입합니다.

여기 긴장해야 할 것이 있습니다. 육적 수용성과 영적 수용성은 같이 갈 수 없다는 것입니다. 육적 수용성이 강한 사람은 하나님의 것에 관심이 없습니다. 신학교를 갈 수도 있고 단기선교를 다녀올 수도 있지만 대다수 예배시간에 늦게 오거나, 찬양할 때 딴생각을 하거나, 말씀을 들을 때 눈이 감깁니다. 주일에 들은 말씀은 거의 기억나지 않으며 평생토록 적용과는 거리가 먼 삶을 삽니다. 그러나 영적 수용성이 강한 사람들은 아침에 일찍 일어나 말씀 읽기를 사모하고 목사의 설교가 부족해도 늘 은혜를 받으며, 삶의 사소한 일 속에서도 하나님을 느낍니다. 불평과 원망보다 감사와 기대가 넘치고 적극적이고 능동적으로 하나님과 교회를 사랑하며 이웃도 섬깁니다. 로마서 말씀처럼 선한 데는 지혜롭고 악한 데는 미련해집니다(롬 16:19).

그러면 우리는 어떻게 영적 수용성을 높일 수 있을까요?

먼저는 각자의 마음 밭을 좋은 밭으로 바꾸어야 합니다. 내가 즐겨 받아들이고 있는 것이 하나님께서 기뻐하시는 것인지 철저히 점검해야 합니다. 회개라는 삶의 방식 변화를 통해 하나님께서 기뻐하지 않으시는 생활 습관을 그쳐야 합니다. 보지 않으면 보고 싶지 않게 되고, 먹지 않으면 먹지 않아도 되는 날이 옵니다. 그다음으로 영적인 것들을 적극 수용하는 수고를 해야 합니다. 말 한 마디부터, 예배드리는 태도까지, 시간이 나면 즐겨 듣던 음악과 취미 생활도 하나님께서 기뻐하시는 것들로 조금씩 채워가면 됩니다.

저도 성경을 10번 정도 읽을 때까지 힘들었지만, 그 이후가 되면서 성경이 저를 읽기 시작했습니다. 기도도 1시간 정도까지가 힘들었으나 그 후에는 기도가 저를 끌어당겼습니다. 하나님께서 기뻐하지 않으시는 것을 계속 받아들이면, 결국 우리 영혼에 들어오는 것은 죄와 지옥뿐입니다. 그러나 하나님께서 기뻐하시는 것을 계속 수용하다

보면 어느 순간 마리아처럼 우리 영혼 안에 예수님께서 와 계신 것을 느끼게 됩니다. 그러면 아무리 어려운 하나님의 명령도 아멘으로 받을 수 있습니다. 우리 영혼이 닳고 닳아버린 길, 강퍅한 돌짝밭, 온갖 세상의 악한 것들로 가득한 가시밭에서 벗어나 회개의 말씀, 감사의 찬양, 눈물의 기도로 갈아엎어진 좋은 밭 되기를 꿈꿉시다.

기억하십시오! 어떤 상황에 있든지 결국 내가 받아들인 것만 내 안에 들어옵니다. 사탄과 마귀도 내가 환영하지 않으면 내 안에 들어올 수 없고, 아무리 귀한 말씀이나 천사의 음성이라도 내가 거절하면 그만입니다. 하지만 아무리 힘들어도 감사를 환영하면 감사의 영이 되고, 아무리 슬퍼도 기쁨을 받아들이면 부활이 됩니다. 그리고 결국 그렇게 나에게 들어온 것, 다시 말해 내가 환영한 것이 나를 살리거나 죽입니다. 그러니 생명 될 것을 받아들이고 사망 될 것을 거절하는 영적 필터, 영적 수용성을 가진 하나님의 사람이 되길 간절히 바랍니다.

1:57-64 드디어 엘리사벳이 출산할 때가 되어 아들을 낳았다. 엘리사벳의 이웃들과 친척들은 그녀의 기적적인 출산 소식을 들었다. 그들은 출산이 거의 불가능한 엘리사벳이 아이를 낳은 것에 대해, 하나님 께서 그녀에게 긍휼을 베푸신 것이라고 말하며 그녀와 함께 기뻐 했다.

아이가 태어난 후 8일째 되는 날에 엘리사벳의 이웃들과 친척 들은 태어난 아이에게 할례도 행하고 이름도 지으려고 왔다. 사실 그들은 이미 그 아이의 이름을 아버지 사가랴의 이름을 따라 '사 가랴'라고 부르고 있었다.

그러자 아이의 어머니 엘리사벳은 말했다. "아닙니다! 그 아이 의 이름은 '요한'이 되어야 합니다!" 주변에 있던 사람들은 엘리사 벳에게 대답했다. "당신 가문에서 요한이라는 이름으로 작명한 경 우는 한 번도 없었습니다."

그래서 사람들은 아이의 아버지 사가랴에게 이름을 무엇으로 정하기 원하는지 알아보려고 몸짓으로 물었다. 그러자 사가랴는 작은 서판을 달라고 했고, 그 서판에다 "아이의 이름은 요한이다" 라고 썼다. 그것을 본 사람들은 깜짝 놀랐다. 바로 그 순간 사가랴 의 입과 혀가 정상으로 회복되었다. 말을 할 수 있게 된 사가랴는 가장 먼저 하나님을 찬양했다.

65-75 이 이야기가 사가랴와 엘리사벳이 사는 유대 산간지역 사람들에 게 금세 회자되었고, 그로 인해 근처에 사는 모든 사람은 하나님

을 향한 경외감, 곧 건강한 두려움에 사로잡혔다. 그 지역 사람들은 이 이야기를 마음 깊이 새기면서 "앞으로 이 요한이라는 아이가 크면 어떤 사람이 될 것인가?"라고 말했다. 참으로 하나님의 능력이 요한과 함께하고 있었다.

그때 요한의 아버지인 제사장 사가랴는 성령으로 충만해져 다음과 같이 예언하였다[사람들이 말한 질문에 대답한 것이다].

"우리의 주님이신, 이스라엘의 하나님을 찬양합니다. 당신께서 이 백성을 돌보아(방문해)주셔서 구원을 행하셨기 때문입니다! 즉 당신께서 왕으로 삼으신 다윗의 혈통에서 강력한 능력을 지닌 구원자를 태어나게 해주셨습니다! 이것은 오래전에 거룩한 사람들인 하나님의 선지자들이 예언한 내용으로, 그 강력한 구원자를 통해 우리를 미워하는 대적자들의 손에서부터 벗어나 자유를 얻게 된다는 것입니다. 따라서 이 구원은 하나님께서 조상들에게 베푸셨던 그 동일한 긍휼을 우리에게 베풀어주신 것이며, 우리 조상들과 맺으신 거룩한 언약(약속)을 기억하시고 실행하신 것입니다. 더나아가, 우리 조상 아브라함과 맺으신 그 신실한 사랑의 맹세(언약)를 우리에게 실현시키심으로, 우리는 원수의 영향력에서부터 벗어나 자유를 얻게 되었고, 바로 그 두려움 없는 자유의 담대함으로 하나님만 예배하고 섬김으로써 우리 평생을 당신의 임재 속에서 경건하고 의롭게 살게 하신 것입니다.

76-80   그리고 나의 아들, 요한아! 너는 가장 높으신 분, 곧 하나님의 선지자가 될 것이다. 너는 주님 앞에서 그분이 오실 길을 준비하는 사람이 될 것이다. 너는 자신의 죄가 용서받고 해결됨으로써 얻는 구원에 대해 하나님의 백성에게 바르게 알리는 사역을 감당하게 될 것이다. 우리를 불쌍히 여기시는 하나님의 특별한 긍휼과 자비가 마치 높은 하늘에 있는 태양 빛이 낮은 땅을 비취듯 사람들에게 올 것이다. 그래서 죄와 죽음이라는 어둡고 두려운 그늘

아래 신음하는 사람들에게 구원의 빛이 비침으로 모두가 앞으로 생명과 평안의 길로 나아갈 수 있도록 말이다."

사갸랴와 엘리사벳의 아들 요한은 자라갈수록 영이 강해졌다. 요한은 이스라엘 사람들에게 공적인 사역을 하기 전까지는 광야에서 지냈다.

Mountain's Insight
하나님께서 시간을 선물로 주실 때

떨어지는 낙엽도 조심해야 한다는 군 생활 말년에, 낙엽보다 몇백 배 강력한 것이 제게 떨어지고 말았습니다. 주말에 축구를 하다가 열정 넘치는 이등병의 태클에 걸려 한쪽 다리를 심하게 다치고 만 것입니다. 한여름이었고 상처가 심해 한동안 누워 있어야 했습니다. 동기들이 찾아와 전역을 얼마 남기지 않은 말년 병장이 이게 무슨 꼴이냐며 놀려댔습니다. 저도 솔직히 답답했습니다. 움직이기도 어렵고 속상한 마음도 들었습니다. 계속 누워 있다 보니 낮잠을 많이 자서 한밤중이 되어도 잠이 오지 않았고 뜬눈으로 밤을 새우며 하나님을 원망하는 마음도 들었습니다.

며칠 후, 그날도 잠이 오지 않아 누운 상태로 기도하고 있는데, 저 멀리 창밖으로 새벽빛과 함께 세밀한 하나님 음성이 다가오는 것을 느꼈습니다. 그리고 인생의 다음 시간을 위해, 이 멈춘 시간에 해야 할 것이 생각나기 시작했습니다. 저는 군 생활을 마무리하면서 고마웠고 또 미안했던 사람들에게 편지를 썼고, 남은 시간을 어떻게 마무리할지 정리했습니다. 그리고 전역하고 사회로 나가면 복학하기 전까지 어떤 시간을 보내야 할지에 대해 하나님께 구체적으로 기도하고 감동 주시는 대로 기록했습니다.

전역하고 집에 돌아와 해야 할 일들을 착착 했습니다. 어느 정도 시간이 지난 후, 함께 전역한 친구들과 모임이 한 차례 있었는데, 그때 제 일상을 나누었더니, "다들 빈둥거리고 있는데 강 병장은 어떻게 시간을 그렇게 알차게 쓰느냐"며 궁금해하였습니다. 그래서 저는 군 생활을 마감할 즈음에 하나님께서 다음 시간을 준비할 소중한 선물을 주셨다고 했습니다. 다들 그것이 뭔지 궁금해하길래, 저는 '멈춤의 시간'이었다고 했습니다. "멈추어 지난 시간을 돌아보고 반성하는 시간, 멈추어 기도하며 다음 시간을 준비할 시간" 말입니다.

하나님께서는 사랑하는 사람들에게 반드시 '멈추는 시간'을 선물로 주십니다. 성경에 등장하는 수많은 하나님의 사람을 천천히 떠올려 보십시오. 아브라함, 모세, 야곱, 요셉, 에스라와 에스더, 욥과 요나 그리고 예수님께서 부활 승천하신 후에 성령님을 기다리며 기도하던 초대교회 성도들과 다메섹에서 주님을 만난 후에 앞을 볼 수 없었던 바울까지…. 하나님은 언제나 그렇게 하셨습니다.

다들 너무 바빠 정신없이 살아오지 않았습니까? 가족을 위해, 자신을 위해, 또한 말씀 읽고 기도할 시간이 조금만 더 있었으면 하지 않았나요? 그래서 하나님은 우리에게 영적으로 다른 계절로 넘어가기 전에 특별한 시간을 선물로 주십니다. 물론 어떤 사람에게는 그것이 사고로, 실직으로, 병으로, 상처로, 외로움으로 다가올 수도 있습니다. 하지만 하나님은 그 시간을, 지난 시간에 대한 반성과 다음 시간을 위한 준비의 시간으로 주십니다.

문제는 대다수가 그 소중한 시간을 무기력하고 무가치하게 허비한다는 것입니다. 제대로 과거를 반성하지도, 정신을 차리고 미래를 준비하지도 않습니다. 무엇보다 그리스도인이라는 이름을 가지고 있음에도, 이 귀한 시간에 말씀에 귀 기울이고, 기도에 헌신하지 못합니다. 그래서 하나님께서 주신 '멈춤의 시간'이 지나고 다시 '행동의 시간'이 왔을 때, 그 사람의 삶은 전혀 달라지지 않았고, 준비되지 못한 상태로 그다음 시간을 맞는 비극이 반복됩니다.

한번 생각해보십시오. 인생이 마무리되어 숨 쉬는 것조차 어려워질 즈음에, 자신이 해결하지 못한 일과 아쉬웠던 사건들이 떠오를 때, 하나님이 무엇을 해주셨으면 좋겠습니까? 그때 아무리 많은 돈이 있다 한들 무슨 소용이 있을까요? '하나님께서 나에게 시간을 조금만 더 허락해주신다면' 하고 아쉬운 마음이 들지 않겠습니까? 바로 지금이 그 시간이라고 생각하십시오. 아니 생각만이 아니라, 정말로 그 시간임을 기억하십시오.

그러면 이 멈춘 것처럼 보이는 모든 시간이 하나님께서 당신에게 주시는 가장 역동적인 시간이요, 귀한 선물임을 알게 될 것입니다. 혹시 지금이 그때가 아닙니까? 나의 과거를 하나님의 미래로 전환할 바로 그 시간 말입니다.

1-3 **2** 그즈음에 로마 황제[가이사] 아우구스투스[B.C. 63~A.D. 14] 가 로마 제국 안에 있는 모든 사람에게 인구조사를 실시하라고 명했다. 이 인구조사는 수리아 지역을 구레뇨 총독이 다스리고 있을 때 첫 번째로 시행한 것이다. 그래서 로마 제국 안에 사는 모든 사람은 인구조사를 위해 호적등록을 하려고 각자의 고향 도시와 마을로 이동했다.

4-5   요셉도 자신이 사는 갈릴리 나사렛을 떠나 유대 지역에 '다윗의 마을'이라고 하는 베들레헴으로 갔다. 요셉은 다윗의 후손이었기 때문이다. 요셉은 자신과 약혼한 마리아와 함께 가게 되었는데, 마리아는 이미 임신한 상태였다.

6-7 그들이 베들레헴에 도착하니, 마리아는 아기를 낳을 때가 다 되었다. 마리아는 첫 번째 아들을 낳았고 태어난 아기를 천으로 잘 싸서 집 안에 있는 구유(여물통) 안에 뉘었다. 그 집의 손님방에는 이미 [호적신고를 하려고 온] 사람들로 가득 차서 요셉과 마리아가 머물 수 있는 공간이 없었기 때문이다.

8-12 그 아기가 태어난 밤에, 한 무리의 목자들이 들판에서 야영하고 있었는데 [잠을 자지 않고] 깨어 자기 양 떼를 지키고 있었다. 갑자기 하나님의 천사가 그 목자들에게 나타났고 하나님의 영광이 빛처럼 그들을 비추었다. 그러자 목자들은 너무나 무서워했다. 그 천사는 목자들에게 이렇게 말했다. "두려워하지 마세요! 여러분

에게 큰 기쁨이 될 좋은 소식을 전해주려고 합니다. 이 좋은 소식은 세상 모든 사람에게 기쁨이 될 소식입니다. 바로 오늘, 여러분을 위해 구원자가 태어나셨습니다. 그분은 바로 다윗의 마을인 베들레헴에서 태어나신 메시아 주님이십니다! 여러분이 그분을 확인할 수 있는 표적, 곧 증거는 이렇습니다. 베들레헴에 가면, 어떤 집에 방금 태어난 아기 하나가 천으로 잘 감싸져 구유에 뉘어 있는 것을 보게 될 것입니다."

13-14 그리고 갑자기 하늘에서 엄청나게 많은 천군 천사가 나타나 하나님을 찬양했다.

"가장 높은 하늘에 계신 하나님께 영광을! 그리고 이 땅 위에서 하나님의 선한 뜻과 선한 의지를 품은 사람들에게 평화를!"

15 찬양을 마친 천사들이 하늘로 떠나가자, 목자들은 서로 이렇게 말했다.
"우리, 지금 바로 베들레헴까지 가봅시다. 천사들이 우리에게 말해준 그 일들을 보러 갑시다!"

16-19 목자들은 베들레헴으로 빨리 갔고 거기서 요셉과 마리아 그리고 구유에 누인 아기 예수를 찾았다. 목자들은 요셉과 마리아에게, 천사들이 자신들에게 와서 말해준 내용과 찬양한 것들을 모두 다 전했다. 그러자 그곳에서 목자들이 전달한 내용을 다 들은 사람들은 모두 놀랐다. 다만 마리아는 그녀가 들은 모든 내용을 마음에 간직했고 깊게 묵상했다.

20 그러고서 목자들은 자신들이 보고 들은 것에 대해 하나님께 영광을 돌리고, 찬양하며 들판으로 돌아갔다. 참으로 천사들이 자신들에게 말한 그대로 아기 예수의 탄생을 목격했기 때문이다.

21 이후, 팔일이 지나 아기에게 할례하는 때가 되었다. 요셉과 마리아
는 자신들의 아기를 할례하고 이름을 예수라고 지었다. 마리아가
임신하기 전에 천사가 와서 말해준 바로 그 이름이었다.

Mountain's Insight

이제는 있습니다

시골 마을에 있는 작은 교회에 성탄절이 다가왔습니다. 모두들 성탄
절 준비로 분주합니다. 교회당 꼭대기 십자가에서 네온사인을 내리
고, 아름드리나무에 성탄절 트리 장식을 합니다. 천장에는 별들도 달
고 벽에는 동방박사와 목자들 그리고 천사들 이미지도 붙였습니다.
어른들은 모여 성탄 축하 노래 연습을 하고 아이들은 그날 하이라이
트가 될 성탄 성극 연습을 하였습니다. 모두 분주하게 움직이지만 한
아이만 아무것도 할 것이 없었습니다. 몸은 초등학교 5학년만큼 컸는
데도 머릿속 나이가 5살 정도밖에 되지 않는 희철이는 여기도 저기도
끼지 못했습니다. 자신도 아기 예수님이 오신 바로 그날에 무엇인가
를 하고 싶었습니다. 그래서 결국, 성극을 준비하는 선생님에게 부탁
하고 부탁해서 한자리를 얻게 되었습니다. 바로 베들레헴 마을에 있
는 작은 여관의 문지기입니다. 대사도 무척 간단합니다. 요셉과 마리
아 역을 맡은 형과 누나가 와서 "여기 빈방 있나요?"라고 물어보면 "없
어요!"라고 단호하게 말하기만 하면 되었습니다. 없! 어! 요! 이렇게
단 세 음절만 하면 되는 것이었습니다.

드디어 성탄절이 되었고 성극이 시작되었습니다. 그리고 기다리
고 기다리던 희철이 순서가 다가옵니다. 요셉과 마리아 분장을 한 형
과 누나가 여관 문을 두드리며 "방이 있나요?"라고 물었습니다. 그런
데 희철이는 갑자기 "방 있어요!"라고 말해버립니다. 관객들은 웃고
성극 담당 선생님은 난감한 표정이 되었습니다. 다시 요셉과 마리아

가 물어봅니다. "방이 있나요?" 마리아역을 맡은 여자아이는 답답해하며 입 모양으로 '없다고 말해'라고 알려줍니다. 하지만 어찌된 일인지 희철이는 아까보다 더 크게 "있어요!"라고 외칩니다. 화가 난 요셉이 크게 묻습니다. "다시 물어볼게요. 방이 없지요?" 그러자 희철이는 한참을 망설이다 이렇게 말했습니다. "방이 있어요! 방이 있다고요! 그때는 없었지만 지금은 있다고요!" 그리고 희철이는 엉엉 울었습니다.

성극을 준비한 선생님도, 인상 쓰며 속상해하던 요셉과 마리아도 그리고 방금 전까지 웃던 성도들도 모두 감동의 눈물을 흘렸습니다. 목사님이 급히 나와서 희철이를 대신해 이렇게 말씀합니다. "희철이가 맞습니다. 우리가 틀렸네요! 이제는 방이 있습니다. 이제는 우리 마음에 아기 예수님을 맞이할 방이 있습니다!"●

성탄절이 되면 우리는 여러 모양으로 분주합니다. 화려한 장식도 해야 하고 특별한 순서들도 준비합니다. 하지만 도대체 누구의 성탄절인지 생각해봅시다. 누구를 환영하고 있는지 돌아봅시다. 왜 예수님이 나신 날에 애인에게 선물을 주어야 하고, 산타 할아버지가 주인공이 되어야 하나요? 왜 예수님의 생일에 다른 것이 환영받고, 정작 이날의 주인공은 소외당하나요?

역사의 한순간에 예수님께서 분명히 이 땅에 오셨으나 우리 영혼에는 그분이 태어나지 않은 수많은 날이 있습니다. 올해는, 지금은 정

● 물론 당시에 예수님은 누군가의 집에서 특별한 환영을 받으셨습니다. 전통적으로는 예수님께 아무도 손님방(혹은 여관의 방)을 내주지 않아 한국적인 관점에서 볼 때 '천한' 마구간에서 태어난 것으로 오해받았습니다. 하지만, 최근 고증 연구를 통해서는 예수님은 그날 그 집의 안방이라고 할 수 있는 공간에서 태어나셨고, 동물과 사람이 함께 거주하는 (주거 공간의 경계선에 있는) 곳의 여물통에 누우신 것으로 추정합니다. 하지만 여기서 초점은 학문적 정확성보다는 희철이의 순수한 마음에 있음을 이해하시리라 믿습니다.

말 그분이 우리 각자의 삶의 자리에 주인으로 오시길 진심으로 바랍니다. 닫힌 마음의 문들과 잘못된 성탄절의 모든 유흥을 물리치고 오직 그분이 밝고 아름답게 빛나시길 소망합니다. 교회는 초점이 흐려진 모든 행사를 점검하고 오직 아기 예수께서 오신 이유와 목적을 분명하게 전했으면 합니다. 우리 모두 오늘 희철이처럼 고백하기를 기대합니다.

"예수님, 여기 방이 있습니다!"

2:22-24 아기 예수가 태어난 지 40일이 되었다. 모세의 율법(레위기 12장)에 따라 아기 예수를 낳은 어머니 마리아와 그녀의 가족은 출산으로 부정해졌던 상태가 정결해지는 날이 되었다. 그래서 요셉과 마리아는 첫 번째로 태어난 아들, 예수를 하나님께 바치고자 예루살렘으로 올라갔다. 구약 율법의 말씀대로 첫 번째로 태어난 남자아이는 하나님께 거룩한 존재가 되므로 하나님 앞에 바쳐야 하기 때문이다(사람은 동물처럼 제물로 바치지 않고, 대신 5세겔을 바친다). 구약 율법에 규정된 대로 아기 예수의 가족은 산비둘기 한 쌍이나 어린 집비둘기 두 마리로 제사 드리려고 했다.

25-26 그때, 갑자기 그곳 예루살렘에 한 사람이 나타났다. 그는 시몬으로 의롭고 경건하며 이스라엘의 위로(구원자)를 기다리고 있었다. 그리고 성령님과 동행하였다. 시몬은 거룩한 계시를 받았는데, 자신이 메시아를 만나기 전까지는 절대 죽지 않으리라는 것이었다.

27-28 아기 예수의 가족이 예루살렘 성전으로 제사를 드리고자 올라오던 바로 그때, 성령님께서는 시몬에게 그들을 만나러 그곳으로 가라고 말씀하셨다. 그래서 예루살렘 성전으로 가서 아기 예수의 가족을 만났고, 그곳에서 시몬은 아기 예수를 팔에 안고는 하나님께 찬양하며 이렇게 말했다.

29-32 "주권자 되시는 하나님! 이제야 저를 평안히 놓아주시는군요!
참으로 저의 두 눈이 온 세상을 구원하실 분을 이렇게 보게 되었습니다! 〔예수께서 이루실〕 이 구원은 온 세상 모든 사람의 미래와 소망을 위해 당신께서 직접 준비하신 것입니다. 그 구원은 바로 빛입니다. 먼저 완전한 어둠 속에 있는 이방인들에게는 그 닫힌 어둠의 상태를 열어줄 계시의 빛이며, 또한 당신의 백성 이스라엘 사람들에게는 율법의 희미한 밝음의 상태를 넘어서서 온전한 밝음이 되어줄 영광의 빛입니다."

33 그러자 아기 예수의 아버지와 어머니는, 시몬이 하는 이런 말들로 인해 깜짝 놀랐다.

34 이어 시므온은 예수의 가족을 축복했다. 그리고 마리아에게 다음 내용을 말해주었다.

"보십시오! 이 아이는 온 세상 사람을 분리하는 기준이 될 것입니다. 이 아이를 기준으로 떨어질 사람과 올라갈 사람들이 분리됩니다. 예수께서 전해주실 복음을 기준으로 영원한 사망에 속한 자들과 영원한 생명에 속한 자들이 나뉠 것입니다. 그래서 이스라엘 사람들은 그를 비난하고 공격하는 대상으로 삼겠지요.

35 그 과정에서 이 아이는 날카로운 칼이 되겠고, 그 칼이 마리아 당신의 마음도 찌르고, 많은 사람의 마음도 찌를 것입니다. 그리하여 그들의 마음속에 있는 실체가 드러날 것입니다."

36-38 다음으로 여자 선지자 안나가 나타났다. 그녀는 아셀지파, 바누엘의 딸로 매우 나이가 많았다. 결혼하여 남편과 7년 정도 살다가, 남편이 죽어 과부가 되었는데 이후 84살이 될 때까지 홀로 살면서, 예루살렘 성전을 떠나지 않고 밤낮으로 금식하고 기도하면서 하나님을 섬겼다. 그녀는 아기 예수의 가족을 만나자 하나님께 감사드렸고, 예루살렘의 구원을 기다리는 사람들에게 그 아기 예수가 어떤 존재인지에 대해 〔시몬과 유사한 내용으로〕 말해주었다.

39 예수의 부모는 구약 율법에 따라 모든 제사를 마치고 자신들이 사는 갈릴리의 나사렛 마을로 돌아갔다.

───────────   *Mountain's Insight*   ───────────
나의 실체가 드러날 때

"우리 집에 병신이 한 명 사네!"

중학교 1학년 때였습니다. 외할머니 집에서 잠시 얹혀살던 시절, 보통 때보다 늦은 저녁을 허겁지겁 먹고 있었는데, 외삼촌이 갑자기 큰 소리로 말했습니다. 처음에 별로 신경 쓰지 않았습니다. 무척 배가 고팠기에 그저 계속 목구멍으로 밥을 넘기고 있었으니까요. 하지만 외삼촌의 시선은 분명히 저에게 꽂혀 있었습니다. 제가 하는 젓가락질이 잘못되었다고 하는 것이었습니다. 나중에 중요한 자리에서 그렇게 젓가락질하다가 망신을 당할 수도 있다고 말입니다. 처음에는 그 말이 불쾌하고 속상했습니다. 하지만 어쩔 수 없이 삼촌이 시키는 대로 젓가락질을 바로잡았고 며칠 만에 고칠 수 있었습니다.

그리고 시간이 많이 흘렀습니다. 군대를 다녀오고 첫 번째 사역지에서 전도사로 일하게 되었습니다. 당시에 담임목사님은 면 음식을 무척 좋아하셔서 교역자 회식도 주로 수타 짜장면이었습니다. 그날도 담임목사님과 면 음식을 먹고 있는데 식사를 빨리 마치신 목사님이 부교역자들을 쭉 둘러보시다가, "여기 젓가락질을 제대로 배운 사람이 하나 있군" 하셨습니다. 저는 그때 정신없이 면을 입으로 가져가고 있었는데, 목사님의 시선은 분명히 저를 향하고 있었습니다. 칭찬을 가뭄에 콩 나듯 하시던 목사님은 그날 탕수육까지 사주셨습니다. 오래전 원망스러웠던 외삼촌의 오지랖이 고맙게 느껴지는 순간이었지요.

누구나 더 나은 삶을 살고 싶어 하지만, 자신의 부족한 모습이 지적당하거나 드러나면 무척 싫어합니다. 하지만 변화는 거기서 시작됩니다. 어떤 사람이 몹시 아픈데도 정확한 원인을 모른다면 어떤 치료도 시작할 수 없는 것과 같습니다. 아주 작은 암 덩어리라도 살을 찢거나 수술 도구가 들어가지 않는다면 고칠 수 없습니다. 우리의 신앙도 마찬가지입니다. 어떤 사람은 매우 이상하고 잘못된 신앙방식이 굳어져 있는데도 정작 자신은 모릅니다. 예배, 기도, 헌금 그리고 공동체 생활에서 마땅히 지킬 것과 섬길 것들에 대해 잘못 알고 있거나 이상한 습관이 자리 잡은 경우입니다. 우리는 매주 하나님의 말씀으로 그런 것들에 찔림을 받고 수정해야 합니다.

문제는 자신의 잘못된 신앙 모습이 드러나면 오히려 화를 내고 감추려 한다는 것입니다. 고치기보다는 자꾸만 핑계를 대고 합리화하려고 하며 심지어 교회를 떠나버립니다. 하지만 진정한 변화는 자기약점과 실체를 진실하고 솔직하게 드러내 인정하는 순간에 찾아옵니다. 그것이 진정한 회개입니다. 온갖 인간적인 수단과 방법으로 성공해보려 했던 야곱은 얍복강에서 말합니다. "저의 이름은 사기꾼, 바로 야곱입니다." 밤새도록 자기 힘으로 물고기를 잡아보려던 베드로는 주님 앞에서 고백합니다. "주님 저를 떠나십시오, 저는 죄인입니다." 아버지의 재산을 허랑방탕하게 다 쓰고 돌아온 탕자도 말합니다. "저는 당신 아들이 될 자격도 없습니다." 놀라운 사실은 우리가 자기 실체를 그대로 인정하고 드러낼 때, 하나님의 진정한 실체가 나타나고, 변화의 능력이 역사하기 시작한다는 것입니다.

몇 년 전에 한 목사님이 상담하러 왔습니다. 자신이 곧 박사학위를 받으려고 하는데 자꾸만 마음이 좋지 않아 제 의견을 묻고자 한 것이었습니다. 저는 천천히 그분의 영혼 가장 깊은 곳에 있는 것을 드러냈습니다. 긴 대화를 마친 후 그분은 이렇게 말했습니다. "목사님, 참 고통스러운 시간이었습니다. 하지만 제가 왜 박사학위를 받으려고 하는지, 가장 깊은 곳에 있는 이유와 목적을 알게 되었습니다. 그래서 참으로 고맙습니다." 얼마 후 그 목사님이 박사학위를 받지 않았다는 소식을 들었습니다.

저는 부족하지만 말씀을 맡은 자로서 우리 모두의 죄와 병든 것을 드러내고자 최선을 다했습니다. 그 과정에서 속상함과 섭섭함이 느껴지기도 했겠지만, 그것이 진정 목자가 해야 할 일이라고 생각했기에 감내했습니다. 부드럽고 따뜻한 내용으로만 이루어진 설교는 주위에도 흔하게 들을 수 있습니다. 저도 듣기 좋은 이야기만 했으면 좋겠습니다. 하지만 지금 이 시대는 악하고 음란한 세대입니다. 자신 안에 있는 악과 죄를 교묘하게 감추는 시대입니다. 저는 제가 하고 싶은 것이 아니라, 하나님께서 저를 통해 하시려는 일을 할 수밖에 없습니다. 진실로 드러난 자기 실체에 대해, 지금이라도 마음 깊이 회개하고 삶을 바로잡는다면, 마지막 날 주님 앞에 섰을 때 부끄러움 없이 주님의 환한 미소를 맞이할 수 있을 것입니다.

2:40 아이 예수는 계속해서 성장하고 계속해서 강해졌다. 지혜가 충만
해지고 하나님의 은혜가 그의 위에 있었다.

41-42 예수의 부모는 매년 유월절마다 구약 성경을 통해 하나님께서 명
하신 그 명절을 지키고자 예루살렘으로 올라갔다[출 23:14-17,
34:22-23, 신 16:16]. 예수가 열두 살이 되었을 때도 그의 가족은
모두 유월을 지키려고 예루살렘으로 올랐다.

43-44 유월절과 이어지는 무교절 절기를 모두 다 지킨 후에, 예수의 가
족들은 고향 땅으로 돌아갔다. 하지만 예수는 그냥 예루살렘에 남
아 있었고, 그 사실을 예수의 부모는 알지 못했다. 예수의 부모는
늘 해오던 대로 예수가 일행 속에서 함께 집으로 가고 있으리라
생각했으나 저녁이 되어 예수를 찾아보니 보이지 않았다. 아무리
샅샅이 찾아도 예수를 찾을 수 없었다.

45-47 예수의 부모는 예루살렘으로 돌아갔다. 예루살렘으로 올라가
는 길에서 계속 예수를 찾았다. 예루살렘에서 고향으로 내려가는
길에서 하루를 보냈고, 다시 예루살렘으로 올라오는 길에서 하루
를 보냈으며, 이어 예루살렘에서 예수를 찾느라 3일째 날을 보내
던 그의 부모는 드디어 예수를 찾았다.

　　예수는 성전에서 율법 선생(랍비)들과 함께 하나님 말씀에 대해
말하기도 하고 듣기도 하고 질문도 하고 있었다. 주변에 있던 사
람들은 예수가 하나님 말씀에 대해 놀라운 이해력을 가지고 지혜

롭게 대답하는 것을 보고 경탄하고 있었다.

48 　　그런 상황을 본 예수의 부모도 깜짝 놀랐다. 마리아는 예수에게 다가와 이렇게 말했다. "애야! 어찌 된 것이냐? 왜 이렇게 했느냐? 너의 아버지와 내가 너를 얼마나 애타게 찾았는지 아느냐?"

49-50 　그러자 도리어 예수는 부모에게 질문으로 대답했다. "아버지, 어머니! 어째서 저를 여기저기서 찾으셨어요? 제가 이 성전, 곧 아버지의 집에 당연히 있으리라고 생각하지 못하셨나요?"

　　하지만 예수의 부모는 예수가 하는 말을 전혀 이해하지 못했다.

51 예수는 부모와 함께 고향 땅, 나사렛으로 내려갔다. 그리고 부모님의 말씀에 철저히 순종하면서 지냈다. 다만 어머니 마리아는 그 사건과 예수가 한 말을 마음속에 간직했다.

52 예수는 몸도 마음도 성장해갔다. 그는 더 지혜로워졌고 하나님과 사람에게 은혜받은 사람으로 커갔다.

Mountain's Insight

진정한 소속의 영향력과 감동

"소속"이라는 단어의 의미를 묵상할 때마다, 저는 군 생활하며 받은 단정 훈련이 생각납니다. 여기서 '단정'이란 주로 해병대에서 사용하는 검고 커다란 고무보트를 말합니다. 아이들이 물에서 가지고 노는 대형 물놀이 튜브 정도로 생각하시면 안 됩니다. 두꺼운 고무 안에 바람을 넣으면 거의 100kg 정도의 강하고 무거운 보트가 됩니다. 이 훈련은 1개의 단정에 6명이 한 조가 되어, 이 보트를 함께 이동시키는 것부터 시작합니다. 이 보트는, 6명의 머리 위에 올려서 움직이는데 (손으로는 총을 잡아야 하기에), 6명의 키가 크게 차이 나거나 보폭이 다르면 실패합니다. 이따금 팀원 5명은 키가 큰데 1명은 상대적으로 작으면, 그 키 작은 사람은 함께 그 보트를 나르는 것처럼 보여도 실제로는 머리에 단정이 닿지 않으니 힘은 하나도 쓰지 못하게 되고 결국 나머지 5명만 수고합니다. 가장 심각한 상황은 한 조에 키 큰 사람이 한두 명뿐이고 나머지는 모두 키가 작은 경우입니다. 그러면 정말 그 한둘만 엄청난 고생을 하게 됩니다.

세상의 수많은 공동체가 단정 보트를 이동시키는 모습과 다르지 않은 것 같습니다. 어디나 그 공동체의 무게를 떠받치고 힘쓰며 고생하는 사람이 있고, 아무 힘도 쓰지 않고 그저 소속된 것이 전부인 듯 보이는 사람도 있습니다. 그 이유는 '키가 작기' 때문입니다. 능력의 키, 영혼의 키, 헌신의 키가 작으면 그렇습니다. 물론 아직 미숙한 사람이라면 한 공동체에서 다른 성숙한 사람들의 헌신과 희생을 통해 양분을 공급받는 것이 당연합니다. 문제는 시간도 충분히 지났고 지금껏 상당한 도움을 받았음에도 여전히 성장하지 못했을 때입니다. 그런 자신의 상태에 전혀 미안함도 찔림도 없이 이런저런 핑계와 합리화만 하면서 그 공동체에서 유익만 얻으려고 할 뿐, 공동체를 섬기는 사람은 되지 않으려는 것입니다.

어느 공동체나 함께 고생하고 함께 눈물 흘린 사람들이 진정한 공동체의 의미 있는 구성원이 되고, 그 공동체가 궁극적으로 지향하는 곳에 이릅니다. 반대로 헌신과 섬김이 없는 사람은 편하고 지혜로운 것처럼 보이나 결국 공동체의 진정한 구성원이 되지 못하기에 공동체가 추구하는 궁극적 목적지에 도달하지 못합니다. 어떤 공동체가 좋아 보이는 이유는 희생하며 섬기는 사람이 많은 덕분입니다. 단순히 혜택만 찾아 누리기만 할 뿐 아무것도 희생하지 않으려는 사람들이라면 아무리 많이 있더라도 그곳은 매력적이지 않습니다.

지금 이 시간, 각자가 몸담은 공동체에서 자신은 어떤 위치에 어떤 모습으로 자리를 잡고 있는지 점검해보십시오. 머리와 목에 힘을 주어 무거운 보트를 받치고 있는지, 아니면 보트의 그늘 아래서 흉내만 내는 사람인지, 그것도 아니면 다들 힘들게 보트를 움직이는데 보트 위에 올라타 비판과 비난만 하는 사람인지.

아직도 기억나는 한 장면이 있습니다. 단정 훈련을 받던 키 작은 훈련병 하나가 갑자기 자기 허리에 차고 있던 수통을 꺼내 자기 머리에 올려 함께 보트를 받쳐 드는 모습이었습니다. 진정으로 소속된 존재가 어떤 삶을 살아야 하는지를 많은 말 대신 행동으로 보여준 감동적인 순간이었습니다.

1-2 **3** 〔로마의 두 번째 황제인〕 디베료가 로마 황제로 통치한 지 15년째 되는 해, 〔팔레스타인 지역을 4명의 지도자가 나눠 다스리고 있었다.〕 본디오 빌라도가 유대 땅의 총독으로 다스리고, 〔헤롯 대왕의 아들〕 헤롯 안디바가 갈릴리 땅의 분봉왕으로, 그의 형제 빌립이 이두래와 드라고닛 땅의 분봉왕으로, 루사니아가 아빌레네 땅의 분봉왕으로 다스리고 있었다. 그리고 유대인의 대제사장으로는 안나스와 가야바가 군림하고 있었다.

바로 그때 하나님의 말씀이 광야에 있던, 사가랴의 아들 요한에게 임했다.

3 그래서 요한은, 사람들이 지은 죄를 해결하기 위한 회개의 세례를 선포하며 요단강 근처에 왔다.

4-6 요한이 이러한 사명을 감당하게 된 것은 구약성경에 기록된 선지자 이사야의 예언이 이루어진 것이다.

"광야에서 큰 소리로 외치는 메시지가 있다! 너희는 주님이 오시는 길을 준비하라! 그분이 오시는 좁은 길을 평평하게 만들어라! 낮아져 있는 모든 골짜기는 채워질 것이며 높아져 있는 모든 산과 언덕은 낮추어질 것이다. 그리고 굽은 길은 곧게 되고 거친 길은 평탄하게 될 것이다! 그리하여 모든 사람이 하나님의 구원을 보게 되리라!"

7-9 그러자 많은 사람이 자기가 사는 곳에서 떠나 요한에게 세례를 받으려고 왔다. 요한은 그 사람들에게 이렇게 말했다.

"독사의 자식들아! 너희에게 임박한 진노를 그런 식으로 피하라고 누가 너희에게 알려주었느냐? 너희는 단순히 세례 의식 하나만 요식행위로 받으려고 하지 말고, 세례가 진정으로 의미하는 회개에 합당한 삶으로 먼저 너희 자신을 바꾸어야 한다! 너희 스스로 '우리는 아브라함이 우리 조상이다'라고 자랑하지 마라. 하나님께서는 여기 있는 돌들로도 아브라함의 후손이 되게 하실 수 있기 때문이다.

너희의 영적 현실은 이렇다! 나무를 찍어 버리려고 이미 도끼가 뿌리에 놓인 상황이란 말이다. 그 나무와 같은 운명에 처한 너희가 삶을 바꾸어 변화된 열매를 맺지 않는다면, 즉시 찍혀서 불에 던져질 것이다!"

10-11 그러자 사람들은 요한에게 물었다. "우리가 무엇을 해야 합니까! 어떻게 우리 삶을 바꾸어야 합니까?" 요한이 이렇게 대답했다. "너희 중에서 옷을 두 벌 이상 가진 사람은 옷 없는 사람들에게 나눠 주고, 먹을 것에 여유가 있는 사람도 없는 사람들에게 나눠 주라!"

12-13 세리들도 세례받으러 와서 요한에게 물었다. "선생님! 우리는 무엇을 해야 합니까! 어떻게 삶을 바꾸어야 합니까?" 그러자 요한은 이렇게 대답했다. "너희에게 지정된 세금 액수 이상을 사람들에게 걷어 돈을 착취하지 마라!"

14 군인들도 세례받으러 와서 요한에게 물었다. "우리는 무엇을 해야 합니까! 어떻게 삶을 바꾸어야 합니까?" 그러자 요한은 군인들에게 말했다. "너희의 공권력을 함부로 사용하여 사람들의 돈을 빼앗거나 협박하는 일을 그만두어라. 너희가 받는 봉급에 만족하며 살아라!"

하나님의 음성

최근에 두 가지 일이 있었습니다. 한 번은 아이들 생일에 맞춰 초콜릿 케이크를 주문했습니다. 전화를 걸어 날짜를 말하고 일정은 넉넉하게 잡았습니다. 하지만 케이크는 약속한 날짜에 오지 않았습니다. 게다가 늦게 도착한 케이크는 주문한 것과 달랐고, 심지어 케이크 일부가 깨진 채로 도착했습니다.

속상한 마음이 들어 판매처에 전화했지만 통화가 되지 않아, 어쩔 수 없이 고객 상담 전용 메일로 불만을 접수했습니다. 그리고 며칠 후에 상담사의 전화가 왔습니다. 처음에는 제가 받은 불편을 잘 설명해 배상을 받고 싶었습니다. 하지만 전화를 받기 전에 늘 습관처럼 성령님께 기도했는데, 상담사의 목소리가 들리면서 동시에 제 마음은 달라졌습니다. 바로 그 순간 하나님께서 조용히 말씀하셨기 때문입니다. 날짜가 조금 늦었지만 온 가족이 함께 잘 먹었고, 전에 선물받은 케이크 쿠폰이 있어서 생일 당일에도 충분히 축하할 수 있었기 때문입니다. 무엇보다 분주한 연말에 케이크를 포장하고 배송했던 사람들의 수고, 실수한 사람과 전혀 상관없는 청년이 불만을 접수한 고객과 통화하면서 감당해야 할 마음의 상처들까지 그 모든 것을 하나님은 알게 하셨습니다. 그래서 저는 부드러운 목소리로 "조금 늦게 왔고 일부 깨지기도 했지만 잘 먹었기에 이전에 접수한 불만 사항은 취소합니다"라고 전했습니다.

또 하나는 민수기 성경퀴즈 대회를 마치고 선물을 준비할 때였습니다. "말씀도 준비했으니, 선물도 네가 준비해라. 그러면 복이 되리라" 하시는 하나님 음성을 들었습니다. 그래서 하나님께서 주신 감동을 따라 참가자 전원에게 선물을 준비했습니다. 꽤 많은 돈이 들긴 했습니다. 감정적으로, 재정적으로 어느 때보다 어려운 상황이었지만 하나님 음성에 따라 전화하고 선물을 준비하자 하나님의 평안으로 마음 전체가 새롭고 풍성해지는 것을 깊게 느낄 수 있었습니다.

저뿐 아닙니다. 하나님께서는 오늘도 이 땅의 수많은 사람에게 하나님의 음성을 보내십니다. 분주한 아침 출근 시간에도, 억울한 상황이나 아픈 병상에서도, 외롭고 고독한 시간에도, 유혹을 받거나 악한 생각에 사로잡힐 때도, 심지어 교묘하게 자신을 합리화하려던 순간까지, 하나님은 보시고, 아시고, 말씀하십니다. 우리를 간섭하고 방해하고 힘들게 하시려는 것이 아니라 도우시고 바로잡으셔서 참된 평안을 주시려고 말입니다. 하나님 말씀대로 하나님 뜻대로 살다 보면 이따금 눈물 나고 속상할 때도 있지만 그렇게 사는 것이 진짜 생명을 얻는 길임을 알게 하시려고 그리하십니다. 우리가 하나님 음성을 듣고 누군가를 배려하고 섬기는 순간, 우리는 진정으로 그분 제자가 되는 것이며, 그 음성에 순종하는 순간 말씀이 육신이 되어, 하늘나라가 우리 영혼에 이루어지는 것입니다.

중요한 것은 그분의 음성을 듣기 위해, 규칙적으로 말씀 앞에 서고, 모든 일의 시작에서 그분께 여쭈며, 결과가 어떻게 되든지 그 음성에 순종하는 것입니다. 삶의 작은 것부터 그분께 맡기기 시작하면, 어느 순간 인생 전체가 그분에게 드려지고, 하나님 말씀과 음성에 따라 살면 우리 삶은 곧 그분의 영광이 됩니다. 문제는 우리 영혼이 다른 음성들로 너무나 시끄럽고 분주하다는 것입니다. 세상의 소리, 욕망의 소리, 자아의 소리에 함몰되어 그분 말씀과 음성을 들을 기회조차 만들지 못하고 있고, 그 말씀과 음성이 들릴 때 분별하지 못하게 되며, 아무리 선명하게 들었더라도 거역하는 데까지 갑니다.

그러므로 지금 잠시 멈추어, "하나님은 어떤 마음이실까? 하나님은 어떤 말씀을 주시는가?" 기다려보시기 바랍니다. 그러면 어린 사무엘에게 하나님께서 처음 말씀하셨던 것처럼(삼상 3장), 낙심한 엘리야에게 하나님께서 말씀하신 것처럼(왕상 19장), 바로 지금 당신에게도 그분의 음성이 들리기 시작할 것입니다.

3:15 이스라엘 사람들은 [육적으로 로마의 속국이었고, 영적으로는 포로 된 자신의 현실에] 새로운 시대 곧, 하나님 나라가 오기를 간절히 기다리고 있었기에 회개의 세례를 선포하는 요한에 대해 깊게 고민하게 되었고, 혹시라도 요한이 [그 하나님 나라의 왕이신] 메시아가 아닐까 하고 진심으로 기대했다.

16 　 그러자 요한은 그들에게 분명히 대답했다. "저는 메시아가 아닙니다! 저보다 더 강하고 위대하신 분, 바로 여러분이 기다리는 메시아가 오십니다. 그분에 비하면 저는 새 발의 피 같은 존재입니다. 저는 [아주 낮은 종이 하는 일인] 그분의 신발 끈을 풀거나 묶을 자격도 안 됩니다. 저는 여러분에게 겨우 물로 씻는 정도의 세례를 주지만, 그분은 불같은 성령으로 세례를 주셔서 죄를 근본적으로 해결하시고 존재를 근본적으로 변화시키시기 때문입니다.

17 　 더 나아가, 마치 농부가 곡식을 타작하는 키를 사용하여 알곡과 쭉정이를 분리하듯, 메시아께서는 이 세상에 오셔서 하나님 백성은 모아 하나님 나라로 들어가게 하시고, 이에 합당하지 않은 사람들은 영원히 꺼지지 않는 불에 태우실 것입니다."

18 　 요한은 회개와 메시아에 대한 메시지들을 다양하게 전하면서 사람들에게 찔림과 도전을 주었고 이러한 내용의 복음을 계속 전하였다.

19-20 그즈음, 세례 요한은 분봉왕 헤롯 안디바에게도 회개의 메시지를 전했다. 그 이유는 헤롯이, 자기 동생 빌립의 아내 헤로디아를 빼

앗아 자신의 아내로 삼았고 다른 악한 짓도 많이 했기 때문이다. 하지만 혜롯은 〔요한의 메시지에 찔림받아 회개하기는커녕〕 세례 요한을 붙잡아 감옥에 가둠으로써, 지금까지 자신이 지은 죄들 위에 더 심각한 죄를 추가했다.

21-22 〔세례 요한이 혜롯 안디바에 의해 감옥에 잡혀 들어가기 전에,〕 엄청나게 많은 사람이 요한에게 와서 회개의 세례를 받았고, 예수님도 그들과 같은 입장이 되셔서 세례를 받으셨다. 예수님께서 세례 받으신 후에 기도하시자 하늘이 열렸다. 그 열린 하늘에서 비둘기 모양으로 성령께서 내려오셔서 예수님 위에 임하셨다. 동시에 하늘에서 이런 하나님의 음성이 들렸다.
"너는 나의 사랑하는 아들이다. 내가 너를 기뻐한다."

23-38 예수님께서 본격적으로 사역을 시작하실 때, 그분의 나이는 30세 정도가 되었다. 사람들이 그분에 대해 아는 것처럼, 예수님은 육신적으로는 요셉의 아들이셨다. (요셉은) 헬리의 아들이고, 〔그 위로 계보를 살펴보면〕 맛단의 아들이며, 레위의 아들이며, 멜기의 아들이며, 얀나의 아들이며, 요셉의 아들이며, 맛다디아의 아들이며, 아모스의 아들이며, 나훔의 아들이며, 에슬리의 아들이며, 낙개의 아들이며, 마앗의 아들이며, 맛다디아의 아들이며, 서머인의 아들이며, 요섹의 아들이며, 요다의 아들이며, 요아난의 아들이며, 레사의 아들이며, 스룹바벨의 아들이며, 스알디엘의 아들이며, 네리의 아들이며, 멜기의 아들이며, 앗디의 아들이며, 고삼의 아들이며, 엘마담의 아들이며, 에르의 아들이며, 예수의 아들이며, 엘리에서의 아들이며, 요림의 아들이며, 맛닷의 아들이며, 레위의 아들이며, 시므온의 아들이며, 유다의 아들이며, 요셉의 아들이며, 요남의 아들이며, 엘리아김의 아들이며, 멜레아의 아들이며, 멘나의 아들이며, 맛다다의 아들이며, 나단의 아들이며, 다윗

의 아들이며, 이새의 아들이며, 오벳의 아들이며, 보아스의 아들이며, 살몬의 아들이며, 나손의 아들이며, 아미나답의 아들이며, 아드민의 아들이며, 아니의 아들이며, 헤스론의 아들이며, 베레스의 아들이며, 유다의 아들이며, 야곱의 아들이며, 이삭의 아들이며, 아브라함의 아들이며, 데라의 아들이며, 나홀의 아들이며, 스룩의 아들이며, 르우의 아들이며, 벨렉의 아들이며, 헤버의 아들이며, 살라의 아들이며, 가이난의 아들이며, 아박삿의 아들이며, 셈의 아들이며, 노아의 아들이며, 라멕(레멕)의 아들이며, 므두셀라의 아들이며, 에녹의 아들이며, 야렛의 아들이며, 마할랄렐의 아들이며, 가이난의 아들이며, 에노스의 아들이며, 셋의 아들이며, 아담의 아들이며, 〔결국〕 하나님의 아들이시다!

Mountain's Insight

우리가 연결된 증거

예상치 못했던 늦둥이 막내의 출산으로 우리 가족은 꿈같은 이사를 하게 되었습니다. 난생처음 국민임대 '아파트'에서 살게 된 것입니다. 만나는 사람마다 인사를 했고 특히 옆집과 아랫집에는 아이들이 내는 소리가 클 수 있음에 미리 양해를 구하며 선물도 했습니다. 하지만 시간이 지나니, 수없이 이사 가고 이사 오는 사람들 사이에서 같은 건물에 머물기만 할 뿐 서로 연결되어 있다는 생각은 별로 들지 않았습니다.

그러다가 겨울에 무서운 한파가 몰려와 같은 동, 같은 호 라인에 사는 2층 집의 하수구가 얼었다는 소식을 듣게 되었습니다. 관리실에서는 계속 물 사용을 하지 말아달라고 방송으로 부탁했습니다. 위층에서 사용하고 보내는 물들이 2층 싱크대에서 흘러넘친다고 말입니다. 어쩔 수 없이 우리는 하룻저녁 내내 물을 쓸 수 없었습니다. 식사를 마친 그릇들을 고스란히 싱크대에 쌓아놓아야 했고, 머리를 감거나 샤워도 할 수 없었습니다. 찝찝함과 불편함을 고스란히 감당해야 했습니다. 그제야 우리가 서로 연결되어 있음을 느끼게 되었습니다. 서로 연결되어 있다는 증거는 자기 아픔을 나누는 데 있었습니다.

진정한 부모는 아이들의 아픔을 느끼고, 진정한 교사는 학생들의 어려움을 느낍니다. 진정한 지도자는 국민의 고통을 느끼고, 진정한 목회자는 성도들의 눈물에 애달파합니다. 서로 연결되어 있기 때문입니다.

우리는 그 반대도 생각해봐야 합니다. 자녀 된 그대는 부모님의 아픔을 느끼고 있습니까? 학생 된 그대는 선생님의 어려움을 느끼고 있습니까? 국민 된 그대는 지도자의 고통을 느끼고 있습니까? 성도 된 그대는 목회자의 눈물에 애달파 합니까? 더 나아가 우리 그리스도인은 몸 된 교회의 지체로 서로의 어려움을 느끼고 기도 제목을 나누고 있습니까? 무엇보다 우리 속에서 말할 수 없이 탄식하시는 성령님을 느끼고 있습니까? 그런 아픔과 어려움과 눈물과 애달픔을 느끼지 못한다면, 연결되지 못한 상황이라고 말하겠습니다.

지난주 또 한 차례 갑자기 눈이 내려, 온 세상이 하얗게 변했습니다. 일부 어른들과 아이들이 밖으로 나와 눈싸움을 하고 눈사람도 만들고 있었습니다. 저도 한참 그 눈들을 바라보았습니다. 하지만 저쪽에서 그 하얀 눈에 담긴 행복을 함께 느낄 수 없는 한 사람을 발견했습니다. 택배 상자들을 한아름 안고 미끄러운 눈길을 통과해 오는 사람이 보였습니다. 저는 순간 하나님께서 주신 감동에 따라 그 아저씨보다 먼저 아파트 출입문으로 달려갔고 문을 열어 드렸습니다. 그 순간 깨달았습니다. 우리 안에 연결된 아픔을 느끼고 나눌 수 있을 때, 우리 안에 연결된 기쁨과 행복도 나눌 수 있다는 것 말입니다.

조용히 눈을 감고, 각자 자신이 지금 무엇과 그리고 누구와 어떻게 연결되어 있는지 돌아봅시다. 자신이 몸담은 공동체의 아픔을 얼마나 알고 있으며 얼마나 느끼고 있습니까? 더 나아가 그 아픔을 어떻게 나누고 있습니까? 하나님께서는 죄와 사망 속에서 신음하는 우리를 사랑하셔서 독생자 예수님에게 사람의 몸을 입혀 이 땅으로 보내셨습니다. 그분은 오셔서 인간의 철저한 약함과 배고픔과 외로움, 그 고통스러운 병듦과 배신과 죽음까지 느끼셨습니다. 그분이 우리와 얼마나 깊게 연결되어 있는지를 몸소 증명하신 것입니다. 그분은 정말 하나님과 연결되었고 우리와 연결되어 있음을 증명하셨습니다. 그대에게는 지금 어떤 연결의 증거가 있습니까?

1-2 **4** 요단강에서 세례를 받으신 후에 성령님의 충만하심으로 돌
아오신 예수님은 그 성령님의 이끄심으로 광야로 들어가
셨다. 광야에 계시는 동안, 마귀는 계속 예수님을 시험했다. 예수
님도 육신을 입고 계셨기에, 40일간 아무것도 먹지 못하셔서 매우
배가 고프셨다.

3 마귀가 나와서 첫 번째로 이렇게 시험했다.
"당신이 하나님의 아들이라면, 지금 즉시 저 돌들을 음식으로
변화시켜 보시오! 〔그리고 그 음식을 드십시오!〕"

4 그러자 예수님은 〔신명기 8장 3절 말씀으로〕 이렇게 대답하셨다.
"사람은 육신의 존재이기에 음식이 필요하지만, 그것만을 중심
으로 살아서는 안 된다!"

5-7 마귀는 두 번째 시험을 하려고 예수님을 높은 곳으로 끌고 간 후
에, 온 세상 나라들의 화려한 부귀영화를 한순간에 펼쳐 보여주었
다. 그리고 이렇게 말했다.
"지금 당신이 보고 있는 이 모든 세상 나라의 부귀와 영화를 마
음대로 할 권세가 지금 나에게 있습니다. 그래서 나는 내가 원하는
사람, 누구에게든지 이것을 선물로 줄 수 있습니다. 만약 당신이 나
에게 한 번만 절하고 경배한다면 이 모든 것을 당신에게 주겠습니
다. 〔그렇게만 한다면 당신은 십자가를 지지 않아도 됩니다〕."

8 그러자 예수님께서는 〔신명기 6장 13절 말씀으로〕 이렇게 대답

하셨다.

"사람들은 그들을 만드신 창조주 곧 하나님께만, 오직 그분께만 경배하고 예배해야 한다!"

9-11 마귀는 이제 세 번째로 예수님을 끌고 예루살렘 성전 꼭대기로 가서 이렇게 말했다. 〔예수님께서 계속 말씀으로 시험을 이기시니, 마귀도 성경 말씀을 이용했다.〕

"만약 당신이 하나님의 아들이라면, 이 위에서 저 아래로 몸을 한번 던져보십시오. 〔시편 91편 11절에〕 '하나님의 천사들이 명령을 받아 당신을 지킨다'라고 했고 '발이 땅에 닿기도 전에 천사들이 손으로 당신을 잡아 올려준다'라고 써 있으니 당신의 발이 땅에 부딪쳐 부서지기 전에 당연히 천사들이 자기 손으로 당신을 붙잡아줄 것입니다. 〔그런 기적이 일어난다면 한 번에, 당신은 사람들에게 대단하고 유명한 사람이 될 것입니다.〕"

12 그러자 예수님은 〔신명기 6장 16절 말씀으로〕 이렇게 대답하셨습니다.

"주인 되신 하나님을 함부로 시험하지 마라! 이것이 더 근본적인 하나님 말씀이다!"

13 그렇게 마귀는 모든 인생의 시험을 다 해보았으나 예수님은 말씀으로 승리하셨다. 결국, 마귀는 기회가 올 때까지 물러나야 했다.

Mountain's Insight
유혹과 시험의 갈림길에서

유혹(temptation)과 시험(test). 이 두 단어의 차이가 무엇일까요? 유혹과 시험이 가진 잔인하고도 파괴적인 힘으로 개인적으로 뼈아픈 과거를 안고 있었던 저는 지성적으로 날카로웠던 20대에 신학을 하면서 이 두 단어의 차이를 나름대로 이렇게 정리해보았습니다.

먼저 유혹이란 ① 사탄과 마귀가 하는 것으로 ② 사람의 욕망을 이용해 ③ 죄를 짓게 만들고 ④ 죄책감으로 병들게 한 후 ⑤ 결국, 하나님과 사명을 떠나 죽게 만드는 것입니다.

다음으로 시험이란 ① 하나님께서 하시는 것으로 ② 사람의 연약함을 점검하셔서 ③ 훈련과 연단을 시키심으로 ④ 강한 용사로 승리하게 만든 후 ⑤ 결국, 하나님과 사명을 이루어 생명을 얻게 하는 것입니다. 다시 말해, 유혹과 시험은 비슷해 보이지만 출발과 과정과 결과 및 목적이 전혀 다른 것이라고 매듭을 지었습니다.

하지만 30대에 교회를 개척하고 더 깊게 말씀을 연구하기도 했고, 무엇보다 참으로 다양한 사람들을 만나 상담하고 기도하면서 더 실제적인 깨달음을 새롭게 얻었습니다. 결론부터 말하자면, 유혹과 시험은 그 자체로 다른 게 아니라, 그것에 반응하고 감당하는 사람에 따라 달라지는 것이었습니다. 즉, 아무리 사탄이 한 영혼을 파괴하려고 유혹하더라도 그 사람이 그 유혹을 이기면 위대한 기회가 되고, 아무리 하나님께서 한 영혼을 성장시키려고 시험하셔도 그 사람이 시험에서 실패하면 치명적인 위기가 되는 것이었습니다. 쉽게 말해 누군가를 죽이려고 함정을 파 놓아도 발밑을 주의하여 걸어가면 덕분에 주도면밀한 사람으로 성장하고, 정말 사랑하는 마음으로 선물을 주었더라도 그것을 잘못 사용하면 목숨을 잃게 되는 것입니다.

저는 "각자 하기 나름이다"라고 말하려는 것이 아닙니다. "나에게 시험이 오든 유혹이 오든, 나는 이겨낼 것이다"라는 마음 자세보다 더 중요한 게 있습니다. 그것은 그 시험과 유혹만 보는 좁은 시야를 넓혀 이 시험과 유혹을 통해 하나님께서 무엇을 기대하시는지를 보아야 한다는 것입니다. 이것이 곧 모든 시험과 유혹을 이기신 주 예수님의 길을 발견하고 그 길로 가는 것입니다.

그렇게 하려면 먼저는 절대 자기 힘으로 유혹이든 시험이든 이길 수 없음을 인정해야 합니다. 우리가 하나님 사랑 안에서, 예수 그리스도와 함께, 성령님으로 충만할 때만 우리는 어떤 유혹이든 시험이든 이길 수 있습니다. 결국, 내가 이기는 것이 아니라, 내 안에 계신 하나님께서 이기시는 것이 진짜 승리입니다. 우리는 그것을 고백해야 하고 경험해야 하며, 더 나아가 승리해야 합니다. 정말 중요한 것은 우리 각자의 인생 앞으로 다가오는 것이 시험인지 유혹인지를 분석하는 것이 아니라, 언제 어디서나 그것들을 실제로 이기는 것이며 그 승리의 이력을 계속 이어가는 것입니다.

그러므로 우리는 날마다 깨어 자기 안에 말씀을 채우고 기도해야 합니다. 진리로, 거룩함으로, 사랑으로 충만해야 합니다. 그러므로 저는 오늘도 선포합니다. "나는 절대 시험과 유혹을 이길 수 없습니다! 하지만 모든 죄와 사망에서 승리하신 나의 주님, 바로 그분을 통해, 그분 안에서 나는 반드시 이길 수 있습니다!"

여러분도 그러하기를 간절히 소망합니다!

4:14-15 그 후, 예수님께서는 성령님의 강력한 이끄심으로 갈릴리 지역으로 돌아오셨다. 광야에서 시험받으신 후에 여러 지역에서 말씀을 전하시고 치유를 행하신 그분에 관한 소문과 명성이 그 지역 일대에 퍼져나갔다. 특히 예수님께서는 여러 유대인 회당에서 말씀을 가르치셨다. 그곳에서 말씀을 들은 사람들은 모두 은혜를 받았고 예수님께 영광을 돌리며 칭송했다.

16-17 예수님께서는 어린 시절 자라신 고향 땅, 나사렛으로도 가셨다. 마침 안식일이었기에 늘 예수님께서 하시던 신앙 습관을 따라 회당으로 들어가셨고 회당 예배 순서에 따라 말씀을 읽으시려고 서셨다. 두루마리[로 된 성경 이사야서]를 넘겨받으신 후에, 예수님께서는 이렇게 [이사야서 61장 1-2절 내용이] 기록된 곳을 펼치셨다.

18-19 "하나님의 성령께서 내 위에 임하셔서 내게 기름을 부으셨다. 그 이유는 가난하고 궁핍하여 아무 소망이 없는 사람들에게 새로운 소망을 주는 기쁜 소식을 전하고, 포로처럼 다양한 영육의 중독과 갇힘 속에 있는 사람들에게 참된 자유를 얻게 하며, 육체의 눈과 영혼의 눈이 어두워진 사람들에게 밝은 시야를 열어주며, 억눌리고 무너진 사람들에게 새로운 힘과 삶을 선물하기 위해서다. 그래서 그들 삶에 하나님의 희년을, 하나님 나라를 선포할 것이다."

20 이렇게 낭독하신 후에, 예수님께서는 두루마리 성경을 감아서 그 성경을 책임지고 있는 사람(회당장)에게 넘겨 주었다. 그러고는 자

리에 앉으셨다. 그러자 회당 안에 있던 모든 사람의 시선이 예수님께 고정되었다.

21 　예수님은 이어 방금 읽은 말씀에 대해 다음과 같이 설교하셨다. "바로 오늘, 지금 여기에, 이 말씀을 들은 여러분에게 이사야가 한 예언의 말씀이 이루어졌습니다! 하나님 나라가 도래했고 그 나라의 왕인 메시아가 여러분 앞에 왔습니다!"

22 　그러자 사람들은 한 편으로 예수님께서 전해주신 이 은혜로운 말씀을 듣고 놀라서, 그들이 받은 감동에 대해 고백도 하고 증언도 했다. 그러나 동시에 그들은 예수님의 말씀에 반대했다. "어떻게 이 사람이 하나님 나라의 왕 메시아가 될 수 있겠는가? 이 사람은 요셉의 아들일 뿐이지 않은가?"

23 예수님께서는 그들의 마음속에서 일어나는 의심과 불편한 생각을 미리 아시고 이렇게 말씀하셨다. "아마도 여러분 마음속에는 '당신이 의사라면 자기 병부터 고치라'라는 유명한 속담이 떠오를 것입니다. 다시 말해 '당신이 메시아라면 어디 증명해보아라. 가버나움 지역에서 여러 기적을 행했다고 하는데, 바로 여기 고향 땅에서도 놀라운 일들을 일으켜 자신을 한번 증명해보라'고 말입니다."

24-27 　예수님은 이어 말씀하셨다. "정말 그렇군요! 선지자는 자신의 고향 땅에서 인정받을 수 없나 봅니다. 여러분이 나를 정말 잘 안다고 착각하기 때문입니다. 하지만 진실을 말해야겠습니다. 잘 들어보십시오. 선지자 엘리야가 활동하던 시대에 이스라엘 땅은 3년 6개월이나 비가 내리지 않아 큰 가뭄과 기근의 고통을 겪어야 했습니다. 당연히 그 땅의 불쌍한 사람들 중에는 과부도 많았지요. 하지만 하나님께서는 이스라엘의 과부들 가운데 그 누구에게도 선지자 엘리야를 보내지 않으시고, 오직 이방 땅, 시돈 지역에 있는 사렙다의 한 과부에게만 보내셨습니다. 또한, 선지자 엘리사가

활동하던 시대에 이스라엘 땅에는 많은 악성 피부병 환자들이 고통받고 있었습니다. 하지만 하나님께서는 그 사람들 중에서 누구에게도 선지자 엘리사를 보내지 않으셨습니다. 오직 수리아 사람 나아만에게만 엘리사를 보내셔서 그를 깨끗하게 고쳐주셨습니다. 제가 무슨 말을 하는지 아시겠지요!"

28-30 예수님의 말씀을 들은 나사렛 사람들은 분노로 가득 찼다. 조상들과 같은 태도로 선지자를 무시하고 있기에 자기들에게 기적이 일어나지 않는다는, 예수님의 말씀을 깨달았기 때문이다. 나사렛 사람들은 일어나서 예수님을 회당에서 쫓아내고 그분을 끌고 도시 밖으로 나가 그 마을이 자리 잡은 지역의 높은 언덕으로 데리고 갔다. 거기서 예수님을 낭떠러지 아래로 떨어뜨리려고 했다. 하지만 예수님께서는 그 성난 사람들 사이를 통과해 나오셨다.

받아들이세요!

주일 밤늦게까지 설교 준비를 하다가 졸려서 잠시 거실로 나왔다가, 안방에서 잠자고 있는 아이들을 보았습니다. 그 순간 저는 '부럽다'라기보다 '고맙다'라는 생각이 들었습니다. 밤이 주는 선물인 잠을 잘 누리고 있었기 때문이었습니다. 무슨 말이냐고요? 아이를 낳아 키워본 부모라면 누구나 경험하게 되듯, 우리 아이들도 밤에 잠을 못 이루는 날이 많았습니다. 아내도 저도 피곤한 저녁을 지나 한밤을 향하는데도, 아이들은 잠에 들지 못해 보채고 울었습니다. 그러면 저는 아이를 포대기에 싸서 동네를 한 바퀴 돌았지요. 잠이 들 때까지 말입니다. 첫째도, 둘째도, 심지어 셋째도 그랬습니다. 토닥토닥 엉덩이와 등을 쓰다듬어주면서 찬양도 불러주고 기도도 하면서 그렇게 아이들이 잠들 때까지, 밤이 주는 선물을 받아들일 때까지 말입니다.

하지만 영혼의 밤을 지나가는 사람들은 같으면서도 달랐습니다. 수고한 우리 육체에 하나님께서 주시는 선물을 받아들이지 못하듯, 곤고한 우리 영혼에 하나님께서 주시는 선물도 받아들이지 못하는 사람이 참 많았습니다. 아무리 깊은 말씀을 준비해도 눈을 감는 사람, 아무리 좋은 찬양을 불러도 입 다물고 있는 사람, 아무리 감동적인 기도를 해도 따라 하지 않는 사람이 참으로 많았습니다. 제 아이들은 잠시만 토닥거리고 참아주면 되었지만, 지독한 영혼의 밤을 통과하는 사람들은 아무리 기다려주고 섬겨주고 눈물을 흘려도 하나님의 것들을 받아들이지 못했습니다.

더 깊은 말씀, 더 좋은 찬양, 더 감동적인 기도를 준비하면 될 줄 알았습니다. 하지만 그렇지 않았습니다. 이유는 밖에 있는 것이 아니라 영혼 안에 있었습니다. 그 영혼의 내면이 길가 밭과 같고, 돌밭 같고, 가시밭처럼 강퍅하여, 고집스럽고 완고했기에 아무리 좋은 씨앗을 뿌려도 열매를 거둘 수 없었습니다. 이전에 자신이 한 경험과 지식과 태도를 전부로 여기고 더 이상 영혼 안에 여백을 만들지 않았습니다. 심지어 찔림과 갈등과 도전을 받아도 더 강하게 마음의 문을 닫아걸고 어느 선 이상 나오지 않았습니다. 받아들이지 않으니 그 무엇도 소용없는 일이었습니다.

그래서 하나님은 우리를 실패하고, 고생하게 만드십니다. 아프고 쓰러지고 흔들리게 하셔서 철저히 낮추십니다. 헛된 것들로 채워진 삶에 허무함과 환멸을 느끼게 하셔서 영혼 깊은 곳에 그 무엇으로 채울 수 없는 배고픔과 목마름과 간절함을 느끼도록 하십니다. 바로 그때가 자기 십자가를 만나는 순간입니다. 자신이 죽었다고 고백하는 순간입니다. 진정으로 주님을 내 인생의 주인으로 영접하고 주님께서 주시는 것은 무엇이든 감사로 받아들이겠다고 결정하는 순간입니다. 놀랍게도 그 순간이 바로 진정으로 사는 시간입니다. 부활하는 시간입니다. 모두를 살리는 시간입니다. 그 시간이 모두에게 오기를 오늘도 간절히 기도합니다.

　너무 외롭고 힘들고 아프다면 지금 눈을 들어 당신을 안고 계신 하늘 아버지를 바라보십시오. 당신은 절대 혼자가 아닙니다. 그분의 노래와 손길과 기도를 받아들이십시오. 그분께 모든 것을 맡기십시오. 하나님께서 내 인생에 하시려는 것이 다 이루어지도록 마음을 여십시오. 그러면 곧 제 품에서 잠들었던 아이들처럼 여러분도 아버지 품에서 평안을 얻을 것입니다.

4:31-32　예수님께서는 나사렛을 떠나〔약 60km를 걸어〕갈릴리의 가버나움에 도착하셨다. 그곳에서도 안식일마다 하나님 나라의 복음을 계속 가르치셨다. 예수님께서 가르쳐주신 말씀을 들은 그곳 사람들은 모두 깜짝 놀랐다. 그분의 말씀과 삶에는 하나님의 권위가 담겨 있었기 때문이다.

33-34　바로 그때, 그 회당 안에는 더러운 마귀의 영에 사로잡힌 한 사람이 있었고, 예수님께서 계속 말씀을 가르치시자, 그 사람은 큰 소리를 지르며 이렇게 말했다.

"아! 우리를 그냥 내버려두세요! 당신과 우리가 무슨 상관이 있습니까? 나사렛 사람 예수여! 우리를 끝장내려고 오셨습니까? 우리는 당신이 누구신지 잘 압니다. 당신은 바로 하나님의 거룩하신 분입니다!"

35　그러자 예수님께서는 그 사람 안에 있는 마귀를 꾸짖으시며 이같이 선포하셨다.

"너는 입 다물고, 즉시 그 사람에게서 나오라!" 그러자 그 마귀는 자신이 사로잡고 있던 사람의 육체를 회당에 모인 사람들 앞에 넘어지게 하고 나왔다. 다행히 그 사람 몸에는 아무런 상처도 남지 않았다.

36　회당에서 이 모든 것을 본 사람들은 경이로움에 가득 차서 서로 이렇게 말했다.

"와! 이 얼마나 놀라운 일이며, 이 얼마나 놀라운 말씀인가! 그분이 하나님의 권위와 능력으로 더러운 영에게 말씀하시니, 그 영이 즉시 떠났도다!"

37 예수께서 전한 말씀과 행한 치유에 관한 소문은 주변 모든 지역으로 퍼져 나갔다.

38 회당에서 나오신 후에 예수께서는 시몬 베드로의 집으로 가셨다. 그곳에 갔더니 시몬의 장모가 열병으로 아파하고 있었다. 사람들은 베드로의 장모를 고쳐달라고 그분께 부탁했다.

39 예수님은 장모가 누워 있는 곳에 가까이 오셔서 그녀를 내려다 보시고, 그녀의 열병을 꾸짖으셨다. 그러자 그 즉시 열병이 떠났다. 몸의 회복이 얼마나 온전하게 이루어졌던지 그녀는 곧장 일어나 예수님 및 그분과 함께한 사람들에게 음식을 차려주며 섬겼다.

40 바로 그날, 곧 안식일 저녁이 되어 해가 지자, 그 지역의 주변 사람들이 여러 병과 연약함을 지닌 가족과 이웃을 모두 이끌고 주님이 머무시는 집 앞으로 몰려왔다. 예수님께서는 그 모든 사람에게 일일이 두 손으로 안수하고 치유해주셨다.

41 그 과정 중에, 많은 사람을 사로잡고 있던 마귀들도 떠나갔는데, 그렇게 나가면서 큰 소리로 "당신은 하나님의 아들이십니다!"라고 외치면서 떠나갔다. 예수님께서는 그 마귀들이 더 이상 말하지 못하도록 꾸짖으셨다. 〔사람들은 아직 잘 몰랐지만〕 마귀들은 그분이 메시아이심을 분명히 알았던 것이다.

42-44 아침이 밝아오자, 예수님께서는 한적한 장소로 가서 기도하셨다. 잠시 후 많은 사람이 예수님을 찾아 그곳까지 와서, 그곳을 떠나지 마시고 계속 머물러달라고 강청했다.

하지만 예수님은 그들에게 이렇게 대답하셨다. "나는 다른 마

을에도 가서 하나님 나라의 복음을 전해야 합니다. 바로 그 일을
위해 보내심을 받았기 때문입니다."

그렇게 예수님께서는 유대 땅의 여러 회당으로 가셔서 하나님
나라 복음을 계속 전하셨다.

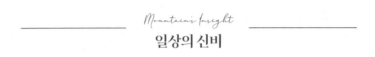

일상의 신비

안 믿어지시겠지만, 저는 중학교 시절에 축구부로 뛰었습니다.

축구도 잘 못 하는 제가 축구부에 들어가게 된 이야기를 들려드리
겠습니다. 중학교에 들어갔는데 학교에서 축구부를 모집한다는 이야
기를 들었습니다. 그때 갑자기 축구부에 들어가고 싶어서 저도 달려
갔습니다. 운동하고 싶은 아이들이 이미 많이 와 있었습니다. 그런데
감독으로 소개된 선생님이 나오시더니 많은 아이는 건너뛰고 제게 오
셔서, 넌 꼭 들어와야겠다고 하시며 뽑아주셨습니다. 이유는 딱 하나
였습니다. 제가 축구화를 신고 있었기 때문입니다. 당시에 저는 운동
화 대신 축구화를 신고 다녔습니다. 날쌘 모양의 디자인이 좋았고, 밑
창에 오돌오돌 튀어나온 고무 스파이크들이 길바닥에 밟히며 나는 소
리가 듣기 좋았기 때문입니다. 그렇게 시작된 축구부 생활을 한 1년
정도 계속하자 나중에는 어떤 자세에서도 원하는 방향으로 축구공을
차서 보낼 수 있는 감각이 생겼고 골키퍼가 앞으로 나온 것을 보고 살
짝 위로 차서 넣는 기술로 골인도 여러 번 성공했습니다. 다른 학교로
전학을 가는 바람에 계속 축구를 하진 못했지만, 한 사람의 인생이 특
별한 재주보다는 자주 하는 것에, 특별한 순간보다 일상에 달려 있다
는 것을 알게 되었습니다.

안타까운 사실은, 많은 사람이 일상을 소중하게 생각하지 않는다
는 것입니다. 매일 반복되는 평범한 나날을 그냥 허비합니다. 특별한

순간, 만남, 사건만 일어나길 바랄 뿐, 그 특별한 것들이 평범한 일상으로 뒷받침되어야 한다는 사실은 외면합니다. 그리스도인들도 마찬가지입니다. 아침마다 읽는 성경 말씀과 기도, 주일마다 돌아오는 예배 그리고 크고 작은 헌신과 섬김을 귀하게 여기지 않습니다. 이렇게 생각하는 것 같습니다. "만약 예수님이 오늘 아침에 오시거나, 바울 선생이 주일 설교를 한다면 하루가 특별해지고, 주일 예배도 완전히 달라지겠지!" 하지만 골리앗을 쓰러뜨린 다윗의 기적적인 승리는 평소 양을 치며 이루었던 작은 승리들이 쌓인 결과였고(삼상 17장) 특별하게 하나님을 대접할 영광을 누렸던 아브라함은 평소 나그네들을 잘 대접했기에 그런 기회를 얻을 수 있었음을 기억해야 합니다(창 18장, 히 13:2).

최근에 저의 첫 책이 개정되어 출간되었습니다. 7년 전에 처음으로 책을 쓸 때는 출판사에서 이력을 달라고 할 때 쓸 것이 없었는데, 지난 7년간 성경 번역과 감수 및 다양한 책의 추천, 편집 이력과 함께 단행본 저술만도 5권이 넘는 저자가 되어 있었습니다. 이런 이력을 만들기 위해 일부러 애썼다기보다는, 일상에서 끊임없이 말씀을 연구하고 책을 읽고 기도하며 글을 써왔기 때문에 가능했다고 생각합니다.

위대한 인생이 되고 싶습니까? 그러면 일상을 위대하게 만드십시오. 쓸모없고 무가치한 일에 소중한 시간을 허비하지 말고 하나님께서 기뻐하시고 가족과 내 영혼을 건강하게 할 아름다운 일들을 하나씩 지속해보십시오. 바울은 "항상 기뻐하라. 쉬지 말고 기도하라. 범사에 감사하라"라고 도전하며, 이것이 하나님의 뜻이라고 했습니다.

저는 확신합니다. 제가 평소에 신은 축구화가 축구부에 들어가게 한 것처럼, 우리가 예수님을 다시 만나는 날, 바로 그날 입은 특별한 옷 때문이 아니라, 우리가 늘 입고 있던 옷으로 영원한 천국에 들어가게 될 것입니다.

1-2 **5** 그즈음, 이런 일이 일어났다. 예수님께서 갈릴리 호숫가에 서 계셨는데, 많은 사람이 하나님 나라 복음을 듣고자 예수님께로 몰려와, 그분을 둘러쌌다. 그리고 예수님은 호숫가에 정박해 있는 두 개의 배를 보셨다. 그 배들은 밤새 물고기 잡기를 마치고 아침이 되어 해변으로 돌아온 사람들의 것이었다. 뱃사람들은 지난밤에 사용한 그물들을 씻고 정리하는 중이었다.

3 예수님께서는 그 두 개의 배 중 하나인, 시몬 베드로의 배에 올라가셔서 시몬에게 배를 호수로 움직여 해변으로부터 조금 띄어주기를 부탁하셨다. [베드로는 예수님의 말씀에 조용히 순종했다.] 그렇게 해변과 배 사이에 약간의 거리가 만들어지자, 예수님은 배에 앉으셔서 해변에 자리 잡은 사람들을 향해 [해풍을 이용하여 효과적으로] 복음을 전하셨다.

4 복음 전하기를 마치신 후에 예수님은 베드로에게 말씀하셨다.
"저기 호수의 깊은 곳으로 가서 그물을 내려 물고기를 잡아보십시오."

5 그러자 베드로는 이렇게 대답했다. "선생님! 우리가 사실 지난밤 내내 수고했지만 한 마리도 잡지 못했습니다. [그리고 지금은 날이 밝아 물고기 잡기가 어려운 시간입니다.] 하지만 선생님께서 그렇게 말씀하시니 그 말씀에 의지해서 한번 그물을 내려보겠습니다."

6-7 예수님의 말씀에 순종하여, 깊은 곳으로 가서 그물을 내렸더니, 정말로 베드로와 동료들이 내린 그물에 물고기들이 가득 잡혔다. 너무 많은 물고기가 잡혀 그물이 찢어지는 소리가 들리기 시작했다. 그래서 베드로와 동료들은 멀리 해변에 남은 다른 배의 동업자들에게 '와서 도와 달라'라고 소리를 질렀다. 그렇게 두 배가 힘을 합쳐 잡은 물고기들을 배에 담으니, 가득 찬 물고기의 무게로 배가 호수에 잠길 지경이 되었다.

8 바로 그 순간 시몬 베드로는 물고기에 맞추어졌던 시선을 예수님을 향해 돌렸고 그분 앞에 엎드렸다. 그리고 이렇게 고백했다. "저를 떠나십시오! 저는 당신과 함께 있을 자격이 없는 놈입니다. 저는 죄인이기 때문입니다. 주님이시여!"

9 베드로가 이렇게 말한 이유는, 그 아침에 그들이 기적처럼 잡은 엄청난 양의 물고기 때문에 일어난 경이와 놀라움이 베드로를 포함해서, 그와 함께한 동료들을 사로잡았기 때문이다. 〔그들은 그 일이 예수님의 능력으로 된 것임을 깨달았을 뿐만 아니라, 그 사건을 통해 그들의 철저한 낮음과 예수님의 엄청난 높음의 차이를 깨달았다.〕

10 바로 그 자리에, 시몬 베드로의 동료였던 세베대의 아들들인 야고보와 요한도 함께 있었다. 그 순간, 예수님께서는 베드로를 그 배에 타고 있는 사람들 모두의 대표로 삼아 이렇게 도전하셨다. "두려워하지 마세요. 지금까지 그대는 살아 있는 물고기를 잡아 죽이는 일을 해왔지만, 이제부터는 죽어가는 사람들을 잡아 살리는 일을 하게 될 것입니다."

11 이 도전의 말씀을 들은 베드로와 동료들은 자기 배들을 육지까지 끌고 온 후에, 방금 잡은 물고기를 포함해 모든 것을 그곳에 버려두고 예수님을 따라갔다. 그들은 그렇게 예수님의 첫 제자들이 되었다.

진정으로 주님을 만나는 때

참 오랫동안 생각나는 친구가 하나 있습니다. 야간 신학교에서 처음 만난 그 친구는 저와 비슷한 어린 시절의 아픔을 가지고 있었습니다. 우리는 둘 다 아버지도 안 계셨고 돈도 없었습니다. 머리가 월등하게 좋거나 특별한 달란트가 있었던 것은 아니지만 친구는 늘 긍정적이고 적극적이었으며, 무엇보다 제가 힘들고 어려울 때마다 수단과 방법을 가리지 않고 최선을 다해 도왔습니다.

처음 학회실을 만들고 페인트칠할 때 붓이 없다고 하니, 손으로 벽에 페인트칠을 해주었고, 처음 영어 예배를 진행하는데 영어 찬송가가 없다고 하니, 어디선가 영어 찬송가를 구해 와 복사해주었습니다. 적극적이고 진취적인 태도로 친구는 신학교 졸업 후 시작한 사업에서 큰 성공과 함께 많은 돈을 벌었습니다. 그즈음 십자가교회를 개척하려고 준비 중이었던 저는 자연스럽게 친구에게 전화를 걸었습니다. 친구는 무척 바빴지만, 제 전화를 따뜻하게 받아주면서 이왕 시작하는 개척교회, 멋진 건물로 번듯하게 시작하라고 큰돈을 지원할 것을 약속했습니다. 저는 은근히 그런 친구를 하나님보다 더 의지하게 되었습니다. 그 정도 돈이면 좋은 건물에 아름다운 실내장식을 하고 제법 교회답게 시작할 수 있을 것 같았습니다.

하지만 그동안 크고 작은 일에 수많은 도움을 주었던 친구는 가장 중요하고 결정적인 순간에 도움을 주지 못했습니다. 사업은 갑자기 부도가 났고, 빚을 다 갚지 못해 감옥에까지 가야 했습니다. 저는 어쩔 수 없이 은행에서 비싼 이자로 대출받아 힘들게 개척교회를 시작할 수밖에 없었습니다. 그것도 교회라고 부르기조차 어려운 건물에서 말입니다. 솔직히 저는 참 오랫동안 친구가 생각났습니다. 아쉬움과 섭섭함이 몰려올 때도 많았습니다. 하지만 이제 15년이 지나고 보니, 그때 친구의 돈으로 멋진 건물에서 거창하게 시작했다면 많은 사람이 모이는 교회에서 종교 지도자가 되었을지는 모르겠지만, 말씀과 기도에 집중하는 목회자가 되긴 어려웠을 것 같습니다. 하나님은 돈과 명예와 성공이 보장된 높은 곳에 계시지 않고 가난과 무시와 실패가 짙게 깔린 낮은 곳에서 늘 저를 만나셨기 때문입니다.

동생을 죽인 가인도 태도를 바꾸고 자신을 낮추자 하나님께서 살길을 열어주셨고(창 4장), 형을 속여 성공을 꿈꾸던 야곱도 얍복강에서 무너져 내릴 때 주님께 새 이름을 받았습니다(창 32장). 끔찍한 죄를 지은 다윗도 금식하며 눈물을 흘릴 때, 하나님께서 용서하셨고(삼하 12장), 물고기 잡던 베드로도 죄인 된 자신을 겸손하게 인정할 때, 예수님은 그를 제자로 부르셨습니다(눅 5장).

우리도 마찬가지입니다. 건강을 잃고 약해질 때 진정 강함 되시는 하나님을 만나고, 수입이 줄고 가난할 때 진정 감사케 하시는 하나님을 만나게 됩니다. 웃고 떠들 때는 절대 들리지 않던 음성이 외롭고 고독한 시간에 들리고, 밝고 신나서 내 마음대로 다 할 수 있을 때는 보이지 않던 주님의 모습이 눈물 나는 어두운 장소에선 빛처럼 나타나십니다.

이 글을 쓸 당시는 설 연휴였지만 교회로 나왔습니다. 길거리는 한산하고 점심에 문을 연 음식점이 없어 대충 끼니를 때웠습니다. 남들이 다 노는 시간에 저 혼자 일하는 것 같아 약간 억울하기도 했습니다. 그런데 그때, 교회로 전화가 왔습니다. 힘들고 어려운 한 성도의 전화였습니다. 한참을 상담하고 기도해드렸습니다. 그러자 그 성도는 저에게 설날인데도 교회로 오셔서 자신을 위해 긴 상담 전화를 받아주셔서 송구하고 또 고맙다고 했습니다. 우리가 진정으로 주님을 만나는 때가 언제인지를 다시 한번 깨닫는 시간이었습니다.

5:12 그리고 이런 일이 일어났다. 예수님께서 한 마을에 계실 때, 악성 피부병으로 뒤덮인 한 사람이 예수님께 나온 것이다. 그는 사람들과 격리된 삶을 살고 있었지만, 예수님을 보자마자 죽음을 무릅쓰고 그분 앞에 달려와, 자기 얼굴을 땅바닥에 닿도록 절을 한 상태로 간절히 부탁드렸다. "주님! 당신만 원하신다면, 저를 깨끗하게 하실 수 있음을 믿습니다."

13 그러자 예수님은 자신의 손을 내밀어 그를 만지시고 이렇게 선포하셨다. "내가 원합니다. 당신은 깨끗하게 되세요!" 그 즉시 그의 몸에 있던 악성 피부병은 사라졌다.

14 이어 예수님은 그 사람에게 다음과 같이 명하셨다. "지금 다른 사람들에게 가서 말하지 말고, 곧장 제사장을 찾아가서 당신의 몸을 보여주고, 악성 피부병이 다 나았으니 〔레위기 14장에서 모세가 명령한 율법대로〕 절차를 밟아, 당신이 소속된 공동체로 들어갈 증거로 삼으세요."

15-16 이러한 예수님에 대한 소문은 널리 퍼져 나갔고, 많은 사람이 예수님의 말씀도 듣고 자기 병도 고침받고자 그분께로 몰려왔다. 하지만 예수님은 늘 조용한 곳을 찾아 물러가셨고 그곳에서 늘 성실히 기도하셨다.

17 그리고 이런 일이 이어 일어났다. 예수님께서 어떤 날에 한 집에서 말씀을 가르치고 계셨는데, 그 집 안에는 바리새인과 율법 교사들을 비롯해 갈릴리와 유대 및 예루살렘 여러 마을에서 온 사람

들도 가득 앉아 있었다. 하늘의 능력을 지닌 예수님께서는 그곳에서 이 땅의 병든 사람들을 고쳐주셨다.

18-19 　바로 그때, 어떤 사람들이 온몸이 마비되어 움직일 수 없는 중풍병자 한 사람을 들것에 실어 예수님 앞으로 데려가 고침받기를 원했다. 하지만 그 집에는 이미 사람들로 가득하여 예수님께로 갈 수 있는 정상적인 길이 전부 막혀 있었다. 그래서 그들은 지붕으로 올라가 지붕의 진흙을 제거하고 구멍을 낸 후, 들것에 눕힌 중풍병자를 예수님 바로 앞으로 내려보냈다.

20 　예수님께서는 지붕을 뚫고 병자를 내린 사람들의 믿음을 보시고 그 중풍병자에게 이렇게 말씀하셨다. "형제님! 당신을 병들게 한 죄들은 이제 사라졌습니다!"

21 　그러자 옆에 있던 서기관들과 바리새인들이 수군거리기 시작했다. "아니, 이 사람은 자신을 누구라고 생각하는 것인가? 오직 하나님만 해결할 수 있는 죄 문제를 자신이 해결한다고 말한 것인가? 이것은 신성모독 발언이 아닌가!"

22-24 　예수님께서는 그들이 수군거리는 내용을 다 아시고 그들에게 이렇게 대답하셨다.

"마음이 많이 불편합니까? 내가 어떤 말을 하는 것이 좋을까요? 내가 이 중풍병자에게 '당신의 죄는 해결되었습니다'라고 말하는 것과 '당신은 지금 일어나서 걸어가세요'라고 말하는 것 중에서 어떤 일이 더 쉽고 마음이 불편해지지 않는 일인가요?

둘 다 어려운 일이지만, 그래도 병 고치는 것이 그보다 쉽고 여러분의 마음을 불편하지 않게 하는 일이겠지요. 하지만 나는 하나님께서 이 땅에 보내신 그분의 아들로서 세상에서 죄를 용서하고 해결할 권세가 있다는 것을 여러분에게 알려야 합니다. 그것이 더 힘들고 마음을 불편하게 하겠지만, 그것이 더 중요하고 핵심적인 일이기 때문입니다."

그러고서 예수님은 그 중풍병자에게 이렇게 말씀하셨다. "당신은 지금 그 병에서 일어나 건강해지십시오! 당신이 지금까지 누워있던 들것을 들고 힘차게 집으로 돌아가십시오!"

25 그러자 지금까지 마비되어 누워 있던 그 중풍병자는 많은 사람이 보는 앞에서 즉시 회복되어 일어났고, 들것을 들고 그 자리를 떠나 집으로 돌아갔다. 그는 가면서 하나님께 영광을 돌렸다!

26 　바로 그 순간, 놀라움과 경이감이 그곳에 있는 모든 사람을 사로잡았다. 그래서 그들도 한참이나 하나님께 영광을 돌렸다. 그들은 이렇게 말했다. "하나님께서 하시는 참으로 놀랍고 감격스러운일을 우리가 보았다! 바로 오늘!"

Mountain's Insight

용기를 내야 할 때

참 좋은 성도님이셨습니다. 그 먼 길을 한 번도 멀다 하지 않으며, 이 작은 교회를 찾아오셨습니다. 모든 예배에 지각 한 번 하지 않으셨고, 언제나 열정적으로 찬양하고 기도하며 한마디 말씀도 놓치지 않으려고 눈과 귀를 열어 예배에 참석하셨습니다. 자신이 할 수 있는 최선을 다해 섬겼을 뿐 아니라, 심지어 자신에게 벅찬 일까지도 기쁘게 순종하셨습니다.

　그러던 어느 날, 새해를 맞이하고 얼마 지나지 않아 조용히 제게 작은 부탁이 있다고 했습니다. 저는 그 부탁이 무엇이든 들어드리고 싶었습니다. 성도님은 자기 남편 이름으로 연말 정산에 사용할 기부금 영수증을 부탁하셨습니다. 여기까지는 당연히 해드려야 할 일이었습니다. 문제는 그 성도님이 지난 1년간 내신 헌금 액수보다 지나치게 큰 금액으로 해달라는 것이었습니다. 저는 잠시 생각했습니다.

솔직히 저는 두려웠습니다. 제가 바르게 말하면 그분이 상처를 받을까 봐, 그로 인해 교회를 떠날까 봐 두려웠습니다. 그래서 하루 정도 시간을 내어 기도한 후 대답을 드렸습니다. 저는 최대한 부드럽게, 내신 금액만큼만 해드릴 수 있다고 했습니다. 결국, 그분은 마음에 상처를 받았고 교회를 떠났습니다. 저는 참 오랫동안 마음이 아팠습니다.

우리는 평생 두려움에 사로잡혀 삽니다. 몸이 조금 아프면 큰 병이 아닐까 하고, 수입이 조금 줄어들면 먹고살기가 어려워지는 것은 아닐까 하고, 자녀들이 다른 아이들보다 성장이 느리거나 공부를 못하면 세상에서 하류 인생이 되는 것은 아닐까 하고, 사람들이 자기를 인정해주지 않으면 무가치한 사람이 되는 것은 아닐까 생각합니다. 바로 그 두려움 때문에 우리는 용기를 내지 못합니다. 마땅히 할 말을 하지 못하고, 마땅히 치러야 할 대가를 미룹니다. 그것도 모자라 자신을 합리화합니다. 결국, 기회를 놓치고 시간을 허비하고 나중에 후회합니다.

하지만 사실, 단순히 두려움 때문에 용기 내지 못한 것은 아닙니다. 진정한 두려움 앞에 바로 서지 못했기에 진짜 용기를 낼 수 없었던 것입니다. 바로 그 진정한 두려움 앞에서 내는 진짜 용기를 우리는 사랑이라고 부릅니다. 사람이 많이 있더라도 아기 엄마는 사랑하는 아이를 위해 부끄러움을 무릅쓰고 수유를 하고, 회사에서 수치를 당하는 아버지도 사장이 무서워서가 아니라 사랑하는 가족을 생각하며 참고 견디는 것입니다. 진정한 그리스도인은 더 많은 돈을 벌 수 있지만 자신이 하는 일이 말씀에 어긋나기 때문에 그만둘 수 있고, 진정으로 하나님을 경외하는 목회자는 사랑하는 성도가 교회를 떠날 수도 있는 상황에서도 말씀 앞에 바로 서게 하려고 진리를 전합니다.

지난주에 큰 개 한 마리가 막내 다연이에게 달려들었습니다. 저는 앞뒤 가리지 않고 다연이와 그 개 사이로 뛰어갔습니다. 하나님께서 제게 주신 소중한 딸을 지키기 위해 저의 생명을 돌보지 않고 힘과 용기를 낸 것입니다.

예수님도 우리를 위해 엄청난 용기를 내셨습니다. 초월적인 특권과 위치를 포기하시고 우리에게 오셨습니다. 매일 한 걸음씩 십자가로 나아가시며 그 처절한 고통을 감수하셨습니다. 하지만 그게 끝이 아닙니다. 우리도 그렇게 하기를 바라십니다.

지금 혹시 용서를 구할 사람은 없습니까? 그만두어야 할 일은 없나요? 진정한 두려움과 진정한 사랑으로 새로운 삶을 살고 싶진 않나요? 그렇다면 지금이 바로 진짜 용기를 내야 할 때입니다.

5:27-28 그 후, 예수님께서 [가버나움의 국경지역으로] 가시다가, 한 사람을 주의 깊게 보시고 만나셨다. 그 사람의 이름은 레위(마태)였고 국경 통행료 징수소에서 세금 받는 일을 하는 세리였다. 예수님께서는 레위에게 이렇게 말씀하셨다.

"나를 따라와 내 제자가 되시오!"

그러자 레위는 자신의 모든 것을 포기하고 일어나 예수님을 따라갔다.

29 레위는 예수님을 자기 집으로 초대하여 큰 잔치를 열었다. 그 잔치 자리에 동료 세리들을 비롯해 많은 사람이 초대되었고 모두 함께 식사하였다.

30 그 사람들 중에서 바리새인과 서기관들이 예수님의 제자들을 향해 이렇게 비난했다. "어째서 당신들은 죄인과 다를 바 없는 세리들과 함께 먹고 마시는 것이요?"

31-32 그러자 예수님께서 그들에게 대답하셨다. "건강한 사람에게는 의사가 필요 없습니다. 의사가 필요한 사람은 병든 사람들이죠. 나는 건강한 사람, 곧 의로운 사람[스스로 의롭다고 자부하는 사람]을 위해 온 것이 아닙니다. 나는 병든 사람, 곧 죄인[스스로 죄인임을 고백하는 사람]을 위해 왔습니다. 그 사람들을 회개시켜 하나님 나라의 백성이 되게 하려고 말입니다."

33 그러자 바리새인들과 서기관들이 예수님께 이어 질문했다. "요한의 제자나 바리새인의 제자들도 자주 금식하고 기도하며 절제

하는 삶을 삽니다. 그런데 어째서 당신의 제자들은 항상 먹고 마시기만 합니까?"

34-35 그러자 예수님은 그들에게 이렇게 대답하셨다. "결혼식에 초대받은 사람들이 신랑과 함께 있는데 어떻게 금식할 수 있겠습니까? 하지만 그 신랑을 빼앗기는 날이 옵니다. 그때는 당연히 사람들이 금식하게 될 것입니다."

36 이어 예수님께서는 두 가지 비유를 사용하셔서 확증하셨다. "새 옷에서 한 조각을 잘라낸 후 그것을 낡은 옷 위에 붙이는 사람은 아무도 없습니다. 만약 그렇게 하면, 새 옷은 조각날 것이고, 새 옷 조각을 덧붙여 바느질한 낡은 옷도 천의 상태가 서로 다르기에 하나로 어울리지 못해 결국 사용할 수 없는 이상한 옷이 됩니다.

37-38 또한 새 포도주를 낡은 가죽 부대에 넣는 사람도 없습니다. 만약 그렇게 하면 발효가 시작되는 새 포도주가 이미 시간이 많이 지나 약해진 낡은 가죽 부대를 터뜨려버릴 것입니다. 결국, 새 포도주는 땅에 쏟아질 것이고 낡은 가죽 부대도 망가지니, 모두 잃어버리는 것입니다. 당연히 새 포도주는 새 가죽 부대에 넣는 것이 합당합니다.

39 문제는 우리 대다수가 오래된 것에 길들어 있는 것입니다. 오래되어 숙성된 포도주 맛에 길든 사람은 새 포도주를 마시려고 하지 않습니다. 그래서 사람들이 '오래되어 숙성된 포도주가 좋다'라고 하는 것입니다."

소중한 밑줄, 소중한 이름

사건 1

주일학교 교사가 되어, 초등학교 5학년 학생들과 반목회를 하면서 아직도 기억에 남는 한 장면이 있습니다. 아이들이 일주일간 읽은 성경 내용 중에서 가장 은혜받은 구절을 보여주면, 제가 특별한 색 볼펜을 꺼내 물결 모양의 선을 그 구절 밑에 그어주는 것이었습니다. 그러면 아이들은 "와" 하며 감동했습니다. 아이들과 말씀을 읽다가 제가 "야, 이 구절 참 좋다" 하면서 물결 모양으로 밑줄 긋는 것을 본 아이들은, 자기 성경에도 밑줄을 그어달라고 부탁했습니다. 저는 그 순간 지혜를 내어 한 주간 자유롭게 성경을 읽고 감동받은 구절을 선생님에게 말해주면 밑줄을 그어주겠다고 했습니다. 아이들은 누구 성경에 선생님의 정성스러운 물결 모양 밑줄이 더 많은지 서로 내기하곤 했습니다. 토요일 저녁마다 최대한 예쁘게 밑줄 긋는 연습을 하던 제가 생각납니다.

사건 2

주일학교 전도사가 되어, 선생님들과 함께 식사하러 갔다가 아직도 기억에 남아 있는 한 장면이 생각납니다. 수련회를 마치고 교사 회식을 하고 있는데, 갑자기 우리가 밥을 먹던 식당에 연예인이 한 명 들어온 것입니다. 저는 누군지 몰랐는데, 한 선생님이 알아보고는 호들갑을 떨면서 사인을 받아야겠다고 했습니다. 사방을 살펴보다 마땅한 종이를 찾지 못한 선생님은 갑자기 자기 성경책을 펼쳐 그 연예인에게 가져가 빈 여백에 사인해달라고 했습니다. 저는 그 순간 이성을 잃고 일어나 소리를 질렀습니다. 하나님 말씀이 적힌 거룩한 책에 믿음이 있는지 없는지도 모르는 한 인간의 사인을 받아 놓는 일이 신성모독처럼 느껴졌기 때문입니다. 나중에 그 선생님은 몰래 사인을 받았다고 하는데, 아마 그 식당에 있었던 사람들은 제가 미친 사람처럼 보였을 것입니다.

최근에 기도하다가 갑자기 이 두 사건이 함께 생각났습니다. 성경을 소중하게 여기는 저에게, 처음엔 이 두 사건은 전혀 다른 이야기로만 들렸습니다. 그런데 성령님께서는 그 두 사건이 같은 이야기가 될 수도 있음을 깨닫게 하셨습니다.

선생님의 밑줄 모양이 예뻐서 자기 성경에 줄을 그어달라고 한 아이들이나, 연예인이 좋아서 성경 여백에 연예인 사인을 받으려 한 선생님이나 결국 자기만족을 위해 같은 일을 한 것이었습니다. 다른 한편으로, 선생님의 밑줄을 받고 싶어서 성경 구절을 찾았던 아이들이나 연예인의 사인을 받고 싶어 성경 여백을 찾았던 그 선생님의 마음에는 소중한 것을 담아두고자 했던 영혼의 간절함이 있었습니다.

문제는 제가 조금 더 사려 깊게 그들의 눈을 열어 그보다 소중한 것을 발견하도록 도와주지 못했다는 것입니다. 그 아이들에게는 밑줄만이 아니라 그들이 찾았던 말씀을 마음속에 그어줄 수 있어야 했고, 그 선생님에게는 성경책에 받으려 했던 연예인 사인보다 더 위대한 주님의 십자가 표적을 자기 인생에 담을 수 있도록 도와주어야 했습니다.

하나님께서는 우리 영혼을 그토록 소중하게 여기셔서 그곳에 자기 자신을 채우려고 하십니다. 그래서 이미 소중한 우리가 그분께 더욱 소중한 존재가 되게 하십니다. 그것이 바로 임마누엘이며 성령 충만이고 예수님을 주인으로 모시고 사는 삶입니다.

그러므로 지금 진실하게 물어보십시오. 자신의 소중한 인생에 어떤 밑줄을 그으려 하는지를 그리고 자신의 소중한 영혼에 누구의 이름을 담으려고 하는지를.

1 **6** 이제 이런 일이 일어났다. 어느 안식일에 예수님께서 사역을 하시다가 밀밭 가운데를 지나시게 되었는데, 〔배가 고팠던〕 제자들이 밀 이삭을 뽑은 후에, 손으로 비벼 먹은 것이다.

2 　 이것을 보고 어떤 바리새인들이 이렇게 말했다. "왜 당신들은 안식일에 합당하지 않은 일, 즉 안식일에 해서는 안 될 일을 합니까?"

3-5 　 그러자 예수님께서 바리새인들에게 이렇게 대답하셨다. "여러분, 〔사무엘상 21장에서〕 다윗과 그의 부하들이 배고팠을 때 한 일을 읽어보지 못했습니까? 다윗은 성막에 들어가 진설병〔하나님 앞에 두는 거룩한 빵〕을 집어 먹었습니다. 그리고 그 빵을 자신과 함께한 부하들에게도 나눠 주었습니다. 그 빵은 오직 제사장만 먹을 수 있고 일반 사람들은 먹기에 합당하지 않은 빵인데도 말입니다." 이어 예수님은 이렇게 말씀하셨다. "나, 곧 사람의 몸으로 온 하나님의 아들은 안식일의 주인입니다. 안식일의 창조자이며 주권자입니다."

6-7 또 다른 안식일에 이런 일이 있었다. 예수님께서 회당에 들어가셔서 말씀을 가르치고 계셨는데, 바로 그 자리에 오른쪽 손이 마른 한 남자가 있었다. 그 자리에 있던 서기관과 바리새인들은 안식일에 예수님께서 그 남자의 병을 고쳐줌으로써 안식일을 어기는 것은 아닌지 감시만 하고 있었다. 혹시라도 안식일을 어긴다면 고소할 이유로 삼고자 유심히 지켜보고 있었던 것이다.

8   예수님께서는 그들의 악한 의도를 꿰뚫어보셨다. 그래서 그 오른쪽 손이 마른 남자에게 이렇게 말씀하셨다. "형제님, 여기 회당 한가운데 서 보십시오." 그러자 그 남자는 일어나 사람들 가운데 섰다.

9   예수님은 그 남자를 바라보는 주변 사람들을 향해 이렇게 질문하셨다. "여러분, 안식일이라고 하는 날에 우리가 어떤 일을 하는 것이 가장 합당합니까? 선을 행하는 것이 합당합니까? 악을 행하는 것이 합당합니까? 한 사람의 생명을 구하는 것이 합당합니까? 아니면 그냥 내버려두어 죽게 하는 것이 합당합니까?"

10   아무 대답도 하지 못하는 사람들을 둘러보신 후, 예수님께서는 그 남자에게 이렇게 말씀하셨다. "형제님, 당신의 마른 손을 쭉 뻗어보십시오!" [예수님이 시키신 대로] 남자가 그렇게 순종했더니 손이 건강하게 회복되었다.

11   바리새인과 그와 같은 처지에 있던 사람들은 분노로 가득해졌고, 어떻게 하면 예수님을 처치할 수 있을지 서로 수군거렸다.

12-13   그 후로 이런 일이 이어졌다. 예수께서는 산으로 올라가셔서 밤새도록 하나님께 기도하셨다. 날이 밝아오자, 그 산 위에서 자신을 따르던 제자들을 부르셨고, 그들 중 열두 명을 선택하셨다. 그리고 그들을 그때부터 사도 즉, '하나님께서 보낸 사명자'라고 부르셨다.

14-16   그 열두 명은 이러하다. 예수님께서 베드로(바위, 반석)라는 새 이름을 지어주신 시몬, 베드로의 형제 안드레, 야고보와 요한 그리고 빌립과 바돌로매, 마태(레위)와 도마, 알패오의 아들인 야고보 그리고 열심당원이라고 불리는 시몬, 야고보의 아들 유다 그리고 나중에 예수님을 배신하고 팔아넘긴 가룻유다이다.

17-19   예수님께서 제자들과 함께 그 산에서 내려오셔서 평지 위에 이르시니, 예수님을 따르는 많은 제자와, 유대와 예루살렘 그리고 두로와 시돈의 해변 지역에서 온 수많은 사람이 예수님의 말씀을

들고, 그들의 병도 고침받고자 나아왔다. 예수님께서는 그들에게 말씀을 전하셨고 병을 고치셨으며 더러운 영들로 고통당하는 사람들도 치유하셨다. 그래서 수많은 사람이 예수님을 뵙고 싶어 했고 한번이라도 만지기를 원했다. 예수님의 능력이 나와서 그들을 모두 고치셨기 때문이다.

Mountain's Insight

당신이 받은 선물은 어떻게 되고 있나요?

잠시 생각해보았습니다. 짧지 않은 인생 속에서 제가 받은 수많은 선물을요. 부모님을 통해 하나님께서 주신 생명부터 시작해, 전도사님과 선생님 그리고 목사님을 비롯한 영적 스승들의 기도와 대가 없는 헌신, 제자들과 동료들의 따뜻한 말 한마디와 격려의 편지, 소중한 가족이 조금씩 모아 건네준 생일선물과 누군지도 모르는 분들이 보내주신 쌀과 옷, 책과 물건 그리고 교회를 개척하고 지금까지 받은 다양한 유무형의 선물이 있었습니다. 그 선물 중에 우리에게는 별로 필요하지 않은 것도 있었습니다. 하지만 그중에서 특별한 몇 가지 선물은 하나님께서 살아계셔서 우리를 돌보시는 증거가 되었고, 어려운 시절을 낙담하지 않고 살아가게 하는 은혜로 읽혔습니다.

하지만 그보다 더 중요한 것이 있습니다. 소중하고 특별하게 받은 그 선물이 나에게 와서 어떻게 되었는가 하는 것입니다. 아주 좋은 책을 선물로 받았지만 읽지 않으면 아무 소용이 없고, 유용한 전자 제품을 선물로 받았더라도 사용법을 익히지 않고 구석에 던져두면 무용지물이 됩니다. 반대로 너무 비싸고 소중한 물건이라서 보관만 하고 있다면 장식품이나 다를 바가 없습니다. 가장 심한 것은 귀한 선물을 받았는데 그 가치를 잘못된 방향으로 이용하는 바람에 자신과 주위 사람들의 인생을 망가뜨리는 일입니다.

그래서 어떤 사람은 1달란트 정도밖에 되지 않는 선물을 받아도 그것을 잘 사용해 100달란트의 가치를 가져오기도 하고, 어떤 사람은 100달란트나 되는 선물을 받았음에도 함부로 사용해 1달란트도 되지 않는 결과를 낳기도 합니다. 물질적인 것이든 영적인 것이든 모두 같습니다. 그러므로 선물은 받는 것보다, 그것으로 무엇을 하느냐가 더 중요한 것입니다. 그래서 하나님께서는 우리에게 작은 것부터 선물로 주십니다. 작은 시간, 작은 기회, 돈을 받았을 때 우리가 어떻게 사용하는지 점검하십니다. 작은 것들을 크게 사용하는 사람에게는 더 큰 것을 주시지만, 작은 것을 더 작게 만드는 사람에게는 그 작은 것조차 더 이상 주지 않으십니다.

잠시 생각해보십시오. 살아온 인생 속에서 그대가 받은 소중한 선물을요. 아무리 상황이 어려웠다고 해도, 분명히 많은 것이 있습니다. 하나님께서 주신 인생과 건강을 잘 관리하고 있습니까? 가정과 만남을 잘 지키고 있습니까? 시간과 물질을 그분이 기뻐하시는 방식으로 사용하고 있습니까? 지난주에 받은 하나님의 말씀과 감동은 삶에서 어떤 열매를 맺었습니까? 누군가가 선물한 책은 읽고 있나요? 누군가가 선물한 물건들은 잘 사용하고 있나요? 순결하신 어린양 예수께서 우리를 위해 십자가에서 죽으심으로 새로운 생명을 선물로 주셨는데, 우리는 그 소중한 생명과 복음으로 어떤 삶을 살고 있나요? 태양 빛과 단비를 선물로 받은 대지는 파란 새싹과 꽃들로 화답하며 피어납니다. 하물며 그보다 더 존귀하고 위대한 존재로 태어난 우리는 그보다 더 크고 아름답게 피어나야 하지 않을까요?

6:20-23 　그리고 예수님께서는 눈을 들어 자신의 제자들을 향해 이렇게 설
　　　　교하셨다.

　　　　"가난하고 낮은 삶의 자리에 있는 사람들은 복이 있습니다. 바
　　　　로 그곳에 하나님 나라가 임하기 때문입니다. 지금 이 땅에서, 배고
　　　　프고 궁핍한 상황 속에서 애통하는 사람들은 복이 있습니다. 이제
　　　　곧 하나님 나라가 임하여 이 모든 상황을 역전시킬 것이기 때문입
　　　　니다. 이렇게 낮아져 참 제자의 삶을 사는 사람들은 배부르게 될 것
　　　　이고, 크게 웃게 될 것입니다. 사람의 모습으로 이 땅에 온 하나님
　　　　의 아들, 바로 나로 인해 사람들에게 미움받고 왕따 당하며 욕을 먹
　　　　고 악하고 교묘한 방식으로 수치 당하는 사람들은 복이 있습니다.
　　　　기뻐하고 즐거워하십시오! 다가올 하나님 나라에서 이처럼 참 제
　　　　자의 삶을 사는 사람들이 받을 상이 엄청나기 때문입니다. 진짜 선
　　　　지자들도 여러분과 동일한 고난을 선조들에게 당하였습니다. 고난
　　　　을 감당하며 참 제자의 삶을 사는 사람들은 진짜 선지자들의 흐름
　　　　과 같은 위치에 서 있는 것입니다.

24-26 　　하지만 반대로, 부유하고 풍족한 삶의 자리에 있는 사람에게는
　　　　불행이 닥칠 것입니다. 그런 사람들은 받을 것을 이미 다 받아 누
　　　　렸기 때문입니다. 배부르고 풍족한 삶의 자리에서 크게 웃으며 사
　　　　는 사람들에게는 불행이 닥칠 것입니다. 이제 곧 하나님 나라가
　　　　임하여 이 모든 것이 역전될 것이기 때문입니다. 그래서 그런 사
　　　　람들은 굶주리고 슬퍼하게 됩니다. 이 세상 사람들이 칭찬하고 인

정하는 말만 듣는 사람들에게는 이제 불행이 닥칠 것입니다. 죄악된 삶을 살았던 선조들이 가짜 선지자들에게 늘 그렇게 말했기 때문입니다. 제자가 되지 못하고 그저 종교 생활만 하는 사람들은 결국, 가짜 선지자들과 같은 운명에 처할 것입니다.

27-31 　　그러므로 이제 참 제자가 되어 하나님 말씀을 바로 듣고 순종하는 사람들에게 분명히 말합니다. 이 악한 세상이 역전되기를 바라고, 이 땅에 하나님 나라가 오기를 바라는 사람들은 이렇게 살아야 합니다. 먼저 여러분의 원수를 사랑하십시오. 여러분을 미워하는 사람들을 선하게 대하십시오. 여러분을 저주하는 사람들에게 오히려 칭찬과 축복을 하고, 수치와 모욕을 주는 사람들을 위해 기도하십시오. 여러분의 한쪽 뺨을 때리는 사람에게 다른 쪽 뺨도 내밀고, 겉옷을 요구하는 사람에게 속옷도 선물하는 마음으로, 이 세상이 악한 방식으로 다가오더라도 하나님 나라의 선한 방식으로 맞아주십시오. 여러분에게 물질적으로 도와달라고 하는 사람이 있다면 최선을 다해 나눠 주고, 심지어 빼앗아 가더라도 돌려받으려고 애쓰지 마십시오. 하나님께서 갚아주실 것입니다. 사람들이 여러분에게 해주었으면 하는 말과 행동 그대로 여러분이 먼저 다른 사람들에게 말해주고 행동하십시오.

32-34 　　만약 마음에 드는 사람만 사랑한다면, 여러분이 나의 제자로서 더 큰 은혜를 받았다는 증거가 어디 있겠으며, 하나님의 동역자로서 어떤 칭찬을 받을 수 있겠습니까? 사랑하는 사람만 사랑하는 것은 범죄자들도 하는 일입니다. 만약 자신에게 잘해주는 사람에게만 잘해준다면, 여러분이 나의 제자로서 더 큰 은혜를 받았다는 증거가 어디 있겠으며 하나님의 동역자로서 어떤 칭찬을 받을 수 있겠습니까? 자신에게 잘해주는 사람에게 잘하는 정도야 범죄자들도 익히 하는 일입니다. 만약 돌려받을 가능성이 있는 사람에게만 베푼다면, 여러분이 나의 제자로서 더 큰 은혜를 받았다는 증거를 어떻게 보이고 하나님의 동역자로서 어떤 칭찬을 받을 수 있

겠습니까? 돌려받을 것을 기대하면서 남에게 잘해주는 정도의 호의는 범죄자들도 보입니다.

35-36 　나의 제자 된 여러분! 하나님의 동역자로 사는 사람들은 그 이상의 삶을 살아야 합니다. 원수를 사랑하고 그들을 선하게 대하십시오. 받을 것을 기대하지 말고 섬기십시오. 그러면 이 모든 것을 아시고 보시는 하나님께서 갚아주실 것입니다. 그제야 여러분은 세상의 가장 악한 사람들에게도 자비로우신 하나님, 그분을 닮은 자녀들이 됩니다. 그러므로 하나님께서 자비로우신 것처럼 여러분도 자비로운 사람이 되어야 합니다. 세상 방식대로 세상을 따라가는 것이 아니라 하나님의 방식대로 세상을 승리해야 합니다.

37-38 　올바른 평가는 할 수 있지만, 다른 사람들의 잘못을 찾아내 비판하고 정죄하는 일은 하지 마십시오. 그렇게 하면 여러분도 비판받고 정죄당하게 될 것입니다. 심판은 하나님의 일입니다. 여러분은 그저 하나님께 모든 결과를 맡기고 오직 용서하십시오. 그러면 여러분도 용서받게 될 것입니다. 무엇인가를 준 사람에게 받을 것만 생각하지 말고, 이 세상 모든 것을 보시고 아시는 하나님을 기대하여 이웃들에게 충분히 나누십시오. 그러면 하나님께서 여러분이 나눈 것보다 수백 배, 수천 배로 풍성하게 갚아주실 것입니다. 여러분이 이웃에게 한 것은 하나님께 한 것이 되어, 결국 여러분에게로 돌아옵니다.”

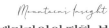

패러다임의 전환, 복음!

어느 날 저녁, 아버지가 담배 하나와 라이터를 들고 집으로 오셨습니다. 그때는 제가 초등학교 6학년에서 중학교 1학년으로 넘어가던 겨울이었고요. 늘 농담도 잘하시고 장난도 잘 치시던 아버지가 그날따라 무서운 얼굴을 하시고는 저에게 앉으라고 하셨습니다. 아버지는 다짜고짜 제게 담배 한 개비를 주시며 다 피우라고 하셨습니다. '그리스도인이 담배 피우는 것은 죄가 아닌가?'라는 생각이 들었고 아버지가 왜 그러시는지 이유라도 묻고 싶었지만, 아버지는 아무 말 하지 말고 시키는 대로 하라고 하셨습니다. 저는 어쩔 수 없이 담배 하나를 그날 아버지 앞에서 다 피웠습니다. 물론 처음에는 어떻게 불을 붙이는지 몰라서 헤맸지만, (불을 붙이는 동시에 빨아야 한다는) 아버지의 친절한(?) 가이드 덕분에 담배 연기가 목구멍 안으로 들어오기 시작했습니다. 목이 따갑고 눈물이 났지만, 아버지가 하나를 다 피워야 한다고 지켜보고 계셨기에 저는 어쩔 수 없이 한 개비를 다 피웠습니다.

정말 고통스러운 시간이었습니다. 저뿐만 아니라 같은 집에 사는 어머니와 동생도 담배 연기로 고통을 당해야 했습니다. 담배 한 개비를 다 피우고 나자, 아버지는 이렇게 말씀하셨습니다. "나는 너에게 담배를 피우지 말라고 잔소리하지 않겠다. 다만 네가 피워보았으니, 그것이 좋으면 평생 피우고 나쁘면 평생 피우지 말아라!" 덕분에 저는 그날 이후 오늘까지 35년간 금연하고 있습니다.

자녀에게 세상의 나쁜 것을 경험하게 하라는 것은 아닙니다. 어떤 자녀에게는 제 아버지의 방법이 위험할 수도 있습니다. 세월이 흘러 목사가 되고 보니, 아버지가 얼마나 많은 고민과 갈등 끝에 그런 행동을 하셨는지 조금은 알 것 같았습니다. 아버지는 익숙하지 않은 다른 방식으로 저에게 교훈을 주려고 하셨던 것입니다. 단순히 담배는 몸에 해롭다는 정보나, 담배 피우다 걸리면 죽는다는 식의 위협이 아니라 진정으로 한 사람 인생이 바로 서기 위해 사랑하는 자식에게 잊지 못할 방법으로 준 교훈이었습니다.

성경을 읽다 보면, 특히 신약에서 빨간색 글씨로 인쇄된 예수님 말씀 앞에서 받아들이기 어렵고 심지어 화가 나는 경우가 많습니다. 어떻게 나를 미워하고 욕하며 교묘하게 괴롭히는 사람을 용서하고 심지어 그 사람을 위해 기도한다는 말입니까? 나아가 어떻게 그런 사람을 사랑하고 심지어 그런 사람을 위해 죽을 수 있다는 말입니까?

하지만 그 순간 성령님은 우리에게 조용히 물으십니다. "그러면, 너를 미워하는 사람에게 너도 똑같이 미워하며, 모든 것에 세상 방식으로 대한다면 정말 세상을 바꿀 수 있겠느냐? 무엇보다 그것이 네가 주인으로 섬기는 예수님의 방식이냐?"

그렇습니다! 세상을 그저 세상 방식으로만 대한다면 세상은 변화되지 않고 더 악해질 수밖에 없습니다. 지금까지 세상 방식으로 세상을 변화시킬 수 없었다면, 우리는 이제부터 세상과는 다른 방법으로 해야 합니다. 그것이 바로 예수님의 방법입니다. 그리고 십자가의 방법입니다.

몇 해 전에 아이들과 재활용 쓰레기를 버리러 갔다가, 어떤 사람이 유리 술병을 잔뜩 들고 있다가 놓치는 바람에 우리 앞에서 산산조각이 나는 사건이 있었습니다. 그냥 모른 척 지나갈 수도 있었습니다. 하지만 그때, 옆에 있던 두꺼운 종이상자들을 이용해 깨진 술병 조각들을 함께 모아 치워주었습니다. 아이들도 함께 그렇게 했습니다. 자업자득이라고 하며 신경 쓰지 않을 수도 있었습니다. 하지만 하나님의 방법대로 산다는 것이 무엇인지 아이들이 배웠으면 했습니다. 짧은 시간이었지만 그 순간 우리는 패러다임의 전환이 주는 위대한 힘을 느낄 수 있었습니다. 그것이 바로 진짜 복음이라고 저는 믿습니다.

6:39-40 평지설교를 마무리하시며 예수님은 제자들에게 비유로 이렇게 말씀하셨다.

"먼저 절대 불가능한 길이 있습니다! 시각장애인이 시각장애인을 안내하는 것 말입니다. 결국, 두 사람 다 구덩이에 빠지고 맙니다. 다시 말해 세상의 방법으로 세상을 구하는 것은 절대 불가능합니다. 다음으로 어려운 일이 있습니다. 제자가 스승을 능가하는 것 말입니다. 하지만 어떤 제자든지 최선을 다해 성장하면 스승과 비슷하게 될 수는 있습니다. 다시 말해 하나님의 방법으로 세상을 역전시키는 것은 매우 어렵습니다. 하지만 불가능한 것은 아닙니다.

41-42 이렇게 하나님의 방법으로 세상을 역전시키는 복음의 길에서, 가장 큰 걸림돌은 다름 아닌 자기 자신입니다. 사람들은 대다수 자기 눈에 있는 큰 들보는 보지 않고 다른 사람의 눈에 있는 작은 티만 보기 때문입니다. 생각해보십시오. 어떤 사람이 자기 눈에 있는 큰 들보도 해결하지 못하고 어떻게 남의 눈에 있는 작은 티를 해결할 수 있겠습니까? 그런 뻔뻔한 사람은 위선자입니다. 먼저 자기 눈에 있는 큰 들보를 빼낸 다음에 바른 시각을 가지고 나서, 그 후에 다른 사람의 눈 속에 있는 작은 티를 빼내야 합니다.

43-44 왜냐하면 좋은 나무가 나쁜 열매를 맺을 수 없고, 나쁜 나무가 좋은 열매를 맺을 수 없듯이, 자신의 존재가 바로 서지 않으면 다른 이들도 바르게 세울 수 없기 때문입니다. 아울러 나무는 결국 그 열매로 자기가 어떤 존재인지 보여줍니다. 가시나무는 무화과

를 열매로 맺을 수 없고, 찔레나무도 포도를 열매로 맺을 수 없기 때문입니다.

45 　사람도 마찬가지입니다. 선한 사람은 그 사람의 마음속에 채운 선한 것들을 말과 행동으로 내놓고, 악한 사람은 그 사람의 마음속에 채운 악한 것들을 말과 행동으로 내놓습니다. 존재가 열매이며, 열매가 존재인 것입니다.

46 여러분은 나를 '주여, 주여'라고, 즉 주인이라고 부르면서, 왜 주인인 내가 하는 말은 하나도 삶으로 옮기지 않습니까?

47 　나의 제자가 되기를 바라는 사람들에게 분명히 말합니다. 제자는 스승의 말을 듣고 그것을 행동으로 옮기는 사람이 되어야 합니다. 제자와 제자가 아닌 사람들, 진짜 그리스도인과 가짜 그리스도인의 분명한 차이를 비유로 선명하게 보여주겠습니다.

48-49 　참 제자, 진짜 그리스도인의 삶은 이와 같습니다. 말씀을 듣고 그것을 삶으로 옮기는 것입니다. 그런 사람은 땅을 파고 자기 집을 바위와 같은 든든한 기초 위에 건축한 사람과 같습니다. 홍수가 나고 강력한 물이 부딪혀와도 그 집은 잘 지어졌기 때문에 절대 흔들리지 않습니다. 하지만 가짜 제자, 가짜 그리스도인은 말씀을 아무리 들어도 그중 하나도 삶으로 옮기지 않습니다. 그런 사람은 자기 집을 든든한 기초도 없는 모래 같은 흙 위에 건축한 사람과 같습니다. 평소에는 잘 모르지만, 홍수가 나고 강력한 물이 부닥치면 그 사람의 집은 순식간에 무너져내리고 심하게 파괴됩니다. 그대는 지금 어떤 길을 가는 사람이며, 어떤 집을 짓는 인생입니까?"

주님, 제가 무엇을 할까요?

대학교 4학년 때, 신약학 강사로 오신 젊은 교수님의 수업에 참석한 일이 기억납니다. 수업 시작 첫 시간에 그 교수님은 "난 지금까지 어떤 수업에서도 A 학점을 준 적이 없고, 이번 강의에서도 A 학점은 주지 않을 겁니다"라고 자랑처럼 그리고 경고처럼 말씀하셨습니다. 문제는 제가 다음 학기 장학금을 받으려면 그 과목에서 꼭 A 학점을 받아야 했다는 것입니다. 그래서 저는 교수님에게 "혹시라도 A 학점을 받으려면 무엇을 하면 됩니까"라고 물어보았습니다. 교수님은 저를 빤히 쳐다보시더니, "자기 실력으로 요한계시록을 처음부터 끝까지 헬라어에서 직접 번역해서 원문과 대조해 가져오면 됩니다"라고 약속하셨습니다. 그러자 같이 수업을 듣던 모든 학생은 '말도 안 돼!'라면서 웅성거렸습니다. 그건 마치 이제 사격 훈련을 막 시작한 신병들에게 3달 만에 엄청난 수준의 스나이퍼가 되라는 말처럼 불가능에 가까운 도전이었기 때문입니다. 불가능한 일이니 하지 말라는 것이었습니다.

하지만 저는 그날부터 하루 2시간씩 헬라어 성경을 펼쳐 요한계시록을 번역하기 시작했습니다. 나중에 알게 된 사실이지만, 요한계시록은 헬라어 성경 중에서도 무척 어려운 본문이었고 문법적으로도 불규칙하고 변형된 문장들이 너무 많았습니다. 당연히 그때는 실력이 없었기 때문에 헬라어 성경과 사전만 가지고는 아무리 애를 써도 하루에 한두 구절 옮기기가 힘들었습니다. 그리고 그렇게 애써서 한 번역이 제대로 되었는지도 알 수 없었습니다. 하지만 3달간 하루도 빠지지 않고 요한계시록 22장 404절을 번역한 후 책으로 제본하여 교수님께 드렸습니다. 물론 중간에 그만두고 싶은 날도 많았고 어떤 날은 너무 어려워 기도하다가 운 날도 있었습니다. 하지만 기말고사를 2주 앞두고 저는 그 결과물을 교수님께 드렸습니다. 교수님은 깜짝 놀라시며 제가 한 번역 여기저기를 읽어보셨습니다. 물론, 오역과 부족한 번역이 차고 넘쳤지만, 교수님은 그 어려운 일을 해왔다는 이유만으로 그 학기에 제게 A 학점을 주셨습니다.

저는 그 성적표를 받은 날, 이런 감동이 생겼습니다. 사람이 한 약속도 실천하면 놀라운 결과가 나오는데, 하물며 하나님께서 말씀을 통해 주신 약속을 실천하면 얼마나 놀라운 결과가 돌아오겠는가 하고 말입니다.

그래서 저는 성경에서 하나님이 주신 약속을 따라 지금까지 최선을 다해 실천해보았습니다. 계수기를 손에 잡고 하루에 수백 번 감사해보기도 했고, 매일 다섯 시간씩 기도해보기도 했습니다. 새벽에 일어나 일곱 시간씩 성경을 읽기도 했으며, 날마다 길에 나가 복음도 전했습니다. 재정적으로 어려워도 최선을 다해 헌금하고 성도들에게 나누었습니다. 물론 인간의 행위가 구원의 조건이 될 수 없고, 사람의 노력과 수고로만 하나님의 일이 완성되는 것도 아닙니다. 하지만 하나님께서는 제가 순종하고 실천한 대로 갚아주셨습니다.

씨앗에 생명이 있다는 정보를 알고, 그 씨앗이 자라면 멋진 나무가 된다는 깨달음만으로는 아무런 변화도 일어나지 않습니다. 오늘 아무리 힘들어도 한 알의 씨앗을 심는 자에게 내일이 있는 것입니다. 목사로 살면서 가슴 아픈 것은 아무리 교리적인 지식이 풍부하고, 감정적으로 큰 은혜를 느끼더라도, 실제로 삶으로 옮기는 사람은 무척 드물다는 것입니다. 하나님을 믿는다면서도 아무것도 하지 않으면 결국, 아무런 결과도 일어나지 않습니다.

인생이 달라지고 싶습니까? 그러면 지금 주님 앞에 무릎 꿇고 이렇게 기도하십시오. "주님, 제가 무엇을 할까요?" 그리고 주님께서 주신 감동과 찔림과 도전을 실천해보십시오. 진정한 믿음은 행함과 함께 역사하고 행함으로 말미암아 그 믿음이 온전해집니다(약 2:22).

1 　**7**　예수님께서는 평지설교의 모든 말씀을 〔제자들뿐만 아니라〕 백성에게 선포하기를 마무리하신 후에 가버나움으로 가셨다.

2-3　그때, 어떤 로마 백인대장에게 매우 소중한 하인 한 명이 있었는데, 그 하인이 심각한 병에 걸려 죽기 직전의 상태가 되었다. 그 로마 백인대장은 예수님에 대하여 잘 알고 있었기에, 예수님께서 자신의 종에게 오셔서 그 하인의 병을 고쳐주시기를 유대 장로들에게 부탁했다.

4-5　그래서 유대 장로들은 예수님께로 가서 급하고 간절하게 부탁했다. "예수님, 그 로마 백인대장에게 도움을 주는 것은 상당히 합당한 일입니다. 그가 우리 민족을 사랑하여 우리를 위해 회당까지 지어주었기 때문입니다"라고 말했다.

6-8　그러자 예수께서는 장로들과 함께 그 백인대장의 집으로 가셨다. 그런데 예수님께서 그 집에 가까이 왔을 때, 백인대장은 자신의 친구들을 예수님께 보내 이런 말을 전했다.

"주님! 저희 집까지 오시는 수고를 하지 마십시오! 예수님같이 거룩하신 분이 들어오시기에 저희 집은 합당하지 못하기 때문입니다. 예수님께 직접 가서 말씀드리지 못한 이유도 제가 주님께 합당한 사람이 되지 못해 그랬습니다. 그저 제 하인인 소년에게 나으라고〔병에서 회복되라고〕, 말씀만 선포해주십시오. 그러면 주님의 말씀에 능력이 있기에 그 즉시 하인이 나을 것입니다. 이런 말씀을 올리는 이유는 권위가 무엇인지 저 역시 잘 알기 때문입니다. 저도 이 땅에서 작은 권위가 있어서 제 아래에 있는 군사들에게 명령하면 그들이 그대로 행동합니다. 나가라고 명령하면 나가고, 오라고 명령하면 오고, 어떤 일을 하라고 하면 하는 것처럼 말입니다."

9 백인대장의 말을 전해 들으신 예수님께서는 크게 감동받으셨고 감탄하셨다. 그래서 자신을 따라오는 사람들을 향해 얼굴을 돌리시고 이렇게 말씀하셨다.
   "내가 한마디 하겠습니다. 지금까지 이스라엘에서 이 백인대장과 같은 믿음을 가진 사람을 만난 적이 없습니다!"

10 백인대장이 보낸 사람들이 예수님을 만난 후에, 그의 집으로 돌아가 보니, 백인대장의 하인은 건강하게 회복되어 있었다.

11-12 그러고서 이런 일이 있었다. 그다음 날, 예수님께서는 '나인'이라는 마을[가버나움에서 남서쪽으로 32km, 나사렛에서 남동쪽으로 10km]로 제자들 및 많은 사람과 함께 들어가셨다. 예수님께서 그 마을의 성문 즈음에 도착하셨을 때, 사람들이 죽은 남자 청년 하나를 널판으로 메어 나르는 장례식 행렬을 만나게 되었다. 그 청년은 죽은 남편이 여자에게 유일하게 남긴 외아들이었다. 그 마을에 사는 많은 사람이 그녀와 함께 장례 행렬을 따라가고 있었다.

13-14 주님께서는 그 홀로 남은 여자를 보시고 불쌍히 여기시고 이렇게 말씀하셨다. "울지 마세요."
   그러고서 죽은 아이를 눕혀 놓은 널판에 손을 대시어 장례 행렬을 멈추셨다. 그리고 예수님은 이렇게 말씀하셨다. "젊은이! 내가 그대에게 말하니 지금 즉시 죽음에서 일어나게!"

15 그러자 정말로 그 죽었던 젊은이는 즉시 일어났고 말도 하기 시작했다. 예수님께서는 그 죽었다가 살아난 아이를 어머니에게 돌려주신 것이다.

16   그 순간 경이로움이 모든 사람을 사로잡았다. 그래서 사람들은 하나님께 영광을 돌렸다. 그들은 이렇게 말했다.

"우리 가운데 하나님의 위대한 선지자가 나타났다! 하나님께서 당신의 백성을 찾아오셨도다!"

17   이 사건으로, 온 유대 땅과 주변 모든 지역에 예수님에 대한 소문이 퍼져 나갔다.

Mountain's Insight

하나님께서 당신을 통해

제2의 제인 오스틴●이라는 칭송을 받는 한국계 재미교포 이민진 작가가 쓴 《파친코》라는 소설에 보면, '선자'라는 불쌍한 여자가 주인공으로 등장합니다. 장애를 가진 아버지 밑에서 사랑받고 자랐지만 아버지는 일찍 돌아가셨고, 어머니와 함께 하숙집을 하면서 힘겹게 일제 강점기를 살아가던 중에 '한수'라는 남자의 유혹에 넘어가 결혼도 하지 못하고 임신을 하게 됩니다. 나중에 알고 보니, 그 남자는 결혼해 이미 자녀가 3명이나 있는 사람이었습니다. 배신감과 분노로 하루하루를 연명하던 그녀에게 '이삭'이라는 다른 남자가 나타납니다. 선자가 일하는 하숙집에 방문한 이삭은 결핵으로 몸이 마르고 약했지만 하나님과 사람을 사랑하는 젊은 목사로 선자를 긍휼히 여기고 그녀와 결혼하게 됩니다. 이삭 목사는 일본인의 모진 고문으로 일찍 생을 마감하지만, 비참한 미래만 기다리는 선자에게 가족과 자녀, 신앙이라

●   '위대한 전통'을 창시했다는 평가를 받는 영국 최고의 소설가로, 《오만과 편견》과 같은 작품들이 유명하다.

는 새로운 미래를 연결해주게 됩니다.

　우리는 홀로 이 세상을 살아갈 수 없습니다. 누구나 우리를 연결해준 사람 덕분에 오늘을 살게 되었고, 우리 역시 누군가의 내일을 향한 연결고리가 됩니다. 비참한 인생을 살게 되는 이유는 좋은 연결고리가 되어줄 사람들을 무시하거나 소홀히 대하면서도, 잘못된 연결고리가 될 사람들을 끊지 못하고 붙잡고 있기 때문입니다. 반대로 아름다운 인생을 살게 되는 이유는 잘못된 연결고리들을 과감하게 끊고, 자신의 인생을 변화시킬 연결고리가 될 사람들을 신실하고 강하게 붙잡았기 때문입니다.

　사람들은 묻습니다. 자기 인생을 아름답게 이끌어줄 좋은 연결고리를 어떻게 알아볼 수 있느냐고요. 그러면 저는 이렇게 대답합니다. 그 연결고리가 될 사람이 궁극적으로는 하나님과 하나님 나라로 이어줄 수 있는 사람이어야 한다고요. 사용하는 물건과 즐기는 취미, 반복하는 습관이 모두 그렇습니다. 스스로 점검할 수 있습니다. 지금 사용하는 물건이, 자주하는 게임이, 즐겨 만나는 사람이, 궁극적으로 하나님께로 이어주고 있나요? 아니면 그 반대인가요?

　우리에게는 최고의 연결고리가 있습니다. 십자가 사랑으로 이 땅에 있는 우리를 하늘에 계신 하나님과 연결하신 예수 그리스도이십니다. 아울러 그 예수님의 형상을 닮아 우리를 섬기고 돕고 중보하고 이따금 꾸중도 하는 주님의 사람들이 있습니다. 건강하고 큰 믿음을 소유했다는 것은 대단한 지식이나 경험을 했다는 데 있지 않고, 이 생명의 연결고리가 튼튼하고 신실하며 강하다는 의미입니다. 그러므로 지금 각자 자기 인생에 걸린 연결고리들을 점검해보십시오. 궁극적으로 어디와 이어져 있는지를 추적해보십시오. 그리고 나아가 자신이 수많은 소중한 사람들을 어디로 연결하고 있는지를 진실하게 돌아보십시오. 우리의 말 한 마디, 표정 하나, 문자 한 통, 선물 하나가 그리스도께서 세상에 보내는 소금이 되고 빛이 되기를 바랍니다. 바로 당신을 통해 말입니다.

7:18-19 〔가버나움에서 백부장의 하인을 고치시고 나인에서 과부의 아들
을 살리신 사건을 비롯하여 예수님이 행하신 여러 사역을,〕 세례
요한의 제자들은 그들의 스승인 세례 요한에게 보고했다. 그러자
세례 요한은 자신의 제자 두 명을 불러 이런 질문을 해보도록 하
고 예수님께 보냈다.

"예수님! 당신은 우리를 위해 오실 분, 곧 메시아가 맞습니까
아니면 우리가 다른 분을 기다려야 할까요?"

20 〔요한이 이렇게 질문한 이유는 자신이 기대한 메시아의 모습
과 예수님께서 실제로 사역하시는 모습이 다르다고 느꼈기 때문이
다.〕 요한의 제자들은 예수님께 가까이 가서 이렇게 여쭈어보았다.

"저희의 스승 되신 세례 요한이 주님께 이런 질문을 하였습니
다. '예수님! 당신은 우리를 위해 오실 분, 곧 메시아가 맞습니까?
아니면 우리가 다른 분을 기다려야 할까요?'"

21-22 마침, 세례 요한의 제자들이 그 질문을 할 때, 예수님은 여러 질병
과 고통 속에 신음하는 사람과 악한 영들에 사로잡힌 사람, 앞을 보
지 못하는 많은 사람을 고치고 회복시켜주심으로, 그들의 삶에 하
나님의 치유와 역전의 은혜를 나누고 계셨다. 예수님은 세례 요한
의 제자들에게 이렇게 대답하셨다.

"여러분은 가서 스승 세례 요한에게 지금 여기서 보고 들은 것
을 그대로 알려주십시오. 곧 '보지 못하는 사람들이 보고, 걷지 못
하는 사람들이 걸으며, 악성 피부병으로 고생하는 사람들이 깨끗

하게 되고, 듣지 못하는 사람들이 듣고, 죽은 사람들이 일어난다
고요. 다시 말해 이 세상에서 가난하고 낮은 사람들에게 그들의
인생을 역전시킬 위대한 복음이 선포되고 이루어지고 있다고 말
입니다."〔예수님께서는 단순히 '그렇습니다'라는 대답보다 더 크
고 강력한 실제적인 대답으로 보여주신 것이다.〕

23   그리고 덧붙이셨다. "나와 내가 전하는 이 역전의 복음으로 인
해 시험에 들지 않고 진정 그 안으로 참여하여 실제가 되는 사람
들은 복된 인생을 누리게 될 것입니다."

24-26 요한의 제자들이 떠난 후에, 예수님께서는 주변 사람들에게 이렇
게 이어 말씀하셨습니다.
      "여러분은 무엇을 보려고 광야로 나갔습니까? 그저 바람에 흔
들리는 갈대나 보려고 나간 것입니까? 아니면, 여러분은 무엇을
보려고 광야로 나갔습니까? 고급스럽고 부드러운 옷으로 자기 몸
을 감싼 사람들을 보려고 나간 것입니까? 그렇게 비싸고 사치스러
운 옷을 입은 사람은 왕궁에 있습니다. 광야에는 그런 사람이 없
지요.
      그러면 무엇을 보려고 광야로 나갔습니까? 선지자를 만나려고
나간 것입니까? 맞습니다. 광야에서 우리가 만나야 할 사람은 선
지자입니다. 하나님 말씀입니다. 하나님 뜻입니다. 하지만 내가
지금 소개할 선지자는 보통 선지자가 아닙니다. 보통 선지자들을
능가하는 정말 탁월한 선지자입니다.

27   그 사람이 세례 요한이지요! 그래서 성경에는 이 위대한 선지자
세례 요한에 대해 '보라! 내가 나의 선지자를 보낸다. 그가 메시아
앞에서, 메시아의 오실 길을 준비할 것이다'라는 예언이 있었던 것
입니다.

28   여러분! 다시 말하지만, 세례 요한은 정말 대단한 사람입니다.
여자에게서 태어난 사람 가운데 요한보다 큰 사람은 없습니다. 하

지만 하나님 나라에 들어온 사람이라면 아주 작은 자라고 해도 세례 요한보다 큽니다."

29-30 세리와 같은 죄인들을 포함하여 요한의 세례를 받은 모든 사람은 예수님께서 하신 말씀을 '아멘'으로 받아들였고 위대한 복음을 역전적인 방식으로 이루시는 하나님을 옳으신 분, 의로우신 분으로 인정하며 찬양했다. 하지만 바리새인들과 율법학자들은 〔교만하여〕 세례 요한의 세례를 받지 않았다. 그래서 그들은 세례 요한을 이어 오신 메시아 예수의 구원과 복음을 거절했다. 온 세상을 향한 하나님의 뜻과 의도를 스스로 거절하고 폐기한 것이다.

31-34 예수님께서 이런 불행하고 안타까운 상황을 비유로 설명하셨다.

"이 세대의 사람들이 누구와 비슷하며, 이 시대 상황이 어떤 모습과 같을까요? 마치 시장에서 함께 모여 놀이하는 아이들과 같다고 할 수 있겠네요. 어떤 아이들이 '자, 우리 결혼식 놀이 하자'라고 하며 신나게 피리를 불어도 대다수 다른 아이들은 춤도 추지 않고, 어떤 아이들이 '자, 우리 장례식 놀이 하자'라고 하며 슬픈 노래를 불러도 대다수 아이들은 울지 않네요. 마찬가지로, 이세대의 대다수 사람은 하나님의 시간과 흐름 속에서 함께하지 않고 있습니다. 세례 요한이 와서 먹을 것과 마실 것을 절제하며 회개를 선포하니, 대다수 사람은 그를 귀신들렸다, 미쳤다고 하면서 무시했고, 참 인간의 모습으로 온 하나님의 아들 곧 내가 와서 사람들과 함께 먹고 마시며 하늘나라의 기쁨과 부활 생명을 나누려고 하니, 이제는 대다수 사람이 먹고 마시는 것만 좋아하며 세리와 같은 죄인들과 친하게 지내는 종자라며 거부합니다.

35 그러므로 분명히 아십시오. 누구든지, 참된 지혜가 있다고, 옳은 사람이라고, 의롭다고 인정받는 것은 그 사람이 가진 지식이나 정보에 달린 것이 아니라, 그 사람이 실제로 반응하고 살아내는 삶의 열매에 달린 것입니다."

부활의 질문, 역전된 질문

정말 최선을 다해 공부했지만, 대학교 진학을 위해 치렀던 전기 학력 고사에서 떨어진 후 저는 종일 울었습니다. 겨우 수도권 끝자락에 위치한 후기 대학에 들어가, 원하지도 않은 학과에서 힘들게 공부하면서 저는 하나님께 드릴 질문이 많았습니다. 왜 우리 집은 이렇게 가난한지, 왜 하나님은 나를 시험에서 떨어뜨리셨는지, 왜 아버지는 우리 가족을 버리고 떠났는지, 왜 내 인생은 이토록 힘들게 이어지는지를 말입니다.

하지만 어느 날 아침, 하나님께서는 그 질문에 하나도 답하지 않으시고 질문 하나를 저에게 던지셨습니다.

"산아! 너는 왜 지금 여기 있느냐?"

신학교에 들어와 전도사 생활을 시작하면서, 참 다양한 성도들을 만났습니다. 그들은 제가 마치 하나님이라도 되는 양, 저에게 수없이 난처한 질문을 던졌습니다. 그 질문에 시원하게 답하지 못하는 것이 속상했고 답답했습니다. 어떻게 하면 탁월한 사역자가 될 수 있을까, 많은 고민과 갈등을 토로했습니다. 그때 하나님은 저에게 질문 하나를 던지셨습니다.

"너는 저 사람들을 나처럼 사랑하느냐?"

욥도 하나님께 묻고 싶은 질문이 많았습니다. 갑작스럽게 전 재산을 빼앗기고 사랑하는 10명의 자녀까지 잃었으며 온몸에서는 피고름이 흐르는데, 마지막으로 자신을 위로해줄 아내와 친구들까지 저주를 쏟아부었기 때문입니다. 욥은 수많은 질문을 하나님께 아룁니다. 하지만 하나님은 욥의 질문에 하나도 대답하지 않으시고 오히려 다른 거대한 질문들을 던지십니다. 그 질문 앞에서, 욥의 억울하고 불안한 마음은 눈 녹듯 사라집니다. 하나님은 우리 질문을 받으시는 분이 아니라, 우리에게 질문하시는 분임을 깨달은 것입니다. 우리는 하나님께 질문을 던지는 것이 아니라, 하나님의 질문을 받아야 하는 존재임을 확인한 것입니다.

신앙 여정은 참 좋은 아버지와 함께 먼 여행을 떠나는 자녀들과 같습니다. 우리는 차에 타기도 전에 많은 질문을 아버지에게 던집니다. 어디로 가는지, 언제 도착하는지, 가서 무엇을 하는지, 심지어 왜 가는지에 대해 말입니다. 그러면 아버지는 거기에 대답하기보다 따뜻한 미소로 이렇게 질문합니다.

"나를 한번 믿어보면 어떨까?"

사망은 우리를 통해 하나님께 불안하고 두려운 질문을 토해냅니다. 우리 인생이 결국 어떻게 될지를 계속 질문합니다. 하지만 부활은 십자가의 예수님을 통해 반대로 이렇게 묻습니다. "생명이 사망을 이겼으니 이제 어떤 일이 일어나겠느냐?"라고 말입니다.

부활은 능력의 성령님을 통해 반대로 이렇게 질문합니다. "하나님 나라가 이 땅에 임했으니 이제 어떤 일이 일어나겠느냐?"라고 말입니다. 부활은 사랑의 하나님을 통해 반대로 이렇게 질문합니다. "사망이나 생명이나 천사들이나 권세자들이나 현재 일이나 장래 일이나 능력이나 높음이나 깊음이나 다른 어떤 피조물이라도 우리를 그리스도 예수 안에 있는 하나님의 사랑에서 끊을 수 없으니, 이제 너희는 어떤 삶을 살아야겠느냐?"라고 말입니다(롬 8:38-39 참고).

7:36 바리새인 한 사람이 예수님을 식사 자리에 초대했다. 그래서 예수 님은 그 바리새인의 집으로 들어가셨고 유대인의 전통적인 식사 자세로 식탁 앞에 비스듬히 누우셨다.

37-38 그 마을(나인)에는 심각한 죄를 지은 사람으로 알려진 한 여자 가 있었는데, 예수님께서 바리새인의 집에서 식사 자세로 비스듬 히 누워 계신다는 소식을 듣고서 비싼 몰약이 담긴 향유병을 들고 그 집으로 들어갔다. 그녀는 예수님의 발이 향하는 뒤쪽으로 가서 섰는데, 갑자기 눈물을 쏟아내면서 그 눈물로 예수님의 발을 적셨 고, 자신의 머리카락으로 그 눈물을 닦았다. 그러고서 예수님의 발에 여러 번 입을 맞춘 후에 몰약 향유를 부었다.

39 그러자 예수님을 초대했던 바리새인이 그 광경을 보고 속으로 이렇게 비난했다. '예수라는 저 사람이 선지자라면, 지금 자신을 만지는 여자가 얼마나 더러운 죄인이라는 것을 알았을 텐데, 그것 을 모르는 것을 보니 진짜 선지자는 아닌 모양이구나!'

40 예수님께서는 바리새인이 마음속으로 비난하는 것을 아시고 그를 향해 이렇게 말씀하셨다. "시몬 형제! 내가 그대에게 할 말이 하나 있습니다." 그러자 바리새인 시몬은 "네 선생님, 말씀하십시오"라 고 대답했다.

41-43 〔예수님께서는 비유로 말씀을 시작하셨다.〕 "어떤 돈 빌려주는 사람이 두 사람에게 돈을 빌려주었습니다. 한 사람에게는 500데나리온〔노동자 500일 치 급여〕이고, 또 다른 한

사람에게는 50데나리온[노동자 50일 치 급여]이었습니다. 안타깝게
도 돈을 빌린 두 사람 모두 갚을 능력과 형편이 되지 못하자, 빌려
주었던 사람은 은혜를 베풀어 두 사람의 빚을 모두 탕감해주었습
니다. 이런 상황이라면 돈을 빌린 두 사람 중 어떤 사람이 돈을 빌
려준 사람[이제는 그 돈을 탕감해준 사람]을 더 사랑할까요?"

바리새인 시몬이 "제 생각에는 더 큰돈을 탕감받은 사람입니
다"라고 말하자, 예수님께서는 "형제가 내린 판단이 옳습니다"라
고 대답하셨다.

44-46 [예수님께서 비유를 사용하여 질문하신 이유는 그게 전부가 아니
었다.] 예수님은 자기 발에 향유를 부은 여자에게로 향하신 후에
바리새인 시몬에게 이어 말씀하셨다.

"시몬 형제, 이 여자를 보고 있습니까? 내가 형제의 집에 들어
왔을 때, 형제는 나에게 발 씻을 물 하나 주지 않았지만 이 여자는
눈물로 나의 발을 적시고 자신의 머리카락으로 닦았습니다. 형제
는 나에게 형식적인 입맞춤으로도 인사하지 않았지만, 이 여자는
내가 들어왔을 때부터 지금까지 진정한 입맞춤을 멈추지 않고 있
습니다. 형제는 나의 머리에 올리브 기름도 붓지 않았지만, 이 여
자는 나의 발에 비싼 몰약 기름을 부었습니다.

47 그러므로 내가 시몬 형제에게 중요한 것을 알려주겠습니다. 그
녀가 지은 수많은 죄가 용서받았음[해결되었음]을 지금 확정합니
다. 그녀가 넘치는 사랑을 받았다는 것을 인정하고 넘치는 사랑으
로 나에게 반응했기 때문입니다. 나에게 하찮은 사랑으로 반응하
는 사람들은 스스로 하찮은 사랑을 받았다고 여기는 것과 같기 때
문입니다."

48 예수님께서는 그녀에게 이렇게 말했다.
"당신의 죄들은 이제 다 해결되었습니다."

49 그러자 예수님과 함께 식사하던 다른 사람들이 예수님에 대해

수군거리기 시작했다. "도대체 이 사람은 누구인가? 죄까지 해결할 수 있는 사람이란 말인가?"

50 　　예수님께서는 향유 부은 그 여자를 향해 마지막으로 이렇게 말씀하셨다. "당신의 믿음이, 곧 당신과 하나님의 바른 관계가 당신을 살리고 당신을 향한 구원을 완성하게 했습니다. 그러니 이제는 죄의 과거에서 자유를 얻어 평안한 삶을 누리십시오!"

Mountain's Insight

모든 것이 반응에 달렸습니다

알코올중독으로 파괴된 한 아버지 밑에 두 아들이 살았습니다.

　　평소에는 그렇게 착하고 친절하던 아버지가 술만 마시면 완전히 다른 사람이 되었습니다. 두 아들은 아버지가 돌아가실 때까지 거의 20년간 아버지의 욕설과 폭력 속에서 고통받았습니다. 더 중요한 것은 아버지가 돌아가신 후, 남겨진 두 아들의 엇갈린 인생이었습니다. 한 아들은 한 방울의 술도 입에 대지 않고 근면하고 성실하게 한 가정의 아버지가 되었지만, 다른 한 아들은 아버지와 똑같이 알코올 중독자가 되어 자신과 관련된 모든 사람에게 욕설을 퍼부으며 폭력을 일삼았습니다.

　　어째서 똑같은 아버지 밑에서 똑같은 아픔을 통과한 두 아들이 서로 다른 길을 가게 되었을까요? 그 이유는 두 사람이 "다르게 반응"했기 때문이었습니다. 한 아들은 아버지로부터 받은 상처를 디딤돌로 삼았지만, 다른 아들은 그 상처를 걸림돌이 되게 방치했습니다.

　　우리가 당하는 다양한 사건 가운데 피할 수 없는 것이 있더라도, 그 사건들 앞에서 어떻게 반응할지는 자신이 결정할 수 있습니다. 아무리 슬픈 상황에서도 유머러스한 대화를 이끌어낼 수 있고, 아무리 고통스러운 상황에서도 감사를 선택할 수 있습니다. 문제는 좋은 부모와 기회를 얻었음에도 원망하고 불평하는 것이며, 아무리 놀라운 사건과 경험을 했어도 무관심하게 포기하는 것입니다.

하지만 이것은 말처럼 쉽지 않습니다. 우리는 선하게 반응하고 싶지만 악한 언어 습관이 이미 뇌를 거치지 않고 입 밖으로 나오고 있으며, 최선을 다해 주어진 사건을 역전하고 싶어도 밀려오는 낙망과 반복된 실패로 다시 이전 모습으로 돌아가기 때문입니다.

그러므로 우리는 두 가지를 분명히 알아야 합니다. 하나는 모든 반응은 내 안에 있는 것에서 나온다는 것입니다. 내 안에 없는 것은 나올 수 없습니다. 따라서 주님을 내 인생의 주인으로 환영하고, 내 지식과 경험과 감정이 반응하기 전에 내 안에 계신 성령님께서 반응하시도록 그분을 인정하고 주도권을 넘겨드려야 합니다.

그리고 또 하나는 아무리 예수님을 믿어도 선하고 아름다운 반응은 절대로 그냥 나오지 않는다는 것입니다. 훈련과 연단을 통해 습관으로 만들어야만 가능한 일입니다. 성실한 예배, 기도 그리고 말씀의 지도를 받아야 할 뿐 아니라, 성령님께 자신의 언어와 표현과 표정과 결정들을 포함한 일체의 반응을 점검받고 기다리고 응답받는 수고를 계속해야 합니다.

하나님께서 십자가교회를 세워주신 지 15년이 되었습니다. 지난 15년간 십자가교회의 주인은 오직 하나님이셨지만, 십자가교회가 지난 세월 다양한 영적 계절을 경험한 이유는 복음의 핵심인 십자가 앞에서 다양하게 반응한 사람들 때문이었고 또한 덕분이었습니다. 불평하고 원망하는 사람들 때문에 혹독한 겨울을 보내야 했고, 감사하고 헌신하는 사람들 덕분에 뜨거운 여름도 통과할 수 있었습니다. 단순히 좋은 반응을 했느냐 나쁜 반응을 했느냐가 아니라, 주님의 십자가와 같은 반응인가 그 반대 반응인가에 따라 우리는 십자가의 디딤돌이 되기도 했고 걸림돌이 되기도 했습니다.

제가 얼마나 더 십자가교회 담임목사로 이 자리에 있을지는 알 수 없습니다. 그러나 확실한 것은 주님께서 십자가를 향해 보이신 반응과 동일한 반응으로 죽는 날까지 서 있으리라는 것이며, 사랑하는 십자가 가족 모두도 그러해야 한다는 것입니다. 예수님의 십자가 좌우편에 달린 두 강도를 기억하십시오.

모든 것이 반응에 달려 있습니다.

1-3 **8** 그 후에 예수님께서는 여러 도시와 마을을 돌아다니시며 하나님 나라의 복음을 선포하시고 전하셨다. 그 여정에 예수님의 열두 제자도 함께했다. 아울러 여자 제자들도 예수님과 함께했는데, 그들은 악한 영들과 병으로 고생하다가 예수님께 치유를 받은 사람들이다. 그중에는 일곱 마귀로 고통받다가 자유를 얻은 여자로 '막달라 여자'라고 불린 마리아도 있었고, 헤롯왕의 행정관〔재산 관리인〕인 구사라는 사람의 아내 요안나도 있었으며, 수산나와 다른 여러 여자들도 있었다. 그녀들은 예수님과 열두 제자들이 사역하는 데 다양한 도움을 주고 동역하고자 자신이 가진 물질과 재능으로 섬겼다.

4-8 마침, 여러 지역에서 모여든 많은 사람이 예수님을 향해 나오니, 예수님은 비유로 하나님 나라의 복음을 전하기 시작하셨다.

"농부 한 사람이 씨를 가득 들고 밖으로 나가 씨앗을 뿌렸습니다. 첫 번째 씨앗들은 사람들이 많이 다니는 길옆에 떨어졌는데, 자연스레 사람들 발에 짓밟혔고 새들이 와서 먹어버렸습니다. 두 번째 씨앗들은 바위 위에 떨어졌습니다. 바위 위에 얇은 흙이 있어 싹이 나오기는 했지만 물기가 없으니 금방 말라 죽었습니다. 세 번째 씨앗들은 가시가 자라는 땅의 한가운데 떨어졌습니다. 처음에는 가시들과 함께 어울려 자라는 것처럼 보였지만, 시간이 지나자 강한 가시들이 질식시켜 죽여버렸습니다. 마지막으로 네 번째 씨앗들은 좋은 땅 안으로 떨어졌습니다. 그래서 그 씨앗은 싹을 내고 가지를 뻗고 성장하여 결국 백 배의 열매를 맺었습니다."

예수님은 이 비유를 말씀하신 후에 "귀가 있는 사람이라면 마땅히 들어야 할 것을 들으십시오!"라고 소리치셨습니다.

9-10   그러자 제자들이 예수님께서 말씀하신 비유에 어떤 의미가 있는지 가르쳐달라고 요청했습니다. 그래서 예수님은 다음과 같이 대답하셨습니다.

"나의 제자가 된 여러분에게는 하나님 나라의 핵심 비밀을 아는 것이 지금 주어지지만, 다른 사람들에게는 그렇지 못합니다. 그래서 내가 비유로 말하는 것입니다. 제자가 되려는 결단도 없이 그저 흥미로만 말씀을 듣는 사람들은 아무리 보아도 보아야 할 것을 보지 못하게 하고, 아무리 들어도 핵심적으로 깨달아야 할 것을 깨닫지 못하도록 말입니다.

11-15   이 비유에서 등장하는 씨앗은 하나님 말씀입니다. 첫 번째로, 길옆에 있는 땅은, 하나님 말씀을 들었지만 그 말씀에 무관심하고 무시하는 사람들입니다. 그들이 말씀을 향해 이런 태도를 보이기에 귀한 말씀을 마귀들이 와서 빼앗아버렸고 그래서 그들은 믿음도 구원도 얻지 못하게 됩니다. 두 번째로, 바위 위에 있는 얇은 땅은, 하나님 말씀을 들을 때는 기뻐하고 감동도 받았지만, 뿌리가 없거나 깊지 않기에 잠깐이라도 외부의 시험을 받으면 그 즉시 믿음과 구원에서 떨어져 나가는 사람입니다. 세 번째로, 가시들 가운데서, 그 가시들과 함께 있는 땅은, 하나님 말씀으로 인해 아무리 선한 영향력을 많이 받아도 그 가시들이 주는 세속적인 영향력에 더 크게 함몰되는 사람입니다. 하나님 말씀으로 조금 성장하는 모습을 보이다가도 결국 그 가시와 같은 세상 염려와 돈과 욕망에 사로잡혀 말씀의 영향력은 질식당하고, 그 결과 어떤 생명의 열매, 구원의 열매도 맺지 못하는 사람입니다. 마지막 네 번째로, 좋은 땅은 선하고 능동적인 태도로 말씀을 받고 반응한 사람입니

다. 그런 사람들은 하나님 말씀을 듣고 지키는 사람으로 실제 삶의 영역에서 성실하고 꾸준하게 인내하며 실천함으로써 아름다운 열매를 많이 맺는 사람입니다.

16-17 〔땅속에 들어간 씨앗, 곧 사람의 영혼에 들어간 하나님 말씀이 눈에 안 보이는 것 같아도 결국 모든 사람에게 드러나듯〕 또한 하나님 말씀은 밝은 등불과 같습니다. 그 누구도 등불을 감추거나 숨기지 않고 모든 공간과 사람을 밝히고 드러내는 용도로 사용하듯, 말씀의 빛은 한 개인과 공동체의 모든 실체를 선명하게 드러냅니다. 그래서 말씀의 빛 아래에서 감추어지거나 숨길 수 있는 것은 아무것도 없습니다. 모든 것이 그대로 선명하게 드러납니다.

18 그러므로 우리는 모두, 하나님 말씀이라는 씨앗을 우리 마음 밭에 어떻게 받아들이고 있는지 점검해야 합니다. 다시 말해, 하나님 말씀이라는 빛이 우리 인생에 어떻게 비취는지를 정신 차려 점검해야 합니다. 말씀의 씨앗과 빛에 적극적으로 반응하는 사람은 점점 더 많은 풍성함과 밝음을 누리지만, 반대로 수동적이고 부정적으로 반응하는 사람은 점점 더 가난함과 어두움 속으로 빠져들 것입니다. 심지어 자신이 어느 정도 갖고 있다고 생각하는 것까지 모조리 빼앗기고, 아직은 밝다고 믿었던 영혼의 빛까지 소멸될 것입니다."

19-21 그때, 예수님의 어머니와 형제들이 예수님을 만나러 왔습니다. 하지만 예수님 주변에 사람들이 너무 많아 다가갈 수 없었습니다. 그래서 누군가가 예수님께 '어머니와 형제들이 당신을 보려고 찾아왔다'라고 말해주었습니다. 그러자 예수님은 자기 주변에 있는 모든 사람에게 들으라고, 이렇게 말씀하셨습니다.

"나의 진정한 어머니와 형제들은 단순히 혈통에 있지 않습니다. 하나님 말씀을 듣고 그대로 실천하는 사람들, 그들이 나의 진정한 가족입니다."

나의 반응이 우리를 만듭니다

어느 날 화요일에 이른 점심을 먹으려고 교회에서 나왔습니다.

아침은 늘 금식하고 있기에 배가 고프기도 했고, 코로나 때문에 붐비는 점심시간을 피해 조금 일찍 한 식당에 들어갔습니다. 아무도 없을 줄 알았는데 한 테이블에 남자 4명이 앉아 있었고, 식탁을 보니 이미 식사는 끝난 것 같았습니다. 문제는 아침부터 술을 얼마나 많이 마셨는지 식탁에는 빈 술병이 가득했고 다시 냉장고에서 술을 더 꺼내 마시려고 하였습니다. 음식을 주문하고 멀리 떨어진 자리에 앉았는데, 한 사람이 불평과 원망을 쏟아내더니 소리가 커지기 시작했고 곧 욕설과 싸움이 되었습니다. 욕과 거친 말들은 한 사람에게서 또 한 사람으로 번졌고, 네 사람은 모두 다 짐승으로 변하기 시작했습니다. 잠시 후에 저처럼 조금 일찍 식사하려고 그 식당에 온 여자분들이 있었는데 분위기를 파악하고 나가버렸고, 식당 주인은 안절부절못하고 있었습니다.

저는 그 사람들이 무엇 때문에 싸우는지 알 수 없었고 그들을 말릴 힘도 없었습니다. 하지만 분명한 것을 하나 깨달았습니다. 한 사람의 반응은 한 사람으로 그치지 않는다는 것입니다. 사람들은 흔히 "나 혼자 뭘 하든 무슨 상관이냐!"라고 쉽게 말합니다. 하지만 그렇지 않습니다. 한 사람이 부정적인 반응을 보이면, 그것은 옆 사람에게 전해져 공동체 전체로 확산합니다. 가족 중 한 사람이 아프거나 속상하면 금세 가족 전체에 영향을 주고, 학교나 가족에서 한 명이라도 코로나에 걸리면 모두가 힘들어집니다. 예배 시간에도 한 명이 졸기 시작하면 설교자는 그것을 보고 상처를 받고, 그 상처받은 얼굴과 표정은 다시금 그 예배에 모인 모든 성도에게 전달됩니다. 한 명이 핸드폰을 보고 수군거리기 시작하면 옆 사람도 그 순간에 은혜를 놓쳐버리며, 한 명이 교회에 대한 부정적인 소문을 퍼트리기 시작하면 10명의 정탐꾼이 이스라엘 전체에 끼친 비극적인 일이 시작됩니다. 다시 말하지만 한 명의 반응은 절대 한 명으로 끝나지 않습니다. 어떤 방식으로든 공동체 전체에 영향을 줍니다. 우리 모두는 연결되어 있기 때문입니다.

그러므로 자신이 어떻게 반응하는지 더 큰 시각과 책임감을 느끼며 살아야 합니다. 잘 모르는 것을 다 아는 것처럼 단정적으로 말하지 말고, 일부분만 보고 전부인 양 비판하지 말아야 합니다. 오히려 자신의 작은 반응으로 회복되고 변화되고 새로워질 것을 기대하는 인생이 되어야 합니다.

4명의 남자가 여전히 술과 욕과 분노에 사로잡혀 있는 동안, 점심식사가 나왔습니다. 솔직히 그런 분위기에서는 밥을 먹고 싶지 않았습니다. 하지만 저는 음식을 준비한 식당 사장님께 감사하고 식사 기도치고는 상당히 긴 시간 동안 기도했습니다. 그 불쌍한 영혼들을 술로, 분노로, 분쟁으로 사로잡고 있는 악한 영들을 예수님 이름으로 저주하고, 하나님의 영이 평화와 잠잠함으로 다스려주시길 기도했습니다. 무엇보다 제가 점심 식사 후에 해야 할 귀한 사역들에 피해가 미치지 않도록 도와달라고 기도했습니다. 신기하게도 조금 있으니 대화 소리는 조금씩 작아졌고 더 마시려고 가져왔던 술은 도로 냉장고로 들어갔습니다. 사람들은 계산하고 식당을 나갔고, 마지막으로 시끄럽게 해서 죄송하다고 말했습니다.

저는 다시 한번 깨달았습니다. 선한 일이든, 악한 일이든 한 사람으로 시작하지만, 그 영향은 모두에게 온다는 것을 말입니다. 한 사람으로 죄가 온 세상에 들어왔듯 한 분으로 인해 온 세상에 구원의 길이 열렸습니다(롬 5:12-21). 그러므로 잊지 마십시오. 나의 반응이 곧 우리를 만듭니다.

8:22 그러고서 어느 날 이런 일이 있었다. 예수님께서 제자들과 함께 배에 타신 후에, 그들에게 이렇게 말씀하신 것이다. "갈릴리 호수 건너편 지역으로 갑시다." 그렇게 예수님과 제자들은 갈릴리 건너편 이방인의 땅으로 가게 되었다.

23-25 갈릴리 호수를 건너는 동안, 예수님은 잠이 드셨다. 잠시 후, 돌풍이 일어나 호수를 뒤흔들어놓았다. 배에 물이 가득해지자, 그 배에 타고 있던 제자들은 모두 두려움에 사로잡혔고, 배도 매우 위험한 상태가 되어 곧 가라앉을 지경이었다. 제자들은 주무시는 예수님께 다가와 그분을 깨우며 이렇게 말했다.

"스승님! 스승님! 저희가 다 죽게 되었습니다."

예수님은 깨어나셔서 바람과 돌풍으로 거세진 파도를 향해 꾸짖으셨다. 그러자 그 즉시 모든 바람과 파도가 가라앉고 호수는 고요해졌다. 그러고서 제자들에게 예수님은 이렇게 말씀하셨다.

"여러분의 믿음은 어디로 사라졌나요? 여러분은 이렇게 믿음이 없습니까?"

그러자 제자들은 서로 이렇게 말했다. "예수님은 정말 누구신가? 바람과 파도까지 그분의 명령 앞에서 순종하니 말이다!"

26-29 얼마 후에, 그들은 갈릴리 호수 반대편, 이방인의 땅 거라사 지역에 도착했다. 예수님께서 배에서 내리셔서 그 땅에 도착하시니 한 남자가 예수님과 마주쳤다. 그는 그 지역 사람으로, 마귀들에게 오랫동안 사로잡혀 옷도 입지 않았고 집에도 들어가지 않은 상태

로 무덤 가운데서 살았다. 남자 안에 있던 마귀들은 예수님을 보자마자 그분 앞에 엎드린 후, 이렇게 큰 소리로 말했다.

"지극히 높으신 하나님의 아들, 예수님! 저하고 당신하고는 아무런 상관이 없습니다. 그러니 제발 부탁드립니다. 저를 괴롭게 하지 마십시오!"

남자 안에 있는 마귀들이 이런 말을 한 이유는 예수님께서 이미 마귀들에게 그 남자의 몸에서 나오라고 명령하셨기 때문이다. 마귀들이 그를 사로잡아 미쳐 날뛰게 했으므로 지역 사람들은 쇠사슬과 족쇄로 묶어보았지만, 그를 사로잡은 마귀들은 모든 것을 다 끊어버리고 광야로 나가 뛰어다니게 했다.

30-33   예수님께서는 남자 안에 있는 마귀들에게 "네 이름은 무엇이냐?"라고 물으셨다. 그러자 마귀가 이렇게 얼버무렸다. "군단!" 남자 안에 너무나 많은 마귀가 들어가 있었기 때문이다. 마귀들은 예수님께 '자신들을 무저갱(지옥) 안으로 들어가라'라는 명령만은 하지 마시라고 간절히 부탁했다. 마침 그곳에는 산에서 방목 중인 돼지 떼가 많았다. 그래서 마귀들은 예수님께 저 돼지 떼 안으로 들어가도록 허락해달라고 간청했다.

예수님은 그렇게 하라고 허락하셨다. 그러자 마귀들은 그 남자에게서 나와 돼지 떼 안으로 들어갔다. 마귀들이 들어간 돼지 떼는 갑자기 산의 가파른 경사 아래로 달리더니 갈릴리 호수 안으로 들어가 물속에서 모두 몰사했다.

34-37   곁에서 돼지를 방목하던 사람들은 그 광경을 보고 〔놀라〕 도망쳤고 그 지역의 여러 장소에 사는 사람들에게 가서 이 모든 사건을 알렸다. 마을 사람들은 도대체 무슨 일이 일어난 것인지 제대로 알아보려고 나와서 예수님께로 왔다. 그곳에 오자 얼마 전까지 마귀들에게 사로잡혀 미쳐 날뛰던 남자가 옷을 차려입고 온전한 정신이 되어 예수님 발 곁에 앉아 있는 것을 보았다.

사람들은 두려움에 사로잡혔다. 방금 일어난 사건을 모두 본

목격자들이 예수님께로 온 지역 사람들에게, 그분이 마귀에게 사로잡힌 사람을 어떻게 구해주었는지를 모두 말했다. 그러자 사람들은 예수님에게 주변 지역, 곧 거라사 땅에서 떠나달라고 부탁했다. 예수님으로 인해 〔마귀에게 사로잡힌 사람으로 인한 두려움보다 더〕 거대한 두려움에 사로잡혔기 때문이다. 그래서 예수님은 제자들과 함께 타고 왔던 배로 돌아가셨다.

38-39   마귀들에게 사로잡혔다가 자유를 얻은 남자는 예수님께로 와서 계속 애원했다. 자신이 그곳을 떠나 예수님과 함께할 수 있게 허락해달라고 말이다. 하지만 예수님께서는 남자를 도로 돌려보내시며 이렇게 말씀하셨다. "형제여, 그대의 땅과 집으로 돌아가세요. 그리고 하나님께서 그대에게 행하신 일들을 사람들에게 전부 다 알려주세요."

그러자 남자는 말씀에 순종하여 자신의 땅으로 돌아갔다. 온 도시를 돌아다니며 예수님께서 자신에게 행하신 일을 전부 다 전파했다.

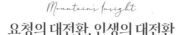

요청의 대전환, 인생의 대전환

하루에 평균 2시간은 넘는 것 같습니다. 무슨 시간이냐고요?

다양한 사람들이 전화, 문자, 이메일, 블로그를 통해 심지어 코로나 상황임에도 꼭 저를 만났으면 좋겠다고 부탁해오는데, 제가 거기에 응답하고 대답하는 시간이 그렇다는 말입니다. 어떤 날은 제 핸드폰에 10분 간격으로 계속 문자나 전화가 오는 날도 있습니다.

사람들은 다양한 요청을 합니다. 성경 내용이 궁금하니 가르쳐달라고 하거나, 힘든 상황을 털어놓고 상담받거나 기도를 요청하기도 합니다. 재정적인 어려움이 있어 도움을 청하기도 하고, 그저 외로움이나 속상함을 풀어보려고 답답한 상황을 하소연하기도 합니다. 물론 저는 그런 요청에 감사하고 있으며 최선을 다해 응답하고 또한 앞으로도 그렇게 할 것입니다. 다만 그중에는 저에게도 도움이 되고 힘이 되는 만남이나 대화도 있지만 아무런 유익도 없는 소모적인 잡담으로 끝나는 경우도 많습니다. 질문은 짧더라도 그것을 알아보기 위해 많은 돈과 시간을 써야 할 때도 있고, 부탁한 사람에게는 간단할지 몰라도 해결하려면 제 건강을 희생해야 하는 경우도 있었습니다.

저에게 들어달라는 요청과 부탁은 넘쳤지만, 반대로 제게서 어떤 요청이나 부탁을 받으려는 사람은 거의 없었습니다. 자기 이야기는 많이 하지만 제 이야기는 잘 들으려고 하지 않았고, 자신의 감정은 소중하게 여기면서도 제 감정은 소중하게 생각하지 않았습니다. 자신이 원하는 결과를 얻고자 수백 개의 요청을 하면서도 그의 변화를 위해 제가 드린 몇 가지 요청은 대부분 무시되었습니다.

그러면서 저는 하나님 앞에 비치는 우리의 태도에 대해 돌아보게 되었습니다. 저 역시도 하나님을 향해 수백, 수천 번 요청하면서도 하나님께서 제게 부탁하시는 한두 가지를 잊거나 온전히 반응하지 못했던 것들이 많았습니다.

우리가 요청하는 것이 아무리 많이 이루어진다 해도 대다수는 어쩔 수 없이 하나님께서 봐주시는 '허락'이지, 진정으로 그분이 원하시는 '뜻'은 아닐 수 있습니다. 오히려 좀 힘들고 어려워도 우리 요청보다 하나님께서 요청하시는 것이 이루어질 때 진정한 변화의 생명과 하나님 나라가 이루어집니다. 그러므로 우리는 이제 자신이 원하는 것만 노트에 가득 적어 하나님께 요청하는 방식을 바꾸어 그분께 백지를 드려 그분이 우리에게 요청하는 것을 하나라도 받아들여 삶으로 드러내야 합니다. 그때 진정으로, 그분은 주인이시고 우리는 백성인 관계가 바로 섭니다.

아직도 하나님을 향해 요청할 것이 많다는 것을 잘 압니다. 하지만 잘 생각해보세요. 철없는 아이의 요청 수백 개가 이루어지는 것이 좋은지, 아니면 성숙한 부모의 요청 몇 가지가 이루어지는 것이 더 좋은지 말입니다. 오늘은 누가 저에게 "목사님, 뭐가 필요하세요? 제가 무엇을 할까요?"라고 물어봤으면 좋겠습니다. 지금 한번 여러분이 섬기는 교회 목사님께 그렇게 해 보십시오. 어쩌면 하나님도 그렇지 않으실까요? 인생의 대전환을 꿈꾸십니까? 그러면 요청의 대전환을 시작해봅시다. 지금부터 말입니다.

8:40 예수님께서 거라사 지역에서 갈릴리로 돌아오시자 사람들이 그분
을 환영했다. 그들이 예수님을 기다리고 있었기 때문이다.

41-42 그때 한 사람이 예수님께 다가왔다. 그의 이름은 야이로인데,
유대인 회당 운영을 책임지고 있는 회당장이었다. 그는 예수님
의 발에 엎드려 자기 집으로 와주시기를 간절히 부탁드렸다. 회당
장 야이로가 이런 부탁을 한 이유는 하나밖에 없는 열두 살 난 딸
이 죽어가는 상황이었기 때문이다. 그리하여 예수님은 회당장 야
이로와 함께 그의 집으로 가셨는데 주변에 함께 있던 상당히 많은
사람도 무질서하게 예수님 주변을 에워싸고 밀치며 함께 갔다.

43 예수님과 함께한 많은 사람 중에 한 여자가 있었다. 그녀는 12년
간 피가 멈추지 않는 질병(혈루병)으로 고생하였고 〔많은 의사를
찾아갔지만, 시간도 돈도 다 허비했을 뿐,〕 그 어떤 도움이나 치유
도 받을 수 없었다.

44 그래서 그녀는 예수님의 뒤로 몰래 다가와 그분이 입고 계신
겉옷의 끝자락을 만졌다. 그랬더니 그 즉시 몸에서 계속 흐르던
피가 딱 멈추었다.

45 그 순간, 예수님께서는 〔멈추시고〕 "누가 나에게 손을 대었습
니까?"라고 물으셨다. 하지만 주변 사람들은 모두 아니라고 답했
다. 베드로도 한마디 거들었다. "스승님! 이렇게 많은 사람이 주
변을 에워싸고 밀치면서 가고 있는데 누가 손을 대었는지는 알 수
없습니다."

46 하지만 예수님께서는 이렇게 말씀하셨다. "그냥 밀친 것을 말하는 것이 아닙니다. 누군가 의도적으로, 목적을 가지고 나를 만졌습니다. 지금 나의 능력이 누군가에게로 흘러갔다는 것을 느꼈기 때문입니다."

47-48 그러자 그 여자는 자신이 한 일을 숨길 수 없다는 것을 깨닫고, 떨면서 주님 앞으로 나왔다. 그리고 주님께 엎드려 모든 사람 앞에서 자신이 주님의 옷을 만졌고, 만지자마자 오래된 질병이 치유받았음을 고백했다. 그러자 예수님은 여자에게 이렇게 말씀하셨다. "하나님의 딸이여! 그대의 믿음이 그대를 구했습니다. 그러니 평안히 돌아가십시오."

49 이렇게 예수님께서 말씀하시는 동안에 시간은 지체되었고, 회당장의 집으로부터 한 사람이 와서 [예수님과 함께 있는] 회당장 야이로에게 이렇게 말했다. "당신의 딸이 방금 죽었습니다. 그러니 이제 예수님이 오셔도 아무 소용이 없습니다. 그분을 더는 수고롭게 하지 마십시오."

50 회당장의 집에서 온 사람이 한 말을 예수님께서도 들으시고, 회당장 야이로에게 이렇게 대답하셨다.

"두려워하지 마십시오! 지금 해야 할 것은 오직 하나님을 믿는 것입니다! 그러면 하나님께서 당신의 딸을 구해주실 것입니다."

51-53 회당장의 집에 도착하신 예수님께서는 제자들 가운데 베드로, 요한, 야고보 그리고 방금 죽은 딸의 아버지(야이로)와 어머니만 데리고 그 집 안으로 들어가셨다. 집에 들어가자, [전문 애곡꾼들이 와서] 죽은 딸을 위해 울면서 가슴을 치고 있었다. 그래서 예수님은 그들에게 이렇게 말씀하셨다. "여러분 그만 우십시오! 회당장의 딸은 죽은 것이 아니라 자고 있습니다." 그러자 주변에 있던 사람들은 회당장의 딸이 죽었다는 것을 이미 알고 있었으므로, 예수

님이 하신 말씀을 비웃었다.

54-56 하지만 예수님은 죽은 회당장 딸의 손을 붙잡고 이렇게 소리치셨다.

"소녀야! 일어나라!"

그러자 놀랍게도 그 즉시, 죽은 소녀의 영이 돌아왔고 살아나 일어났다. 예수님께서는 살아난 소녀에게 먹을 것을 가져다주라고 지시하셨다. 소녀의 부모는 깜짝 놀랐다. 마지막으로 예수님은 그 부모에게 방금 일어난 사건에 대해 말하지 말라고 명령하셨다.

Mountains Insight

어린아이의 마음으로 살아가기
(어린이 날에 즈음하여)

짬뽕 한 그릇 때문에 교회를 떠난 성도가 있었습니다. 여름 행사를 모두 마친 후에, 담임목사님은 주일학교 교사들을 모두 모아 사비로 식사 대접을 했습니다. 목사님은 좋은 중국음식점을 미리 찾아 예약했고, 함께 모인 자리에서 이렇게 말했습니다. "무더운 여름에 수고하신 모든 교사분께 진심으로 감사합니다. 이 식당은 짬뽕이 아주 유명합니다. 그래서 모두 짬뽕으로 제가 미리 주문했습니다. 모두 맛있게 먹고 힘을 냈으면 좋겠습니다." 짬뽕이 나오자 모두 맛있게 먹었지만, 유독 한 집사님은 표정이 좋지 않았습니다. 그분은 한 젓가락도 들지 않고 어두운 표정으로 있다가 그다음 날 교회를 떠났습니다. 나중에 알아보니, 몇 년 전에 목사님과 대화하다가 자신은 짬뽕을 먹지 않는다고 분명히 말했는데, 그것을 기억하지 못하고 짬뽕을 먹으라고 했다면서 섭섭하고 불쾌하여 그랬다는 것입니다.

영어에는 "어린이 같은"이라는 단어가 두 개 있습니다. 하나는 childish로, "유치하다"라는 뜻입니다. 또 다른 하나는 childlike인데

누가복음 풀어쓴 성경

이 말은 "순진하다"라는 뜻입니다. 사실 진짜 아이는 이따금 유치하기도 하고 또 이따금 순진하기도 합니다. 어린이의 당연한 특징입니다. 문제는 다 큰 어른이 유치하게 행동하는 것입니다. 조금만 기다리면 되는데 늘 조급하며, 작은 상처만 받아도 거칠게 반응하고, 공동체 전체를 생각하기보다는 항상 이기적으로 무엇이든 자기 뜻대로만 하려고 합니다. 입으로는 대단한 영성과 신앙 경험을 자랑하면서도 실제로는 항상 유치하게 신앙생활 합니다. 그래서 모든 사람을 힘들게 합니다.

해결책은 하나뿐입니다. 자기중심적인 태도를 십자가에서 죽이고 예수님 중심, 교회 중심으로 바꾸는 것입니다. 스스로 어린아이임을 인정하고 겸손하게 자신을 낮추어 배우고 성장하는 것입니다. 스스로 어른인 척하며 유치하게 살지 말고, 진정 어린아이가 되어 순진해지는 것입니다. 모르면 배우고, 안 되면 순종하고, 감정이 상하면 솔직하게 고백하는 것입니다. 그래서 모두가 자신에게 맞춰주기만 바라지 말고, 모두에게 맞추어 힘이 되는 사람이 되어야 합니다.

세월이 흘러, 짬뽕 한 그릇 때문에 교회를 떠났던 그 집사님은 다른 교회에서 권사가 되고 이후에 여전도회 회장까지 되었습니다. 어느 날, 그 권사님이 여전도회 회원들에게 식사 대접하는 날이었는데, 유독 한 분의 표정이 좋지 않았습니다. 그래서 왜 그러시냐고 물었더니, 자기가 좋아하지 않는 음식만 있어서 그렇다고 했답니다. 그때 권사님은 지난날, 자신이 짬뽕 한 그릇 때문에 교회를 떠난 때가 기억났습니다. 그리고 자신의 유치했던 과거를 고백하고 이렇게 말씀하셨습니다. "제가 그때 이렇게 말했으면 얼마나 좋았을까요? '목사님 맛있는 짬뽕을 시켜주셔서 감사해요. 그런데 저는 아직 짜장면이 좋은 어린이예요'라고 말입니다." 그리고 눈물을 흘리셨다고 합니다. 우리 모두 어른인 척 흉내 내는 어린아이가 아닌, 진짜 어린아이의 마음으로 사는 어른이 됩시다.

1-2 **9** 예수님께서는 특별히 열두 제자를 불러 모으신 후에, 그들에게 모든 마귀를 쫓아내고 모든 병을 고칠 수 있는 능력과 권세를 주셨다. 그리고 그들이 나가 하나님 나라 복음을 선포하고 모든 병들고 약한 자들을 고치도록 세상에 보내셨다.

3-4 예수님께서는 제자들에게 이렇게 말씀하셨다.

"여러분이 나가 감당해야 할 사역을 위해서라면, 육신적인 것은 무엇도 따로 준비할 필요가 없습니다. 지팡이도, 지갑도, 음식도, 돈도, 심지어 두 벌 이상의 옷도 자신을 위해 챙기지 마십시오. 오직 하나님만 의지하십시오. 어떤 지역에 이르러 복음을 전하다가 여러분을 환영하는 가정이 있으면 그곳에 머물고, 사역을 다 마무리할 때까지 그곳에 있다가 다음 지역으로 떠나십시오. 영적인 말씀을 나누는 사역자가 육적인 것을 대접받는 것은 당연합니다. 다만 더 훌륭한 환대를 받으려고 이집 저집 기웃거리지는 마십시오.

5 만약 어떤 지역에 이르러 복음을 전했는데, 그 어떤 사람이나 가정에서도 복음을 받아들이지 않고 환영해주는 가정도 없으면, 그곳을 과감하게 떠나십시오. 떠나면서 발에 붙은 흙먼지를 털어버려 그들이 복음과 복음을 전한 사람들을 거절했다는 증거가 되게 하십시오."

6 제자들은 예수님의 말씀대로 나갔다. 여러 마을과 지역을 두루 다니면서 하나님 나라 복음을 전하고 병든 자들을 고쳤다.

7-9 　결국, 제자들이 여러 지역에서 사역한 일들이 갈릴리 지역의 분봉
왕 헤롯 안디바(B.C. 4-A.D. 39)의 귀에까지 들어갔다. 헤롯 안디
바는 매우 당황했다. 제자들이 전한 복음의 중심에 자리잡은 예수
님에 대해 사람들은 '그분은 다름 아닌 죽임당한 세례 요한이 다
시 살아난 사람이야'라고 말했기 때문이다. 또한, 어떤 사람들은
구약의 위대한 선지자 엘리야라고도 했고, 혹은 구약의 다른 선지
자 가운데 한 사람이 다시 살아난 것이라고도 말했다. 그래서 헤
롯은 이렇게 말했다. "세례 요한은 내가 목을 베어 죽였는데, 도대
체 지금 소문으로 들리는 이 예수라는 사람은 누구란 말이냐?" 헤
롯은 두려움과 호기심으로 예수님 보기를 갈망했다.

10-11 　사역 나갔던 제자들이 돌아와 일어난 놀라운 일들을 예수님께 모
두 보고했다. 그러자 예수님은 그들을 잠시 쉬게 하시고자 '벳새
다'라는 갈릴리 북쪽 마을(헤롯 빌립의 영토)로 그들을 데리고 가셨
다. 하지만 사람들은 그 사실을 알고 벳새다까지 따라왔다. 예수
님께서는 그들을 환영하시고 그들에게 하나님 나라 복음을 전하
시며 병든 자들도 고쳐주셨다.

12 　예수님의 말씀이 마무리되면서 저녁이 되었다. 그러자 열두 제자
가 예수님께 와서 이렇게 말했다. "주님! 사람들을 보내셔서 가까
운 마을과 동네로 들어가 그곳에서 잠도 자고 양식도 구해 먹도록
하시죠. 이제 곧 밤이 될 것이고, 지금 있는 이곳은 빈들이라 먹을
것도 구할 수 없기 때문입니다."

13-15 　그러자 예수님께서는 제자들에게 이렇게 말씀하셨다.
　"여러분이 저 사람들에게 먹을 것을 주십시오."
　예수님의 말씀에 제자들은 이렇게 대답했다. "우리가 가진 것
이라고 해봐야 빵 다섯 개, 물고기 두 마리뿐입니다. 만약 우리가
나가 먹을 것을 구해 오지 않는다면, 이 많은 사람이 먹기에는 턱

없이 부족한 양입니다." 그곳에 예수님의 말씀을 들으려고 모인 사람들이 남자만 5천 명 정도 되었기 때문이다. 그럼에도 예수님께서는 제자들에게 이렇게 말씀하셨다. "자! 사람들에게 50명씩 그룹을 만들어, 식사할 준비를 하라고 하세요." 제자들이 예수님의 말씀을 사람들에게 전달하자, 그곳에 있던 사람들은 모두 식사 자세로 누웠다.

16-17   예수님께서는 제자들이 가지고 있던 빵 다섯 개와 물고기 두 마리를 손에 들고, 하늘에 계신 하나님 아버지께로 눈을 드신 후, 감사하시고 그 음식들을 축복하셨다. 그러고서 그 음식들을 조각내 제자들에게 주시며, 사람들이 먹도록 나눠 주라고 하셨다. 기적이 일어났다. 그 적은 음식으로 모두의 배를 채운 것이다. 그들이 얼마나 풍성하게 음식을 먹었던지, 그곳에 모인 사람들이 다 배부르게 먹고도 무려 열두 바구니나 되는 음식이 남았다.

Mountain's Insight

어버이날 폐지
(어버이날에 즈음하여)

결국, 오늘 "어버이날"은 폐지되었습니다. 몇몇 국회의원들이 끝까지 반대했지만, 압도적인 표차로 그동안 지켜지던 어버이날은 폐지되고 말았습니다. 가장 큰 이유는 '어버이'라고 불리는 부모가 자녀들에게 주는 것이 아무것도 없기 때문입니다. 먼저 부모는 더 이상 먹을 것을 주지 않습니다. 귀찮아진 부모들은 자녀들에게 줄 음식을 모조리 음식점에서 해결합니다. 또한, 부모는 더 이상 지식적으로 도움을 주지 않습니다. 공부는 학교와 학원에 전적으로 위탁했기 때문입니다.

부모는 더 이상 정서적인 발달에 도움을 주지 않습니다. 한집에 살아도 각자 자기 방에서만 생활하고, 의미 있는 대화나 함께하는 활동은 오래전에 사라졌습니다. 가장 심각한 것은 부모가 더는 영적인 도움이나 도전을 주지 않는다는 것입니다. 자녀들의 영혼은 이미 오래전부터 철저하게 스마트폰과 인터넷을 통해 형성되고 있기 때문입니다. 몇 해 전까지만 해도 어버이날이 되면 "부모님 낳아주셔서 감사합니다"라고 인사라도 했지만, 이제는 인공수정을 통해 전혀 알지도 못하는 정자와 난자를 결합해 아이들이 태어나고 있기 때문입니다. 언제부터인가 부모들은 자신의 소중한 미래인 자녀에게 주어야 할 것들을 조금씩 소홀히 하고 귀찮아하다가, 다른 기관과 기업에 위탁해버렸고, 점검도 하지 않고 관심도 가지지 않다가 결국은 생물학적으로도 인격적으로도 영적으로도 자녀에게 아무것을 줄 수 없는 상태가 되고 말았습니다. 이처럼 부모라는 존재가 자녀에게 아무것도 줄 수 없고 몇몇 부모들은 도움이 되지 않는 정도가 아니라 비참하고 해로운 것만 주고 있기에 어쩔 수 없이 어버이날은 폐지되었고 조만간 부모라는 말도 사용하지 않을 것으로 보입니다.

감짝 놀라셨나요? 머지않은 미래에 이런 날이 올지도 모릅니다. 지금 현실이 그렇게 흐르고 있습니다. 부모님들! 자문해보십시오. 지금 자녀들에게 무엇을 주고 있습니까? 그것이 의미 있고 가치 있는 것들입니까? 또한, 자녀들도 스스로 물어보십시오. 그대들은 부모님에게서 무엇을 얻고 있습니까? 부모님 덕분에 여러분 인생이 더 의미 있고 소중해졌습니까? 아니면 차라리 부모가 없는 게 낫겠습니까?

대다수 부모가 자녀에게 무엇을 주기보다 오히려 빼앗고 있습니다. 스마트폰 사주셨다구요? 그 스마트폰으로 아이가 어떻게 되었나요? 스스로 진실하게 점검해보십시오! 부모 될 준비도 하지 않았고, 자녀를 낳았지만 무관심하며, 백지와 같은 가능성의 세계에 낙서만 하다가 심지어 찢어버린 부모가 얼마나 많습니까? 마땅히 부모로부터 받아야 할 건강하고 아름다운 것을 받지 못한 자녀들은 이상한 곳에서 잘못된 사람에게 왜곡된 사랑과 변질된 삶의 방식을 주입 당하고 있습니다.

저는 부모님께 이런 질문을 드리고 싶습니다. 여러분에게 어떤 아버지가 있었으면 좋겠습니까? 어떤 어머니가 있었으면 좋겠습니까? 그런데 왜 여러분은 그런 아버지와 어머니가 되려고 애쓰지 않습니까? 왜 모든 것을 남에게 맡겨버립니까? 왜 눈물로 기도하지 않고 붙잡아주지 않습니까? 부모라는 그 귀한 위치와 역할을 바로 세웠으면 좋겠습니다. 지금까지 주지 못했던 것을 돌려주고 잘못 주었던 것에 용서를 구하길 바랍니다.

오늘 예수님은 자녀와 같은 사람들을 품고 그들에게 꼭 필요한 영적, 육적 양식을 공급하십니다. 모든 부모는 그분의 모습과 자신을 대조해보아야 합니다. 무엇보다 하나님께서 부모를 통해 자녀들에게 진정 주려고 하시는 것을 잘 전달하는 통로가 되어야 합니다. 그것이 진정한 어버이의 가치이며, 어버이날에 회복되어야 할 일이라고 믿습니다.

9:18-19　그러고서 이런 일이 있었다. 예수님께서 따로 기도하고 계셨는데, 그곳에 제자들도 함께 있었다. 예수님께서 〔기도를 마치시고〕 제자들에게 이런 질문을 하셨다.

"사람들은 나를 누구라고 합니까?"

제자들은 여러 가지로 대답했다. "어떤 사람은 세례 요한이라고 하고, 또 어떤 사람은 엘리야, 또 다른 사람은 구약 시대 선지자 가운데 한 명이 살아난 것이라고 말하기도 합니다."

20-21　그러자 예수님은 제자들에게 단도직입적으로 물어보셨다.

"그렇다면 여러분은 나를 누구라고 고백합니까?" 그때 베드로가 대답했다.

"예수님은 하나님의 그리스도, 곧 하나님 나라의 왕이시며 우리를 구원하실 메시아이십니다!"

그러자 예수님께서 주의를 주시며 제자들에게 이렇게 명령하셨다.

"베드로가 한 말을 아무에게도 말하지 마세요!"

22　이어 예수님은 메시아인 자신에게 반드시 일어날 네 과정을 제자들에게 말씀하셨다. "참사람, 참 하나님의 아들인 나는 반드시 먼저 많은 어려움과 시련을 당할 것입니다. 그다음으로 유대 장로들과 대제사장 및 서기관들에게 배척당할 것이며, 이어 〔십자가에서〕 죽임당할 것입니다. 그리고 3일째 되는 날에 반드시 다시 살아날 것입니다."

23-26　더 나아가 예수님께서는 모든 제자를 향해 이렇게 말씀하셨다.

　　　　"누구든지 나의 제자가 되기를 바라는 사람, 나를 따라오기를
원하는 사람은 자기 자아를 부인하고 포기하십시오! 날마다 자기
십자가를 지고 나를 따라오십시오! 복음은 역설의 진리이기 때문
입니다. 누구든지 자아를 사랑하여 그것을 구하려고 하면 오히려
잃게 되고, 누구든지 나를 따라오기 위해 자아를 포기하면 오히려
그것을 진정으로 얻는, 구원의 삶을 누릴 것이기 때문입니다. 잘 생
각해보십시오! 어떤 사람이 세상의 모든 것을 다 얻고도 자기 영혼
을 잃어버린다면, [그 어떤 것도 누릴 수 없으니] 아무 소용없지 않
겠습니까? 사람들이 이렇게 자기 영혼을 잃어버리며 사는 이유는,
나와 나의 말을 부끄럽게 여기고 수치스럽게 여기기 때문입니다.
하지만 하나님께서 천사들과 함께 이 땅에 참된 영광을 드러내시
며 오실 때, 그런 삶을 산 사람들은 영원한 수치를 당할 것이고, 나
도 그들을 부끄럽게 여길 것입니다.

27　내가 놀라운 것을 하나 알려주겠습니다. 여기 서 있는 사람 중에
는 죽기 전에 하나님 나라가 이 땅에 임하는 것을 보는 이도 있을
것입니다."

28-31　그러고서 약 8일 정도 지난 후에 이런 일이 있었다. 예수님께서 베
드로, 야고보, 요한을 데리고 기도하러 산에 올라가셔서 한참
기도하시는 중에 그분의 얼굴이 변화된 것이다. 예수님께서 입고
계신 옷, 그분의 존재가 엄청나게 밝은 빛처럼 빛나기 시작했다.
그 순간, 빛나는 예수님 옆에 두 사람이 나타났는데, 한 사람은 모
세였고, 또 다른 한 사람은 엘리야였다. 그 세 사람은 영광스러운
분위기 속에서, 조만간 예루살렘에서 일어날 예수님의 출애굽 사
건, 곧 십자가와 부활에 대해 이야기를 나누고 계셨다.

32-34　베드로와 야고보 및 요한은 깊은 잠에 빠져 있다가 갑자기 깨

어 그 광경을 보게 되었다. 예수님의 영광과, 모세와 엘리야가 예수님과 함께 서서 이야기 나누는 놀라운 장면 말이다. 모세와 엘리야가 예수님과 헤어지려고 하자, 베드로는 예수님께 이렇게 말했다.

"스승님! 우리가 여기에 있는 것이 너무 좋습니다. 그러니 이곳에 집을 세 채를 짓는 것이 어떨까요? 하나는 주님을 위해, 또 하나는 모세를 위해 그리고 나머지 하나는 엘리야를 위해 말입니다."

하지만 안타깝게도 베드로는 그게 무슨 뜻인지도 모르고 말한 것이었다. 베드로가 이런 말을 할 때, 거대한 구름이 그들을 덮었다. 하나님의 임재로 그들이 들어간 것이다. 그러자 제자들은 모두 두려움에 사로잡혔다.

35-36 그때, 하나님 음성이 그 구름 속에서 들렸다. "이 사람은 나의 아들, 곧 내가 선택한 존재다. 너희는 그의 말을 들어라!"

하나님 음성이 사라지자, 그곳에는 예수님만 남아 계셨다. 제자들은 그들이 보고 들은 것에 대해 무엇도 말할 수 없었고, 그 누구에게도 말하지 않았다.

Mountain's Insight

잊을 수 없는 선생님의 손
(스승의 날에 즈음하여)

"선생님! 말도 안 됩니다!"

오병이어의 기적 사건(마 14:13-21; 막 6:30-44; 눅 9:10-17; 요 6:1-14)에 대해 분반 공부를 하는 날이었습니다. 작은 빵 다섯 개로 5천 명이 넘는 사람들이 먹었다는 이야기를 선생님은 투박한 어투로 우리에게 전해주셨습니다. 하지만 갑자기 한 친구가 선생님의 말씀을 가로막고 이렇게 말합니다. "선생님! 말도 안 됩니다. 어떻게 빵 다섯 개로 5천 명이 먹습니까? 제가 집에서 친구들을 모아 시험을 해봤습니다. 빵 다섯 개를 앞에 놓고 먹었는데 전혀 늘어나지 않았습니다. 도대체 어떻게 빵 다섯 개로 5천 명이 먹습니까?"

선생님은 잠시 생각하시는 것 같더니 친구에게 이렇게 말씀하셨습니다. "니, 하나님께 감사했나? 그라고 니, 빵을 그냥 니, 입에 다 넣었제? 예수님은 그렇게 하신 게 아이다. 진심으로 하나님 아부지께 감사하고 자기 입에 먼저 넣으신 게 아니라 잘라서 사람들에게 먼저 나눠주신기다. 혼자 배만 채우려고 한 게 아이라, 다른 사람들을 섬기려고 하신기다. 빵을 절반으로 딱 자르니까 그때 잘라 없어진 쪽으로 빵이 새로 툭 티나왔을끼다. 혼자 먹기만 하는 것이 아니라 누군가를 위해 자신을 나누려고 할 때, 그때 기적이 일어나는기다."

저는 지난 30년간 오병이어의 기적을 설명하는 백여 권의 주석과 논문을 읽었고 수십 편의 강의와 설교를 들었습니다. 하지만 그때 그 순간, 선생님의 진심 어린 목소리보다 더 힘 있고 확신 넘치는 메시지는 없었습니다. 선생님이 그때 알려주신 내용이 탁월했을 뿐만 아니라 선생님의 거친 손이 삶으로 자기 메시지를 증명했기 때문이었습니다. 선생님은 주중에는 농부로 최선을 다해 일하시다가 주일에는 성도로써 최선을 다해 주님이 주신 것을 사람들에게 나누셨습니다. 선생님은 교회에서 힘을 써야 할 일이 있으면 육체가 가진 힘을 나누셨고, 가난한 사람들이 있으면 밭에서 나온 음식을 나누셨고, 분반 공부 시간에는 말씀을 우리에게 나누셨습니다. 선생님에게는 늘 나눌 것이 있었습니다. 선생님 말씀처럼, 누군가에게 주려고 절반을 잘라낸 빵 한 편에는 다시 새로운 빵이 나왔습니다.

스승의 날이 되면 그때 오병이어 메시지를 말과 삶으로 설명해주셨던 그분이 생각납니다. 얼굴은 어렴풋하지만, 그 목소리와 손은 아직도 생생합니다. 선생님의 가르침은 그분의 손과 분리되어 있지 않았기 때문입니다. 믿음으로 가득 찬 선생님의 말씀은 상처로 가득 찬 선생님의 손과 한 몸이었습니다. 저는 선생님의 말씀과 손을 떠올릴 때마다 예수님의 말씀과, 한 번도 본 적 없는 주님의 손을 볼 수 있었습니다. 예수님께서 믿음 없는 제자들을 섬기셨듯 선생님도 철없는 우리를 섬기셨습니다.

이제 그 선생님과 비슷한 나이가 되어 있는 제 손을 봅니다. 제가 선생님처럼 나누며 살고 있는지, 저의 메시지와 손이 일치하는지, 저 또한 선생님처럼 누군가를 진정한 우리의 스승이신 그리스도께로 이끌고 있는지… 그것이 송구할 뿐입니다.

9:37   〔변화산 사건이 있은 후〕 그다음 날에 일어난 일이다. 예수님과 제자 셋〔베드로, 요한, 야고보〕이 산에서 내려오자 많은 사람이 그들을 기다리고 있었다.

38-40   보라! 그 많은 사람 가운데 한 남자가 예수님께 소리치며 말했다.

"선생님! 간절히 부탁드립니다. 저의 아들을 자세히 보시고 도와주십시오! 이 아이는 제 외아들입니다! 보십시오! 마귀가 아이를 사로잡고 있습니다. 소리 지르고, 거품을 물고 발작을 일으키게 만듭니다. 그렇게 아이를 철저히 짓이기고 망가뜨린 다음에야 간신히 〔잠시 동안〕 아이를 떠납니다. 제가 〔산 아래에 남아 있던 9명의〕 선생님의 제자들에게 마귀를 쫓아내 달라고 부탁했지만, 그들은 하지 못했습니다."

41-42   그러자 예수님은 제자들과 그곳에 모인 사람들을 향해 이렇게 말씀하셨다. "여러분은 참으로 믿음 없는 왜곡된 사람들입니다! 내가 도대체 언제까지 여러분을 위해 있어야 할까요? 그리고 얼마나 더 여러분을 참아주어야 할까요? 당신의 아들을 이리로 데려오십시오!"

아이가 예수님을 향해 나아오자, 마귀는 그 아이를 넘어지게 만들고 발작을 일으키게 했다. 〔그것을 보시고〕 예수님은 그 더러운 영, 곧 마귀를 꾸짖으시자 〔마귀가 떠나고〕 아이는 온전히 치유되었다. 예수님은 그 아이를 아버지에게 넘겨주었다.

43-45 예수님께서 하신 축귀와 치유 사역으로 모두가 놀랐다. 예수님을 통해 나타난 하나님의 위대하심에 모두가 충격과 감동을 받을 때 예수님은 제자들에게 이렇게 말씀하셨다.

"여러분은 지금 내가 하는 말들을 귀담아두십시오. 참사람인 하나님 아들, 내가 조만간 사람들의 손에 넘겨질 것입니다[나를 사람들이 십자가에 못 박는 시간이 이제 곧 다가올 것입니다]."

하지만 제자들은 예수님께서 하신 말씀이 무엇인지를 전혀 몰랐고 그 의미를 깨닫지 못했다. 그때까지도 그들에게 십자가와 부활의 신비는 감추어져 있었던 것이다. 심지어 그들은 예수님께서 하신 말씀의 의미나, 십자가와 부활의 신비에 대해 물어보는 것조차 두려워했다.

46-48 그런 와중에, 제자들은 '우리 중 누가 제일 대단하고 큰 사람인가'를 놓고 경쟁하듯 논쟁하기 시작했다. 예수님께서는, 제자들끼리의 논쟁 곧 그들 마음속에서 일어나고 있는 교만을 직감하셨다. 그래서 어린아이 하나를 데려와 자신의 곁에 세우셨다. 그리고 제자들에게 이렇게 말씀하셨다.

"누구든지 이런 어린아이 하나를 나의 이름으로 받아들이면, 나를 받아들이는 것입니다. 더 나아가 나를 받아들이면 나를 보내신 분을 받아들이는 것입니다. 그러므로 자신을 겸손히 낮추어 다른 사람을 받아들이는[높이는] 사람이야말로 가장 대단하고 큰 사람입니다. [복음은 역전의 진리이기 때문입니다.]"

49-50 예수님께서 하신 말씀에 대한 반응으로 요한은 이런 말을 했다.

"스승님! 어떤 사람이 스승님의 이름으로 축귀 사역을 하기에 우리가 금지시켰습니다. 그 사람이 우리와 함께하지도 않고 우리 공동체의 방식을 따르지도 않았기 때문입니다."

그러자 예수님께서는 요한을 위시하여 제자들 모두에게 이렇게 말씀하셨다.

"여러분은 자신과 다르다고 해서 사람들을 함부로 판단하지 말고, 금지명령도 성급하게 내리지 마십시오. 여러분의 교리나 방식과 다르다고 해서 무조건 틀린 것이 아니기 때문입니다. 나아가 여러분을 반대하지 않는다면 여러분을 위하는 사람들이기 때문입니다."

Mountains Insight

실망하십시오!

"강산 앞으로 나와!"

갑자기 선생님은 매우 화가 난 얼굴로 제게 말씀하셨습니다. 다짜고짜 저를 도둑놈 취급하신 겁니다. 점심시간에 제가 체육실에 있는 오재미(모래주머니)를 훔쳤다는 것입니다. 저는 점심시간에 오재미를 갖고 놀긴 했지만 훔치지는 않았다고 했습니다. 그때 같이 놀았던 친구가 있으니 저의 무죄를 증명해줄 거라고 했습니다. 하지만 알고 보니, 기가 막히게도 함께 오재미 놀이를 했던 그 친구가 저를 도둑으로 지목했다고 했습니다. 심지어 그는 제 가방 속에 그 오재미를 넣어두기까지 했습니다.

나중에 알게 된 사실은 제가 그 학교에 전학 갔을 때 혼자 왕따 당하는 그 친구가 불쌍해 함께 놀아주었는데, 그 학교에 국회의원 아들을 중심으로 일진처럼 구성된 나쁜 녀석들이 그 친구에게 말하기를 '강산이를 도둑놈으로 만들어 왕따시키면 자신을 무리에 넣어주고 다시는 괴롭히지 않겠다'라고 했다는 것입니다. 저는 어쩔 수 없이 반성문을 써야 했습니다. 억울한 눈물이 흘러내렸습니다. 저는 그때 처음으로 사람에게 큰 실망을 했습니다.

불행히도 그것이 끝이 아니었습니다. 저는 지금까지 수많은 사람에게 실망했습니다. 친구에게도, 선배에게도, 후배에게도, 선생님에게도, 교수님에게도, 심지어 부모님에게도 실망했습니다. 무엇보다 목회자로 살면서 매일 사람들에게 실망하는 일이 일상다반사였습니다. 교회 안에 있는 사람도 교회 밖에 있는 사람과 다를 바 없었습니다. 심지어 저 자신에게도 실망했습니다. 그 자세한 내용을 여기에 다 적으려면 수백 페이지로도 부족할 것입니다.

하지만 저는 그 많은 실망을 통과하면서 인생에서 아주 중요한 두 가지 진리를 배웠습니다.

첫 번째는 수많은 사람이 저를 실망시켰지만, 하나님은 저를 실망시키지 않으셨다는 것이며, 두 번째는 그 수많은 실망이 오히려 저에게 진정한 소망을 품게 했다는 것입니다. 오늘도 몇 사람과 상담하였고 그들은 자신이 믿었다가 실망한 사람들에 대해 억울함을 호소했습니다. 저는 그들의 고통에 마음이 아팠지만, 용기를 내어 이렇게 말했습니다. "실망하십시오!" 그러자 방금까지 실망으로 힘들어하던 데서 이제는 충격까지 더해진 얼굴로 바뀌었습니다. '그게 무슨 소리냐'라고 물어보려는 사람에게 저는 더 힘주어 말했습니다. "더 실망하십시오! 철저하게 실망하십시오! 그러면 우리가 진정 소망할 분은 오직 하나님밖에 없다는 것이 분명해집니다!" 그러자 잠시 충격으로 어두웠던 얼굴이, 영혼 안쪽에서 올라오는 깨달음으로 밝아지기 시작했습니다.

우리 인생이 불행해지는 가장 큰 이유는, 실망해야 마땅한 것에 부질없는 소망을 계속 두는 바람에 진정 모든 것을 걸어 소망할 분에게는 그에 합당한 작은 소망조차 두지 않으며 살아가기 때문입니다. 가족을 무시하거나 인생을 포기하라는 말이 아닙니다. 실망해야 마땅한 것에 철저하게 실망하라는 것입니다. 그래야 진정 소망할 분을 바라보게 됩니다. 심지어 자신이 가진 지식, 육체, 물질 그리고 영적인 체험까지도 실망해야 합니다. 그래야 오직 하나님과 그분 나라가 진정한 소망으로 자리잡습니다. 진정한 소망은 철저한 실망을 넘어 이루어집니다. "오직 주님밖에 없습니다!"라는 고백이 터져 나오는 순간, 생명의 삶은 비로소 시작됩니다. 깊은 실망의 십자가를 통과해야만 위대한 소망의 부활을 맞이할 수 있습니다. 그러니 제발 실망하십시오! 눈물 흘리며 부탁드리니, 철저히 실망하십시오!

제2부

길 이야기 (9:51-18:30)

"길 이야기"
갈릴리에서 예루살렘으로 이동하시는 과정에서 예수님의 정체성이 더 선명하게 드러난다.

9:51-52 이제 예수님 사역의 전환점에 이르렀다. 예수님께서 십자가에서 죽으시고 부활하신 후 승천하실 날이 무르익어 [갈릴리의 사역을 마무리하시고] 예루살렘을 향해 올라가시는 여정을 출발하기로 결심하신 것이다.

[북쪽 갈릴리에서 남쪽 예루살렘으로 올라가기 위해 예수님은 대다수 유대인이 돌아가는 지역인 사마리아를 통과해 가기로 결정하셨다.] 그래서 예수님은 제자들을 자신보다 먼저 사마리아 지역의 한 마을로 보내시며, 자신이 지나가실 때 필요한 것들을 미리 준비하도록 하셨다.

53-54 하지만 사마리아 사람들은 예수님께서 예루살렘으로 가신다는 이유만으로 그분을 영접하지 않았고 오히려 적대적인 태도를 보였다. 이것을 알아차린 제자들 가운데 [우뢰의 아들로 알려진] 야고보와 요한이 예수님께 이렇게 말했다. "주님! 우리가 하늘에서 불이 내려오게 해서 저 적대적인 사마리아인들을 다 끝장내버리는 것이 좋지 않겠습니까?"

55-56 그러자 예수님은 야고보와 요한을 향해 몸을 돌리시고 그들을 꾸중하셨다. ["지금 그대들의 마음을 지배하는 것은 하나님의 영이 아닙니다. 내가 이 세상에 온 것은 사람들의 생명을 파괴하려는 것이 아니라 구원하기 위해서입니다."]

그러고서 예수님과 제자들은 다른 마을로 가셨다.

57-58 예수님과 제자들이 예루살렘을 향해 가는 길에서, 어떤 사람이 나

타나 이렇게 말했다. "예수님께서 어디로 가시든지, 제가 따라가 겠습니다!"

그러자 예수님은 이렇게 대답하셨다. "여우들도 굴속에 자기 집이 있고, 공중의 새들도 나무 위에 둥지가 있지만, 나는 머리를 눕힐 만한 공간도 없습니다. 나를 따라오는 것은 세상 성공이나 번영과는 아무런 상관이 없습니다."

59-60 조금 더 가시다가, 예수님께서는 다른 한 사람을 만나 이렇게 말씀하셨다. "나를 따라오십시오! 나의 제자가 되십시오!" 하지만 예수님의 부르심에 그는 이렇게 반응했다. "주님! 제가 먼저 아버 지의 장례식을 마무리하고 난 다음에 주님을 따라갈 수 있도록 해 주십시오!"

그러자 예수님은 이렇게 말씀하셨다. "(사명에 대해 죽은 자들, 영적으로) 죽은 자들이 죽은 자들의 장례를 마무리하도록 맡기세 요. 당신은 지금 나를 따라와 하나님 나라를 전파하는 일에 동참 하십시오!"

61-62 예수님의 제자가 되라고 부르심을 받은 다른 사람은 이렇게 반응 했다. "주님! 제가 당신을 따라가겠습니다. 하지만 먼저 돌아가 제 가족들에게 작별인사를 하고 나서 그렇게 하겠습니다."

그러자 예수님은 그 사람을 향해 이렇게 대답했다. "밭을 가는 사람이 쟁기질하면서 절대 뒤를 돌아보아서는 안 되듯, 나의 제자 가 되려는 사람도 앞만 바라보고 나아가야지 뒤의 것을 돌아보게 되면 결코 하나님 나라에 합당한 사람이 될 수 없습니다."

대가지불에 대한 단상

저에게는 신학대학 1학년 때 만난 특별한 친구 3명이 있습니다.

세월이 흘러 우리는 모두 목사가 되었고 더 세월이 흘러 각자 하나님께서 부르신 곳으로 복음을 전하러 나갔습니다. 한 명은 지금 미국에서 목회하고 있고, 또 한 명은 지방에서 부교역자로 사역 중입니다. 그리고 다른 한 명은 기독교 출판사에서 일하고 있습니다. 우리는 이따금 전화도 하고 만나기도 하는데, 최근에 한 명이 연락이 안되기 시작했습니다. 친구들은 조금씩 걱정이 되기 시작했고 거리상 가장 가까운 제가 그 친구의 안부를 확인해보기로 했습니다.

저도 얼마 전까지 그 친구에게 문자도 하고 선물 쿠폰도 보냈는데 전혀 응답이 없는 것에 이상함을 느꼈고 당시 뉴스에서 '한강 의대생 사망 사건'이 계속 이슈가 되고 있었기에 친구로서 책임감이 생겨 뭔가를 해야겠다는 생각으로 그 친구를 찾기 시작했습니다. 처음에는 친구의 아내에게 전화했고, 가까운 지인들에게도 연락했습니다. 하지만 모두 연락을 받지 않았고, 잘 모르겠다고 했습니다. 불안한 마음이 커져 그 친구와 어떻게든 아는 사람들 모두에게 1시간 넘게 전화를 돌렸습니다. 하지만 모두 잘 모르겠다는 응답만 했습니다.

이제 제 전화부에 남은 사람은 몇 명 없었습니다. 그 사람 중 몇은 기독교 출판과 관련된 일로 예전에 논쟁을 심하게 했고 사이가 나빠져 수년간 연락을 안 한 사람들이었습니다. 정말 그들에게는 전화하고 싶지 않았습니다. 하지만 친구 찾는 일에 저의 자존심은 중요한 것이 아니었습니다. 퉁명스럽고 불친절한 음성에도 저는 자세를 낮추어 그 친구를 찾아달라고 부탁했습니다.

다행히, 몇 시간 후에 그가 무사하다는 것을 알게 되었습니다. 월말 마감에 밀려 일하느라 며칠간 전화나 문자를 받지 못했다고 해명했습니다. 친구가 무사하다는 연락을 받고 안도의 한숨을 내쉬며 책상에 다시 앉았을 때, 저는 특별한 단어 하나가 머리에 떠올랐습니다. 그것은 바로 '대가지불'이었습니다. 만약 그 친구가 정말 잘못되어 실종이라도 되었다면 저는 그를 찾기 위해 원수처럼 헤어진 사람들에게 전화하는 것 이상의 일도 했을 것입니다. 아마 그 친구도 나를 위해 그렇게 했을 것입니다.

이어 우리는 우리의 영원한 친구 되신 분, 우리를 위해 이 땅에 오신 분 그리고 우리를 위해 자기 목숨을 십자가에서 내어주신 그분을 찾기 위해 어떤 대가지불을 하는가 돌아봅니다.

우리는 그분을 찾기 위해 치러야 할 대가지불에 대해 부담스러워하고 핑계를 대며, 심지어 노골적으로 거절합니다. 주일에 예배드리는 것도, 기도하는 것도, 셀 모임이나 작은 헌신의 자리에도 사람들은 대가지불을 하지 않으려 합니다. 너무나 수동적이고 이기적이고 방관적입니다. 어떤 사람은 복음을 철저히 받기만 하면 되고, 그 어떤 대가지불도 필요 없는 것처럼 가르치기도 합니다.

하지만 생각을 바꿔 봅시다. 만약 누군가가 자신에게 하나밖에 없는 장기를 당신에게 준다면 그 이식수술을 받기 위해 어떤 아픔이든 참아야 하지 않을까요? 특별한 혈액형을 가진 누군가가 당신을 위해 지금 수혈해주려 한다면 그곳이 어디든 가야 하지 않을까요? 더 나아가 당신에게 장기를 주고 피를 준 그 사람이 당신을 필요로 한다면 그 어떤 대가를 지불해서라도 그를 섬겨야 하지 않을까요?

저는 그런 마음으로 오늘을 살고 있습니다. 당신도 그랬으면 좋겠습니다.

1 **10** 그 후에, 예수님께서는 열두 제자 외에 추가로 70명〔혹
은 72명〕의 제자들을 선택하여 세우시고, 장차 가려 하
시는 모든 성읍과 장소로 미리 두 명씩 파송하셨다.

2-4 예수님께서는 그 파송된 70명〔혹은 72명〕의 제자들을 향해 이렇
게 말씀하셨다. "여러분이 하나님 나라로 인도해야 하는 영혼들이
참으로 많습니다. 그에 비해 그 사명을 감당할 일꾼들은 너무나
적네요. 그러므로 하나님 나라 백성을 모으는 추수의 사명에 함께
일할 일꾼을 보내달라고, 또한 만나게 해달라고 기도하면서 나아
가십시오!

여러분은 이제 세상으로 나가십시오! 세상 시각으로 보자면,
여러분이 받은 사명은 목숨을 걸어야 할 만큼 매우 위험합니다.
늑대들 한가운데로 양이 지나가는 것 같기 때문입니다.

그러므로 무엇보다 하나님을 철저히 의지해야 합니다. 세상 방
식과 방법을 의지하지 말아야 합니다! 세상 사람들이 필요하다고
말하는 그 어떤 도구, 심지어 지갑이나 가방, 신발도 챙기지 말고,
사람들의 인정을 받으려고 하다가 사명이 지체되지 않도록 인간
적인 인사치레도 하지 마십시오!

5-9 또한, 어느 곳에서 복음을 전하든, 여러분의 복음을 들으려는 사
람의 집에 들어가 '하나님의 평화가 이 집에 있기를 바랍니다!' 하
고 축복하십시오.

만약 그 집 사람들이 여러분을 환대하고 그 인사를 환영한다

면, 하나님의 평화가 그 집에 축복으로 머물 것입니다. 하지만 그 집 사람들이 거절한다면, 평화의 축복은 여러분에게로 돌아올 것입니다. 그들이 거절했기에 그 축복을 누릴 수 없는 것입니다.

여러분이 전한 복음을 받아들이는 가정이 있다면, 그 집에 머무십시오! 그들이 베푸는 다양한 것을 받아 누리십시오. 복음을 전하는 사람이 그 복음을 받는 사람들에게 필요한 것을 공급받는 것은 지극히 당연하기 때문입니다. 다만 더 나은 대접을 받으려고 여기저기 옮겨 다니지는 마십시오.

어떤 지역에서든 여러분이 전한 복음을 받아들이고, 감사하는 마음으로 환대하여 음식을 대접한다면, 여러분도 감사하는 마음으로 여러분에게 주어진 것을 가리지 말고 맛있게 먹고 누리십시오!.

그리고 여러분은 그곳 사람 중 병든 사람이 있으면 치유하고, 그들에게 '하나님 나라가 가까이 왔다'라는 치유의 중심 되는 복음을 꼭 전해주십시오.

10-12 하지만 만약 어떤 지역에서 복음을 전하는데, 그곳 사람들이 복음과 여러분을 받아들이지 않는다면, 그곳에서 나오십시오. 그리고 그 지역의 넓은 공간에서 이렇게 말하십시오!

'당신의 지역에서 우리 신발 아래에 묻은 먼지까지 이렇게 털어 여러분에게 돌려줍니다. 이제 당신과 우리는 아무런 상관이 없다는 말입니다. 하지만 분명히 아십시오. 하나님 나라가 왔지만, 당신이 거절했다는 것을 말입니다.'

내가 제자인 여러분에게 분명히 알려줄 것이 있습니다. 그것은 하나님께서 심판하시는 날에, 여러분이 전한 복음을 거절한 그 지역이 소돔 땅보다 더 끔찍한 심판을 받을 것이라는 사실입니다.

13-16 비참합니다! 고라신 사람들이여! 안타깝습니다! 벳새다 사람들이여! 내가 그대들에게 베풀었던 복음의 은혜와 기적들을 이방 땅

두로와 시돈 지역 사람들에게 베풀었다면, 그 이방인들은 오래전에 베옷을 입고 재를 날리며 회개했을 것입니다.

그래서 그대들은 하나님께서 심판하시는 그날에 두로와 시돈 사람들이 받는 심판보다 더 무섭고 끔찍한 심판을 받을 것입니다.

가버나움 사람들이여! 여러분의 교만한 태도가 하늘에 이르지 못할 것을 알지 못했습니까? 지옥까지 낮아질 것입니다!

[이어 예수님은 파송한 제자들에게 이런 말씀을 더 하셨다.] 여러분이 전하는 하늘나라 복음의 말씀을 듣고 순종하는 사람은 나의 말을 듣는 것이며, 여러분이 전하는 하늘나라 복음의 말씀을 듣지 않고 거절하는 사람은 나를 거절하는 것입니다. 더 나아가 나를 거절하는 사람은 나를 보내신 분, 하나님 아버지를 거절하는 것입니다."

17-20 파송받은 제자들이 그들의 사명을 마치고 예수님께로 돌아와 기쁨에 가득하여 이런 보고를 했습니다. "주님! 저희가 주님의 이름으로 선포하자 마귀들까지 복종하였습니다."

그러자 예수님께서 이렇게 대답하셨다.

"나도 보았습니다. 사탄이 그의 보좌인 하늘에서 번개처럼 떨어지는 것을 말입니다. 자! 나는 여러분에게 하나님 나라를 대적하는 뱀과 전갈의 세력 곧, 악한 존재들의 힘과 영향력을 철저히 이길 수 있는 능력을 이미 주었습니다. 그러므로 그 어떤 세력도 여러분을 부당하게 대하거나 함부로 대적하지 못할 것입니다.

악한 영들이 여러분에게 복종하는 것을 기뻐하십시오! 하지만 그보다 더 여러분이 기뻐해야 할 일이 있습니다. 그것은 여러분이 사명을 따라 순종하는 삶을 살았기에 여러분의 이름이 하늘나라 생명책에 기록된 것입니다. 사명을 따라 사는 삶을 통해 여러분에게 주어진 구원이 완성됩니다."

21-22 그때 예수님께서는 성령님과 함께[성령 충만하신 상태로] 기뻐하셨다. 영적인 감격에 가득 차신 예수님은 하나님 아버지께 이런 고백을 올려 드렸다.

"하늘과 땅의 주인 되신 아버지여! 당신은 참된 제자들이 누리는 이 놀라운 진리와 생명의 삶을 스스로 지혜롭다 하고 총명하다고 자부하는 교만한 인간들에게는 감추시고, 어린아이처럼 순수한 믿음으로 순종하는 사람들에게는 드러내셨습니다. 그렇습니다. 아버지! 그렇게 역전적인 방식으로 당신의 기쁘신 뜻이 이루어진 것입니다!

아버지께서 모든 것을 나에게 맡겨주셨기에 아버지가 아니면, 그 누구도 아들인 나에 대해 알 수 없고, 또한 그 아들인 나와 내가 기쁘게 여겨 선택한 사람, 내가 하늘나라와 하나님 아버지에 대해 알려주는 그 사람들을 제외하고는 아버지에 대해 알 수 없습니다."

23-24 그러고서 예수님은 제자들을 향하신 후에, 그들에게만 특별히 말씀하셨다. "여러분이 지금 보고 있는 것들, 그것들을 여러분이 본다는 일은 엄청난 축복입니다! 여러분이 지금 보는 것들을 수많은 선지자와 왕들이 보고 싶어 했지만 보지 못했고, 여러분이 지금 듣는 것을 그토록 듣고 싶어 했으나 그들은 듣지 못했기 때문입니다."

Mountain's Insigh
하나님의 표정

긴 시간의 상담 내내, 그 후배는 계속 울었습니다.

어릴 적부터 지켜왔던 신앙의 길은 주님만을 위해 살기로 결단하면서 신학교로 이어졌고, 남은 인생을 오직 주님 영광을 위해 살겠다고 수없이 결단했지만, 결혼에서 모든 것이 파괴되고 말았습니다. 자신이 사랑하는 사람과 결혼하고 싶었는데 이상하게도 부모님과 가족이 반대하고, 무엇보다 한평생 딸처럼 사랑하고 기도해주던 교회 담임목사님이 어두운 표정으로 결혼을 다시 생각해보라고 하셨기 때문입니다. 부모님보다 더 의지했던 목사님은 자신의 신랑 될 사람을 만나본 후에는 아예 주례도 해주지 않겠다고 하셨답니다. 속상하고 화가 났지만, 결혼 후에 남편은 교회를 나오기로 했고, 이 결혼을 통해 한 영혼을 구할 수 있다고 확신하면서 결국 다른 목사님의 주례로 결혼식을 올렸습니다.

하지만 정말 그분들 말씀이 다 맞았다는 걸 알았습니다. 화장실 들어갈 때와 나갈 때가 다르다는 속담처럼, 결혼하고 나자 남편은 결혼 전에 했던 약속을 하나도 지키지 않았습니다. 자녀도 생기고 수많은 노력과 섬김이 있었지만, 사명은 고사하고 신앙도 지키기 힘들어지고 말았으며, 결국 가정도 유지할 수 없어 얼마 전에 이혼하고 말았습니다. 그러면서 계속 그 후배가 뼈에 사무치도록 한 말은 이것이었습니다. "제가 그때, 목사님의 표정을 무시했어요. 얼굴에 비친 그 안타깝고 속상한 마음을 제가 무시했어요."

비단, 후배만의 이야기는 아니라고 생각합니다. 모든 선택과 결정 앞에서 이기적인 감정이나 판단이 앞설 때마다 우리를 가장 사랑하는 분들의 표정을 살펴야 합니다. 이따금 그분들은 우리 마음이 상할까 봐 "그래, 그렇게 하거라" 하시지만, 그것은 사실 기쁨의 응원이 아니라 어쩔 수 없는 승낙일 때가 얼마나 많았는지요. 무가치한 취미와 욕망으로 허비한 것들은 단순히 시간과 돈만이 아니었습니다. 우리를 누구보다 위하고 섬기던 분들의 기대와 소망을 저버린 것이었습니다. 우리 때문에 가장 실망하고 어두운 표정을 지은 그분들에게는 궁극적으로 하나님 아버지의 표정이, 우리를 위해 십자가에서 생명을 드리신 예수님의 표정이 그리고 오늘도 말할 수 없는 탄식으로 중보하시는 성령님의 표정이 있음을 기억해야 합니다.

참으로 건강하고 귀한 인생 그리고 위대하고 아름다운 신앙은 언제나 삼위일체 하나님의 표정을 바라보고 헤아리는 데 있습니다.

구체적인 성경 구절을 찾을 수 없는 사건과 상황을 만나더라도 기도와 묵상의 시간을 가지고 "내가 하려는 이 일에 대해 하나님은 지금 어떤 표정을 지으실까" 하고 점검해봐야 합니다. 만약 그분 표정이 밝지 않고 어둡다면 우리는 그 일을 하면 안 되고, 그분 표정이 어떨지 예상되지 않는다면, 그 일은 유보해야 합니다.

지금 자신의 모든 언행심사를 하나님 얼굴로 가져가야 합니다. 바울도 갈라디아서 1장 10절에서 "내가 사람에게 좋게 하랴? 아니면 하나님께 좋게 하랴?"라고 단도직입적으로 물어봅니다. 지금 그대가 하려는 모든 말과 결정과 선택과 갈등을 하나님 얼굴 앞으로 가져가십시오. 하나님의 표정을 살피십시오. 그래서 시편 19편 14절 말씀처럼 "우리 입술의 모든 말과 우리 마음의 모든 생각이 하나님께 기쁨이 되기를" 바랍니다. (한글 성경에서 '열납'으로 번역된 히브리어 '라촌'(라쫀)은 '기쁨'이라는 뜻입니다.)

10:25-28 구약성경에 능통한 율법학자 한 사람이 예수님 앞에 서서 그분을
교묘하게 시험하려고 이런 말을 했다. "선생님! 제가 무엇을 해야
영원한 생명을 상속받을 수 있을까요?"

그러자 예수님께서 그 율법학자에게 다음과 같이 질문하셨다.
"구약성경 곧 율법의 말씀에는 무엇이라고 기록되어 있습니까?
학자님이 이해하고 해석한 결과는 무엇입니까?"

이에 율법학자는 이렇게 대답했다. "[신명기 6장 5절과 레위기
19장 18절에 있는] '너의 주인 되신 하나님을 너의 모든 마음과
생명과 힘과 뜻[이성과 지성]을 다해 사랑하라. 그리고 너의 이웃
을 너 자신처럼 사랑하라'라는 말씀이 핵심이라고 생각합니다."

그러자 예수님은 그에게 말씀하셨다. "옳게 대답하셨습니다.
이제 지식만이 아니라 그 말씀대로 삶에서 행하십시오. 그러면 영
생을 상속받아 누릴 것입니다."

29   그러자 율법학자는 자신이 의로운 사람이란 것을 드러내고 싶
어 추가 질문을 던졌다. "그러면 누가 저의 이웃이라고 할 수 있을
까요?"

30-36 이에 대한 대답으로 예수님은 하나의 이야기를 소개하셨다.
"어떤 사람이 예루살렘[해발 +690미터]에서 여리고[해수면 -390
미터]로 내려가다가 갑자기 나타난 강도들에게 포위당했습니다.
강도들은 그의 옷을 벗기고 심하게 때려 거의 죽은 상태로 만든
후에, 버리고 가버렸습니다. 때마침 어떤 제사장이 그 장소를 통

과해서 [예루살렘에서 여리고로] 내려가고 있었는데, 그 강도 만난 사람을 보고서도 그냥 피해 반대편 길로 지나가버렸습니다. 이어 나타난 한 레위인도 그곳을 지나가다가 강도 만난 사람을 보고도 그냥 피해 다른 길로 가버렸습니다.

그러다가 어떤 사마리아 사람이 여행길에 그 장소를 지나게 되었고, 그 강도 만난 사람을 보았습니다. 사마리아 사람은 강도 만난 사람을 보자마자 그를 불쌍히 여겼습니다. 그래서 가까이 다가가 강도당한 사람의 상처에 올리브기름과 포도주를 부어 응급처치를 하고 붕대를 감아주었습니다. 그리고 그를 자신의 짐승에 실은 후 여관까지 데리고 가서 간호해주었습니다. 다음 날이 되자, 사마리아 사람은 자기 지갑에서 두 데나리온의 돈[한 명이 약 3주 정도 숙식을 해결할 수 있는 비용]을 꺼내 여관 주인에게 주면서 이렇게 말했습니다. '이 사람을 잘 돌봐주십시오. 만약에 추가비용이 더 들면, 제가 돌아와 갚겠습니다.'

학자님이 보기에, 이 세 명의 사람 가운데 누가 강도 만난 사람에게 진정한 이웃이라고 보십니까?"

37 율법학자는 "강도 만난 사람에게 자비로운 행동을 한 사람입니다"라고 대답했다. 그러자 예수님은 이렇게 말씀을 더하셨다. "학자님도 가서 그렇게 하십시오!"

38-39 그러고서 예수님께서는 제자들과 함께 [예루살렘을 향한] 길을 계속 가시다가 어떤 마을 안으로 들어가셨다. 그러자 그 마을에 사는 마르다라는 여자가 예수님을 자신의 집으로 맞아들였다. 예수님을 초대한 마르다의 집에는 마르다의 여동생 마리아도 있었는데, 예수님께서 그 집에 앉으셔서 복음을 전하시자 마리아도 예수님 발아래에 앉아 오롯이 그분의 말씀만 계속 듣고 있었다.

40 혼자서만 음식준비를 하던 마르다는 마음이 산란해지고 말았다. 더 이상 참을 수 없는 상태가 되자, 그녀는 일어나 서서 예수

님께 이렇게 말했다. "주님! 제 동생 마리아가 여기 앉아 말씀만 듣고 있기에, 저 혼자서만 계속 일하고 있어요. 주님께서는 이런 상황이 신경 쓰이지 않으시나요? 그렇다면 제 여동생 마리아에게 일어나 저를 도우라고 말해주세요!"

41-42　　그러자 예수님께서는 마르다에게 이렇게 대답하셨다. "마르다 자매님! 마르다 자매님! 너무 많은 일에 신경 쓰느라 자매님의 마음이 불안과 염려로 가득해졌군요. 하지만 지금 자매님에게 필요한 것은 딱 한 가지입니다. 또한, 이 자리에 있는 여러분 모두에게 내가 원하는 것이기도 합니다. 그것은 지금 내가 전하는 하나님 나라 복음을 듣는 것입니다. 마리아는 지금 내가 원하는 그 한 가지 그리고 여러분에게 필요한 그 한 가지를 선택했습니다. 그러므로 마리아는 그것을 절대로 빼앗기지 않을 것입니다."

Mountain's Insight

하나님의 목적성

1908년, 독일 다름슈타트 출신 사업가 파울 볼프스켈은 너무나 사랑했던 여인에게 사랑 고백을 했으나 거절당하고 나서, 하늘이 무너지는 듯한 거절감에 죽기로 결심합니다. 그는 유서를 쓰고 그날 밤 12시가 되면 권총 자살을 하기로 계획을 잡습니다. 다만 유서를 다 썼는데도 12시까지는 시간이 조금 남아, 무엇을 할까 고민하던 중에 당시 최고의 수학자들이 쓴 논문을 읽게 됩니다. 에른스터 쿰머가 쓴 〈페르마의 마지막 정리〉에 대한 내용이었습니다. 17세기 프랑스 사람 페르마가 피타고라스 정리에서 약간 응용한 짧은 수학 공식("n이 3 이상의 정수일 때, $x^n + y^n = z^n$을 만족하는 양의 정수 x, y, z는 존재하지 않는다")에 대해 수학자들이 증명하려다가 실패한 이야기를 읽다가, 그는 어느새 실연의 슬픔과 절망을 잊고 이 공식을 증명하는 데 인생을 걸어야겠다는, 삶의 새 목적을 갖게 되었습니다. 비록 그가 증명에는 성공하지 못했으나 〈페르마의 마지막 정리〉를 증명하는 사람에게 자신의 전 재산인 10만 마르크(약 16억)의 상금을 겁니다. 이로써 그는 실연의 아픔과 죽음의 유혹을 극복했을 뿐만 아니라, 오랫동안 수학자들도 포기했던 문제를 다시 상기했고 결국, 1994년 앤드류 와일즈에 의해 그 공식이 증명되는 수학사의 위대한 흐름을 이어가게 했습니다.

허무한 인생을 살고 간 사람들은 인생에 목적이 없거나 잘못된 목적을 가지고 살았습니다. 그들 대다수는 목적 없이 시간을 허비했고 돈이나 욕망, 게임이나 유희 그리고 무가치한 소유나 감정에 사로잡혀 핑계만 대다 삶을 마감했습니다.

하지만 위대한 사람들은 한결같이 위대한 인생 목적을 품고 있었습니다. 노아의 인생에는 방주가 있었고, 모세와 여호수아에게는 약속의 땅이 있었고 다윗과 솔로몬에게는 하나님의 성전이 있었습니다. 예수 그리스도에게는 십자가와 부활이 있었으며 바울에게는 온 세상에 전할 복음이 있었습니다.

여기서 중요한 것은 하나님께서 나를 세상에 보내시면서 기대하고 원하신 그 목적을 찾는 일입니다. 하나님의 목적이 나의 목적이 되면, 하나님의 성품과 능력도 나의 것이 됩니다. 하나님의 목적을 향해 나아가는 과정에서 진정한 자아를 발견하고 동시에 그 자아가 깎이고 다듬어짐으로, 예수 그리스도의 성품과 능력을 갖춘 존재로 변화됩니다.

그러므로 지금 이 시간, 가장 먼저 자기 인생은 무슨 목적을 향해 살고 있는지를 점검해야 합니다. 한 번뿐인 소중한 인생을 허비하지 않도록 해야 합니다. 하나님께서 나에게 주신 목적을 발견함으로 가장 먼저 자신을 살리고 또한 세상에 하나님의 뜻을 이루는 통로가 되길 바랍니다. 하나님은 우리를 사랑하시고 우리를 향한 놀라운 계획을 갖고 계십니다.

1 **11** 그리고 이런 일이 있었다. 예수님께서 한 장소에서 한참 기도하는 중이셨고, 그 기도를 마치자 제자들이 다가와 이런 부탁을 한 것이다. "예수님! 저희가 무엇을 어떻게 기도해야 할지 지금 가르쳐주십시오. 세례 요한이 자기 제자들에게 기도를 가르쳐준 것처럼 말입니다."

2 그러자 예수님께서 이렇게 대답하셨다.

"여러분은 다음과 같이 〔뼈대와 흐름을 갖추어〕 기도하십시오. 하나님 아버지, 당신의 이름이 그 합당한 거룩함을 인정받고 경배받게 하소서! 당신의 나라, 곧 하나님 나라가 이 땅에 임하여, 온 세상이 당신의 다스림을 받게 하소서!

3 우리가 항상 하나님만 의지하고 살 수 있도록, 지나치지도 부족하지도 않게, 매일을 살아가는 데 적당한 분량의 영적 양식과 육적 양식을 공급해주소서!

4 우리가 당신께 지은 죄들을 용서해주소서! 그래서 우리도 마찬가지로 우리에게 죄지은 사람들을 용서하게 하소서! 또한, 우리가 습관적으로든 실수로든 죄를 짓게 만드는 여러 시험과 유혹을 당할 때, 그 시험과 유혹 속으로 빠져들지 않도록 지켜주소서!"

5-8 이어 예수님께서는 제자들이 어떻게 기도해야 할지도 한 이야기를 사용해 말씀하셨다.

"여러분에게 가까운 친구가 하나 있는데, 한밤중에 그 친구 집에 가서 '친구야! 제발 빵 세 덩이[성인 한 사람이 한 끼 식사로 포만감을 느낄 정도의 양]만 빌려주게!'라고 말해야 할 상황이 생겼다고 합시다. 여러분은 다음과 같이 친구에게 그 이유를 말하겠지요. '여행하던 내 벗이 갑자기 한밤중에 우리 집에 오게 되었는데, 벗에게 대접할 것이 아무것도 없어 그러네.'

하지만 집 안에 있는 여러분의 친구는 아마도 이렇게 대답할 것입니다. '제발 귀찮게 좀 하지 말게! 지금 한밤중이 아닌가! 나는 이미 잠잘 준비를 다 마치고 문을 잠갔고 아이들과 함께 한 침대에 누웠네. 내가 일어나면 모두 잠에서 깰 테니, 일어나 그 부탁을 들어줄 수 없는 상황이네.' 하지만 내가 중요한 것을 말해주겠습니다. 만약 여러분이 포기하지 않고 계속 문밖에서 부탁한다면, 여러분의 친구는 단순히 친구라는 이유 때문이 아니라, 여러분이 수치와 부끄러움을 무릅쓰고 행한 그 담대한 태도 때문에 결국 일어나 부탁한 것을 줄 것입니다.

9-10 　그러므로 나는 여러분에게 분명히 말합니다. 신실하게 하나님께 구하십시오, 하나님께서 반드시 주실 것입니다. 끝까지 추구하십시오, 하나님께서 얻게 하실 것입니다. 포기하지 말고 문을 두드리십시오. 하나님께서 그 문을 열어주실 것입니다. 결국, 신실하게 구하는 사람은 주시는 하나님을 만나고, 끝까지 추구하는 사람은 얻게 하시는 하나님을 만나며, 포기하지 않고 문을 두드리는 사람은 문을 여시는 하나님을 만날 것입니다. 꼭 내가 원하는 것을 얻지 못하더라도 말입니다.

11-13 　내가 원하는 것을 얻는 것이 진정한 기도라고 생각하십니까? 생각해보십시오. 한 아이가 아버지에게 '아버지, 물고기 먹고 싶어요'라고 말하면, 어떤 아버지가 뱀을 잡아주겠습니까?

또한 '아버지, 계란이 먹고 싶어요.'라고 하면 어떤 아버지가 전갈을 먹으라고 주겠습니까? 아무리 나쁜 아버지라도 자기 자녀들에게 좋은 것을 선물로 주려고 하는데, 하물며 하늘에 계신 우리 아버지께서는 우리가 기도로 구하는 것을 넘어서, 그보다 훨씬 더 좋은 선물을 주시지 않겠습니까? 기도하는 모든 사람에게 하나님 께서 주시는 최고의 선물, 궁극적인 결과는 성령님이십니다."

Mountain Insight

강산 목사의 기도 십계명

1. 기도에 대한 믿음이 없는 사람은 하나님에 대한 믿음이 없는 사람 이고, 기도가 무엇인지 모르는 사람은 하나님이 누구신지를 모르 는 사람이다.

2. 기도에 대한 소망이 없는 사람은 하나님에 대한 소망이 없는 사람 이고, 나아가 하나님 나라와 관련된 어떤 미래도 없는 사람이다.

3. 기도하기를 사랑하지 않는 사람은 하나님을 사랑하지 않는 사람 이고, 하나님보다 세상과 악을 더 사랑하고 탐닉하는 사람이다.

4. 기도하지 않는 사람은 영적으로 숨 쉬지 못해 죽어가는 사람이고, 기도가 힘들고 기도에 성장이 없는 사람은 영적으로 미숙하고 어 린 사람이다.

5. 피상적인 기도를 하는 사람은 하나님과의 관계도 피상적이고, 이 기적인 기도를 하는 사람은 하나님과의 관계도 이기적이며, 어려 운 상황에서도 기도가 안 나오는 사람은 하나님과 아무런 관계가 없는 사람이다.

6. 기도는 수백 권의 신학책으로도 경험할 수 없는 하나님을, 가장 인격적으로 만나도록 인도하는 놀라운 체험이다.

7. 기도는 수천 개의 감정과 상황에서도 자유롭게 되어 십자가에 달리신 예수 그리스도를 닮고 사랑하게 만드는 감격스러운 은혜다.

8. 기도는 수만 명의 사람이 노력해도 도달할 수 없는 성령님의 역사를 지금 이 땅에 이루어지게 하는 위대한 능력이다.

9. 기도는 하나님 나라와 교회를 향해 우는 사자처럼 달려드는 악의 세력과 유혹을 이길 수 있는 가장 강력한 무기다.

10. 기도는 오직 기도하는 사람만이 느끼고 경험할 수 있는 가장 아름다운 노래요, 고백이요, 눈물이요, 감사요, 의무요, 노동이요, 헌신이며, 기도한 후에 오는 결과와 상관없이 기도 자체로 하나님의 사람을 가장 하나님의 사람답게 만드는 신비다.

11:14 그리고 예수님께서는 말하지 못하게 만드는 마귀 때문에 언어 장애를 겪던 한 사람을 고쳐주셨다. 그 사람으로부터 마귀가 나가자 그는 말할 수 있게 되었고, 그것을 지켜본 주변 사람들은 모두 깜짝 놀랐다.

15　　그러자 주변인 중 어떤 사람들이 이렇게 말했다. "예수라는 저 사람은 마귀의 왕 바알세불의 힘을 사용해 이런 기적을 행한 거야."

16　　또한, 어떤 사람들은 예수님이 정말 진정한 하나님의 아들이라면, 하늘로부터 내려오는 더 많은 기적을 보여달라고 예수님께 요구했다.

17-20　그래서 예수님께서는 먼저 그들 마음속에 있는 잘못된 생각을 바로잡고자 이렇게 대답하셨다.

"어떤 나라나 공동체든 자기들끼리 대적하게 되면 멸망하고 파괴됩니다. 사탄의 나라도 마찬가지입니다. 만약 여러분 말대로, 내가 바알세불을 이용해 마귀들을 쫓아낸다면, 다시 말해 사탄이 자기 나라에 소속된 마귀들과 서로 대적한다면 어떻게 그 나라가 서 있을 수 있겠습니까[오히려 다 무너지겠지요]?

아울러 그래도 끝까지 내가 바알세불의 이름과 힘으로 마귀들을 쫓아낸다고 주장한다면, 그대의 아들들도 축귀 사역을 하는데, 그렇다면 그들은 대체 누구 이름과 힘으로 그렇게 하는 것입니까? 그들도 바알세불의 이름과 힘으로 한다고 주장할 것입니까? 여러분이 근거 없이 쏟아내는 말들에 대해 여러분의 아들들이 심판할 것입니다. 하지만 내가 지금 마귀들을 쫓아내는 것을 하나님의 능력으로, 다시 말해 하나님의 역사로 인정한다면, 여러분의 삶에 이미 임한 하나님 나라를 보고 누릴 수 있을 것입니다.

21-23 〔이제 깊은 이야기로 들어가 봅시다.〕 지금 이 세상의 많은 영혼은 마귀들이 자리 잡고 소유한 집과 같습니다. 그들은 강한 존재들로 철저하게 무장해 자신이 소유한 영혼을 거짓된 안전으로 지키고 있습니다. 하지만 이제 〔하나님 나라가 임했기에〕 그 마귀들보다 더 강한 존재가 와서 그들을 이기고, 그들이 신뢰하던 무장을 벗기고 그들이 소유한 것을 빼앗아 원래의 주인에게 돌려주게 됩니다. 〔그러므로 정신 차리고 들으십시오!〕 마귀들에게 빼앗긴 영혼들을 되찾는 이 위대한 구원 사역에, 나와 함께하지 않는 사람은 나를 적대하는 사람이라는 사실 말입니다. 다시 말해 나와 함께 이 영적 추수의 구원 사역에서 함께 모으는 일을 하지 않는 사람은 이 사역을 방해하는 세력과 한편입니다.

24-26 〔이제 더 깊은 이야기로 들어가 봅시다.〕 어떤 영혼을 사로잡고 있던 더러운 마귀가 〔축귀 사역으로〕 그 사람으로부터 나가게 되었습니다. 마귀는 영혼이라는 집 없이는 힘을 쓸 수 없으므로, 자신이 들어갈 만한 영혼을 찾으려고 여러 곳을 돌아다녔습니다. 하지만 결국 실패하자, 마귀는 '내가 나왔던 그 영혼, 나의 원래 집으로 돌아가보자'라고 했습니다. 마귀가 돌아와 보니, 그 영혼의 집은 청소되고 정돈되어 있었습니다. 〔하지만 그 영혼의 집 안에는 주인이 없었습니다.〕 그래서 마귀는 밖으로 나가 자신보다 더 악한 일곱 영을 더 데리고 와서 그 영혼 안에 들어갔습니다. 결국, 악한 여덟 영이 차지한 그 사람은 이전보다 더 심각하게 망가지고 말았습니다."

27-28 예수님께서 이렇게 깊은 영적인 진리를 말씀해주시자, 주변에 있던 사람 가운데 한 여자가 큰 소리로 예수님을 향해 축복의 말을

했다. "당신의 어머니가 참으로 훌륭한 아들을 낳으셨습니다! 당신의 어머니가 참으로 복된 아들로 기르셨습니다!"

하지만 예수님께서는 그 여자의 축복을 바로잡으셨다. "아닙니다. 진정으로 복된 사람은 하나님 말씀을 듣고 지키는 사람들입니다!"

29 사람들이 더 많이 모여 예수님 곁에 가득해지자, 예수님께서는 두 번째로 사람들이 한 요구[진정한 하나님 아들이라면, 하늘로부터 내려오는 더 많은 기적을 보여달라는 요구]에 대해 그들의 태도를 바로잡으시고자 이렇게 대답하셨다.

"이 세대는 참으로 악한 세대입니다. 이미 여러분에게 충분한 표적을 보여주었음에도 계속 표적만 보여달라고 하기 때문입니다. 제가 이 세대에 보여줄 표적은 이제 요나의 표적밖에 없습니다.

30-32 요나가 그 시대 니느웨 사람들에게 표적이 된 것처럼, 하나님의 아들인 참사람으로 온 나는 이 시대의 여러분에게 [더 위대한] 표적입니다.

솔로몬의 지혜를 듣고 배우고자 먼 길을 왔던 남쪽 나라의 스바(시바) 여왕이 마지막 심판 때 이 세대 사람들과 함께 일어나 여러분을 크게 정죄할 것입니다. 그녀는 그 먼 길을 찾아와 솔로몬의 지혜를 듣고 배웠으나, 여러분은 하늘에서 이 땅에 온 하나님의 아들, 솔로몬보다 더 위대한 지혜를 가진 나의 메시지를 듣고도 배우지 않았기 때문입니다.

요나의 메시지를 듣고 회개한 니느웨 사람들이 마지막 심판 때 이 세대 사람들과 함께 일어나 여러분을 크게 정죄할 것입니다. 그들은 요나가 선포하는 메시지를 듣고 회개하였으나, 여러분은 요나와는 비교도 할 수 없이 위대한 하나님의 아들이 이 땅에 와서 선포한 메시지를 듣고도 회개하지 않았기 때문입니다.

[이제 결론을 맺겠습니다.] 아무도 등불을 켜서 그 빛이 드러나지 않는 위치나 자리에 감추어두지 않고 그 공간에 있는 모든 사람이 볼 수 있는 위치와 자리에 두어 빛나게 합니다[내가 여러분에게 전한 모든 복음과 말씀이 그렇게 빛났습니다].

사람 몸에서 그 등불의 빛을 받아들이는 곳이 눈입니다. 그래서 만약 눈이 그 빛에 초점을 맞추고 건강하게 받아들이면, 그 사람의 몸과 인생 전체가 밝아집니다. 하지만 만약 그 눈이 나쁘거나 약하여 그 빛에 초점을 맞추지 못하고 받아들이지 못하면, 그 사람 몸과 인생 전체는 어둠 속에 잠기게 됩니다. [즉, 내가 전한 모든 복음과 말씀을 여러분이 어떻게 받아들이느냐에 따라 여러분의 운명은 결정되는 것입니다.]

그러므로 내가 여러분에게 준 그 빛이 여러분의 영혼 안에서 밝게 빛나도록 하고, 어두워지지 않도록 그 빛에 집중하고 주의하십시오.

내가 여러분에게 준 말씀의 빛으로 온몸과 인생이 가득 차면, 여러분이 소속된 모든 영역에서 어두움이 사라지고, 나의 성품과 능력으로 충만한 존재, 곧 성령으로 충만한 빛의 존재가 될 것입니다. 그러면 마치 등불의 밝은 빛이 어두운 여러분을 비춰듯 여러분도 이 어두운 세상을 비추는 빛으로 살아갈 것입니다."

Mountain's Insight

인생을 바꾸고 싶다면 반응부터 바꾸라

개척 초기에 사비로 은행에서 대출까지 받아 건강한 교회를 위한 세미나에 성도님 몇 분과 함께 다녀온 적이 있습니다. 건강한 교회가 지향해야 할 예배와 성도의 교제 그리고 무엇보다 제자도가 얼마나 중요한지를 배우는 귀한 시간이었습니다. 하지만 함께 간 성도님 중 한

분은 처음부터 단정적인 입장을 고수했습니다. 일어나 찬양할 때도 끝까지 앉아 있었고, 손들고 기도할 때도 끝까지 자기 방식만 주장했습니다. 또 다른 성도님은 세미나 내내 부정적이었습니다. 오고 가는 차량도, 숙소도, 말씀도, 강의도 모두 안 좋은 부분만 지적하고 비판했습니다. 마지막 성도는 최악이었는데, 세미나 중간에 몰래 빠져나가 집에 돌아올 때까지 밖에서 자기 마음대로 시간을 보냈기 때문입니다. 결국, 그분들은 제 돈과 시간만 낭비했을 뿐 아무런 유익도 얻지 못했습니다.

변화되지 않는 성도들의 전형적인 특징은 이렇습니다.

첫째, 단호박 같은 단정형입니다. 무엇이든 자신이 이미 결정한 것을 고칠 생각이 없습니다. "이건 이렇다, 저건 저렇다, 나도 다 안다, 나도 해봤다"하는 말들이 입에서 떠나지 않고 모든 것이 자기중심으로 돌아가야만 좋아하는 유형입니다.

둘째, 나쁜 것만 말하는 부정형입니다. 어떤 일을 해도 안 좋은 점을 찾아내고, 누구를 만나도 단점만 말합니다. 자신은 매우 영적인 사람으로 존중받고 싶어 하지만, 실제로 마귀의 종으로 활동하는 시간이 더 많습니다.

셋째, 아무런 반응을 하지 않는 무반응형입니다. 인사해도 대답이 없고, 선물을 받아도 감사가 없습니다. 찔림에 대한 회개도, 감동에 대한 적용도, 진리에 대한 실천도 없습니다. 그래서 아무리 오랫동안 신앙생활을 해도 어떤 변화도 없는 딱딱한 존재로 굳어집니다.

가장 큰 문제는 자신의 반응 그대로 자신에게 돌아온다는 것입니다. 단정적인 반응을 하는 사람은 단정적인 결과만 닥치고, 부정적인 반응을 하는 사람은 부정적인 비판만 당하며, 아무런 반응을 하지 않으면 누가 어떤 반응도 주지 않게 됩니다.

그러므로 그리스도 안에서 진정 인생이 바뀌고 변화되고 싶다면, 자신의 반응을 점검하고 바꾸어야 합니다. "나만 옳다"라는 단정적인 반응보다 "나도 틀릴 수 있다"라는 열린 마음으로 배우고 고치는 부드러운 영혼이 되면 지금보다 더 깊고 넓은 성장을 이룰 수 있습니다. 또한, 잘못된 것만 보는 부정적인 반응보다, 잘하고 귀한 것을 인정하고 축하하고 격려하면서 긍정적으로 반응하며 많은 사람과 나누면, 다른 사람도 마찬가지로 덕을 세우는 반응으로 응답할 것입니다. 또한 무반응의 태도를 고쳐 먼저 인사하고, 내 기분만이 아니라 상대의 기분을 배려해 적극적이고 따뜻하게 섬긴다면, 얼마 지나지 않아 많은 사람이 그의 얼굴에서 예수님의 모습을 발견할 것입니다.

기독교의 황금률 마태복음 7장 12절에서 예수님은 "무엇이든지 남에게 대접받고자 하는 대로 너희도 남을 대접하라"라고 하셨습니다. 예수님께서는 그분을 향해 다가오는 온갖 비난과 멸시, 심지어 십자가 처형까지도 용서와 사랑으로 반응하심으로 역사의 흐름을 역전하셨습니다. 성령님께 믿음과 소망과 사랑의 반응을 할 수 있는 능력을 달라고 기도하십시오. 단순히 좋은 반응이 아니라 예수님께서 하실 만한 반응을 자신도 할 수 있도록 은혜를 구하고 실천해보십시오. 정말 삶을 바꾸고 싶다면 가장 좋은 방법이 있습니다. 몸은 땅에 살지만, 반응은 하늘의 것으로 바꾸면 됩니다. 그러면 반드시 놀라운 일이 일어날 것입니다.

11:37-38 예수님께서 하나님 나라 복음 선포를 마무리하시자, 그 말씀을 듣고 반응한 사람 가운데 한 바리새인은 예수님께 함께 식사하기를 청했다. 그러자 예수님은 승낙하시고 그 사람의 집으로 가셔서 식사 자세로 누우셨다. 하지만 식사하시기 전에, 예수님께서 유대인의 전통에 따라 소량의 물로 손을 씻는 정결의식을 행하지 않으시는 것을 보고 바리새인은 충격을 받았다.

39-40 그러자 예수님께서 그 사람의 속마음을 아시고, 이러한 말씀으로 바리새인들의 실체를 드러내셨다.

"바리새인들을 컵이나 잔에 비유한다면, 여러분은 언제나 그 겉만 깨끗하게 하는 데 신경 쓰고 있습니다. 하지만 여러분의 속은 탐욕과 죄악으로 가득합니다. 그런 분리되고 이중적인 삶의 방식을 고수하는 여러분은 참으로 어리석은 사람들입니다. 하나님께서는 우리 겉과 속을 하나로 통합해서 만드셨는데 말입니다.

41 여러분의 그러한 분리되고 이중적인 삶의 방식을 고치려면 자기 안에 쌓아놓은 물질로 여러분 밖에 있는 어려운 사람들에게 나눠 주고 구제하십시오. 그렇게 하면 여러분의 겉과 속이 모두 깨끗할 것입니다.

42 하지만 여러분의 지금 현실은 하나님의 심판과 저주를 받을 상황입니다! 하나님을 향해서는 작은 풀이나 채소의 십일조까지도 철저하게 바치면서, 사람들을 향해서는 하나님께서 기대하시는 정의와 사랑을 깡그리 무시하고 있기 때문입니다. 당연히 십일조도 내야 하지만, 삶에서 정의와 사랑을 행하는 것도 소홀히 해서

는 안 됩니다.

43 　또한, 여러분의 지금 현실은 하나님의 심판과 저주를 받을 상황입니다! 겉으로는 겸손한 척하면서도 실제로는 명예욕에 사로잡혀 회당[교회]에서 높은 자리에 앉기를 추구하고, 시장[세상]에서도 인사와 대접만 받으려고 하니 말입니다.

44 　여러분은 정말 하나님의 심판과 저주를 받을 상황입니다. 마치 땅에 수평으로 만들어놓은 무덤을 사람들은 무덤인지도 모르고 밟고 지나가는 것처럼, 여러분의 영적 실체는 이미 시체처럼 심각하게 부정한 상태인데, 그것을 전혀 모른 채 살고 있기 때문입니다.”

45-46 예수님께서 이렇게 말씀하시니, 함께 식사 자리에 있던 한 율법학자가 “그렇게 말씀하시면, 저희까지 모욕하시는 것이 됩니다”라고 말하며 불쾌한 반응을 보였다. 그러자 예수님은 이렇게 대답하셨다.

“율법학자들도 마찬가지입니다. 여러분도 하나님의 심판과 저주를 받을 상황입니다. 여러분은 율법을 잘 해석하고 풀어 사람들이 쉽게 이해하고 살아가도록 해야 하는데, 말씀을 무거운 짐처럼 변질시켜 이해하지도 못하게 만들고, 삶으로 적용해서 실천하는 일에 어떤 도움도 주지 않기 때문입니다.

47-48 　여러분이 하나님의 심판과 저주를 받을 수밖에 없는 더 심각한 현실은, 여러분의 조상이 죽인 선지자들의 무덤을 여러분이 만들고 있기 때문입니다.

여러분의 조상은 하나님의 말씀인 메시지를 듣기 싫어 선지자들을 죽여버렸고, 후손인 여러분은 그 선지자들의 무덤을 만들어 여러분의 조상이 한 악한 일을 이어가고 있습니다. 다시 말해 여러분은 하나님 말씀을 거역하고 파괴하는 일을 선조들과 함께 연속해서 행하고 있습니다.

49-51 　그러므로 하나님께서는 지혜의 말씀으로 이 시대의 실체를 이

렇게 드러내십니다. '내가 너희에게 예언자와 사도들을 계속 보내 왔고 앞으로도 보낼 것이다. 하지만 너희는 내 말이 듣기 싫어 그들을 항상 핍박하고 심지어 죽였으며 또 죽일 것이다.'

그러므로 창조 때부터 지금까지 하나님께서 보내신 말씀, 곧 모든 선지자의 메시지에 대해 부정적으로 반응하고 그들을 죽인 것에 대한 책임을 이 세대가 반드시 책임지고 그 죗값을 치러야 할 것입니다.

구약 성경 첫 책에서 흐르는 아벨〔창 4:1-16〕의 피로부터 구약 성경 마지막 책에서 흐르는 성전 제단 사이에서 죽임당한 사가랴〔스가랴, 역대하 24:19-22〕의 피까지! 내가 다시 말합니다! 곧 모든 선지자의 메시지에 부정적으로 반응하고 그들을 죽인 것에 대한 책임을 이 세대가 반드시 지고 그 죗값을 치를 것입니다!

52   율법학자들이여! 여러분은 하나님의 심판과 저주를 받을 상황입니다. 여러분이 하나님 말씀을 바르게 해석하고 전해주는 역할, 곧 하나님 나라의 문을 여는 열쇠를 가지고 있으면서도, 게으르고 나태하여 바르게 전하지도 못하고, 인간의 교리로 확증 편향되어 잘못된 내용을 끝까지 고집했기 때문입니다. 심지어 거짓되고 이중적인 태도를 지닌 타락한 종교인이 되어 여러분 자신도 하나님 나라에 들어가지 못하고, 하나님 말씀에 열정적이고 간절한 사람들의 신앙까지도 왜곡하고 변질시켜 그 안으로 들어가는 길을 막아버렸기 때문입니다."

53-54   예수님께서 식사 초청을 받은 집에서 나오시니, 그곳에 있던 서기관들과 바리새인들이 지독하게 달라붙어 그분을 시험하고 심문할 목적으로 여러 질문을 계속 쏟아부었다. 마치 사냥감을 잡으려고 매복해 기다리는 맹수처럼, 예수님의 입에서 나오는 대답 중에 아주 작더라도 잘못된 것이 있으면 트집 잡아 공격하려고 말이다.

우리의 판단, 예수님의 판결

몇 년 전에 십자가교회를 금정에서 안양으로 이전하고, 간판을 달던 날이었습니다. 저녁 식사 즈음이 되어 길 건너편 작은 음식점에 갔고, 창문 쪽에 앉아 교회와 새 간판을 보며 음식이 나오기를 기다리고 있었습니다. 솔직히 그날은 너무나 행복해서 배도 고프지 않았습니다. 그런데 마침 옆 테이블에 앉아 있던 중년의 남자 두 명도 새롭게 간판을 다는 우리 교회를 보고 있었던 모양이었습니다. 그 두 사람이 나누는 어떤 대화가 자연스레 제 귀에 들어왔습니다. 한 사람은 교회에 대해 어설프게 조금 알고 있었고, 다른 한 사람은 교회를 전혀 모르는 것 같았습니다. 교회를 조금 아는 사람이 전혀 모르는 사람에게 이런저런 설명을 곁들인 평가를 하고 있었는데 요약하자면 이런 내용이었습니다.

"아이고, 교회를 개척하나 보네. 저렇게 상가 안에 교회가 들어가는 것을 보니 교회 신도는 얼마 안 되는데 저런 교회를 미자립 교회라고 하지. 교회에서 나온 헌금으로는 유지가 안 된다는 뜻이야. 요즘 시대에 아직도 저렇게 교회를 시작하면 어떻게 하나? 내 친척 중에도 상가에서 개척한 목사가 있는데, 네 가족이 겨우 입에 풀칠하는 정도라고 하더라고. 좀 힘들어도 번듯한 건물을 하나 지어 시작해야지, 저렇게 해서는 먹고살지도 못해!"

우리 교회와 가족을 염려해주는 것은 고마웠지만, 십자가교회에 대해 아무것도 모르면서 아는 것처럼 말하는 그 남자의 말에 웃음을 참느라 고생했습니다. 무엇보다 그 사람은 교회를 오로지 돈으로만 평가하고 있었습니다. 식사를 마치고 나서 "제가 저 교회 담임목사고요, 주님 은혜로 잘 먹고 잘 삽니다"라고 말하고 싶었지만, 조용히 나왔습니다.

하지만 동시에 저 자신을 돌아볼 시간도 가졌습니다. 저 또한, 잘 알지 못하는 것을 다 아는 듯 말하고 평가한 것이 얼마나 많았을까 하고 말입니다. 앞뒤 이야기를 다 들어보지도 않고 판단한 사건, 한 사람의 비난만으로 정죄한 사람 그리고 편협한 정보나 느낌만으로 판단한 결과들이 우리에게는 너무나 많습니다. 결국, 철저히 성경대로 점검해보지 않은 전통이나 교리가 수많은 사람을 죽였고, 이중적이고 교만한 가짜 그리스도인이 진정 성도가 되려는 많은 사람을 교회에서 떠나게 했습니다.

물론 우리 중에 온전하다고 말할 수 있는 사람은 없습니다. 우리는 언제나 틀릴 수 있습니다. 중요한 것은 태도입니다. 나의 지식, 나의 감정 그리고 나의 신앙을 중심으로 한 판단들은 언제라도 틀릴 수 있음을 인정하는 것입니다. 마치 내가 입은 옷이 흰색일 수 있고, 하얗다고 주장할 수 있지만, 언제나 그보다 더 맑고 선명한 흰색이 존재하며, 내 옷의 흰색은 세월의 흐름과 관리 소홀로 검은색에 가까워질 수도 있는 것처럼 말입니다.

그러므로 건강한 신앙이란 언제나 우리 판단에서 예수님의 판결로, 기준을 옮겨 한 번 더 생각해보고 점검받아야 하며 그 과정에서 기다림과 겸손이 요구됩니다. 우리가 가진 흰색으로 남들이 가진 검은 색을 판단하지 말고, 주님의 진정한 흰색으로 내 것부터 점검받아야 합니다. 무엇보다 말씀과 기도 속에서 예수님이 주시는 판결로 가져가는 습관과 태도가 중요합니다.

"나는 이렇게 생각해"가 아니라 "예수님은 어떻게 생각하실까"로 자꾸만 지식과 감정과 삶의 방식이 바뀌어야 합니다.

분명히 오늘도 우리가 만나는 사건과 사람, 감동과 찔림 그리고 기쁨과 슬픔 사이에서 우리만의 판단이 일어날 것입니다. 하지만 잠시 멈추어 예수님의 표정과 마음과 말씀으로 다시 돌아갑시다. 그러면 어설픈 판단으로 심판받을 사람이 아닌 주님의 마음으로 변화시키는 사람이 될 것입니다.

¹ **12** 예수님께서 바리새인들과 율법학자들의 [잘못된 일곱 가지] 모습을 비판하시자, 엄청난 인파가 예수님 주변으로 모여들어 서로 밟힐 지경이 되었다. 그러자 예수님께서는 가장 먼저 무리 앞에 있는 제자들을 향해 이렇게 경고하셨다.

"여러분은 [강한 전염성을 가진 바이러스 같은] 악한 누룩을 특히 조심해야 합니다. 그것은 [겉만 중시해 속은 썩었고, 말씀을 왜곡하고, 하나님 나라의 문을 막는 이중적인 삶을 살아가는] 바리새인들의 위선을 말합니다.

²⁻³ 아무리 감추더라도 하나님께서 전부 드러내실 것이고, 아무리 숨겨도 하나님께서는 모두 알게 하실 것이기 때문입니다. 그래서 여러분이 어두운 곳에서 말한 것도 밝은 곳에서 공개될 것이며, 밀실에서 은밀히 귓속말로 말한 것도 지붕 위처럼 공개적인 장소에서 선포될 것입니다. 세상 모든 것이 그렇게 될 것입니다.

⁴⁻⁵ 더 나아가, 나의 사랑하는 친구인 여러분에게 특별히 할 말이 있습니다. [바리새인이 살아가는 방식과 정반대인] 제자의 길과 제자의 삶을 사는 것에 대해 두려워하지 마세요! 기껏해야 육체를 죽이는 것밖에는 그 이상 아무것도 할 수 없는 사람들과 세상을 두려워하지 마세요!

여러분이 진정으로 두려워해야 할 분은 하나님 한 분뿐입니다. 그분은 짧은 육체의 죽음 후에 영원한 죽음의 장소인 '게엔나', 즉 지옥으로 던져 넣을 수 있는 권세를 가진 분이기 때문입니다. 핵심은 이것입니다. 이 세상에 대한 다양한 병든 두려움으로 살지 말고 오직 하나님 한 분에 대한 단 하나의 건강한 두려움으로 살아가십시오.

6-7 그래도 두려움이 생긴다면, 이 이야기를 잘 들어보세요. 참새 다섯 마리가 겨우 앗사리온⁕ 두 개에 팔리지 않습니까? 하지만 그렇게 작고 대단해 보이지 않는 단 한 마리의 참새도 하나님은 소중하게 여기십니다.

하물며 그 참새들보다 훨씬 더 소중한 여러분을 하나님께서 얼마나 더 귀하게 여기고 보살피시겠습니까? 하나님께서는 여러분의 머리카락 숫자까지도 다 헤아리실 만큼 세밀하게 돌보십니다. 그러므로 세상을 두려워하지 마십시오!

8-9 결국, 여러분이 초점을 맞추어야 할 것은 세상이 아니라 하나님 나라입니다. 이 세상에서 나를 인정하고 고백하는 삶을 산다면 하나님의 천사들 앞에서 나도 여러분을 인정하고 고백할 것입니다.

하지만 세상에서 나를 거절하고 부인하는 삶을 산다면 하나님의 천사들 앞에서 나도 여러분을 거절하고 부인할 것입니다.

10 더 나아가, 사람들이 지금 하나님의 아들인 나와 내 메시지를 거역한다고 해도 용서받을 수 있습니다. 하지만 이제 다가올 성령님과 성령님께서 역사하시는 것을 깨닫고도, 무시하고 모독한다면 그때는 절대로 용서받을 수 없을 것입니다.

11-12 아울러 여러분이 나의 제자로서 사명을 감당하고 살아가다가 세상 지도자들과 권세자들 앞에 끌려가 심판을 받고 심문을 당하게 될 때, 무슨 말을 해야 하며 어떻게 대답해야 할지 염려할 필요

⁕ 당시 화폐 단위에 따르면, 1데나리온은 성인 남성의 하루 치 품삯이고, ① 1/16데나리온 = 1앗사리온, ② 1/4앗사리온 = 1고드란트, ③ 1/2고드란트 = 1렙돈에 해당한다. 2022년 대한민국 최저시급(9,160원) 기준으로 2앗사리온은 대략 만 원 정도이다(하루 8시간 기준).

가 없습니다. 성령님께서 그때 그 시간, 여러분의 믿음을 변호하고 고백하게 할 가장 합당한 대답과 하나님 나라를 선포하게 할 가장 탁월한 말을 가르쳐주실 것이기 때문입니다. 그러므로 제자의 길에 서 있는 모든 하나님의 사람은 결단하십시오. 성령님을 거역하여 영원히 용서받지 못할 길로 갈지, 아니면 언제나 성령님을 인정하여 그분의 충만하심과 인도하심을 받는 길로 갈지를 말입니다. 다른 길은 없습니다."

Mountains Insight

선택에 대한 단상들

1. **오늘 나의 모습은 지금까지 내가 한 모든 선택의 결과입니다.**

   내가 아는 것, 느낀 것, 존경하는 것, 기대하는 것이 아닙니다. 실제로, 반복적으로 그리고 철저하게 내가 말하고, 사고, 시간을 사용해, 선택한 것에 따라 오늘의 내가 있습니다.

2. **선택에는 흐름이 있습니다.**

   처음에는 내가 선택하지만 나중에는 내가 한 선택들이 나를 선택합니다. 어둠의 것들을 계속 선택하면 어둠이 나를 선택하고, 빛의 것들을 계속 선택하면 빛이 나를 선택합니다. 그러므로 작은 선택을 우습게 여기지 마십시오. 작은 것이 모여 큰 것이 되며, 습관이 되며, 결국 나를 만듭니다. 나중에는 아무리 내가 좋은 것을 선택하고 싶어도, 내 존재 이상으로는 도저히 선택할 수 없게 됩니다.

3. **선택이란 언제나 나머지 모든 것에 대한 포기입니다.**

   가치 있는 선택을 하려면 무가치한 것들을 포기하는 훈련을 해야 하고, 생명을 얻으려면 죽을 것들에 대한 철저한 거절이 병행되어야 합니다.

4. **선택은 능력입니다.**

아무리 힘든 일을 당해도 거기서 감사할 것을 선택할 수 있고, 아무리 어려운 일 속에 있어도 거기서 기쁨을 고백할 수 있는 것이 선택의 능력입니다. 하지만 어떤 사람은 그렇게 좋은 상황에 있으면서도 불평을 선택하고, 귀한 공동체에 있으면서도 비판을 선택합니다. 그래서 어떤 사람은 천사의 능력을 갖추고, 또 다른 사람은 악마의 능력을 갖추는 것입니다.

5. **누구나 한두 번은 잘못된 선택을 할 수 있습니다. 하지만 그때도 우리는 새롭게 선택할 수 있습니다.**

잘못한 선택에 대해 핑계 대고 합리화하는 것으로 그칠 수도 있고, 아니면 회개하고 고칠 수도 있습니다. 아무리 심각한 어둠의 선택을 했더라도, 다시금 수천 번의 빛의 선택으로 돌아선다면 인생은 달라집니다.

6. **모든 선택 앞에서 멈추어 서서 최대한 멀리 보십시오.**

이 선택으로 그다음에 무슨 일이 일어나고, 어떤 것을 감당해야 할지를 깊게 생각하고 최대한 오래 기도하십시오. 그러면 하나님께서 반드시 지혜를 주실 것입니다. 모든 잘못된 선택의 한결같은 특징은 성급했다는 것입니다.

7. **선택은 한 번의 결정으로 끝나는 것이 아니라, 계속적인 연결입니다.**

사랑하는 사람과의 결혼을 선택했다면 날마다 그 선택을 반복하고 새롭게 하는 것이 진짜 결혼생활입니다. 좋은 선택을 했다고 믿는다면 중간에 포기하지 말고 신실하게 그 선택을 반복하십시오. 그 꾸준한 선택이 영혼과 가정과 믿음을 지켜줄 것입니다.

8. **가끔은 아무 선택을 하지 않는 것이 가장 나쁜 결과를 가져옵니다.**

차지도 덥지도 않고, 깨달은 것을 삶으로 옮기지도 않고, 찔린 것을 고치지도 않으면, 결국 아무것도 선택하지 않은 것이 아니라, 가장 나쁜 선택을 한 셈이 됩니다. 아무것도 하지 않으면, 아무 일도 일어나지 않습니다.

9. **당신 옆에서 잘못된 선택을 조장하는 사람, 물건, 취미를 철저히 끊어버리십시오.**

반대로 당신 옆에서 선한 선택을 도와주는 사람, 찔림의 말씀을 주는 사람, 생명의 습관으로 도전하는 사람과는 헤어지지 마십시오. 그 사람이 하나님께서 보내신 사람입니다.

10. **선택의 성장을 이루십시오.**

어제 한 선택보다 오늘 한 선택이 더 귀한 것으로 쌓여 가면 그 사람은 하나님의 사람이 됩니다.

11. **좋은 선택을 하고 싶다면 말씀으로 점검하고, 보다 나은 선택을 하고 싶다면 충분히 기도해 꼭 응답받은 대로 결정해야 합니다.**

위대한 선택을 하고 싶다면 그 선택 자체를 하나님께 넘겨 드리십시오.

12. **선택할 수 있다면 아직도 가능성이 남아 있는 것입니다.**

가장 비참한 때는 잘못된 선택을 한 순간이 아니라, 다시는 선택할 수 없는 시간 앞에 섰을 때입니다.

12:13-14　〔예수께서 제자들에게 갈림길과 선택에 관한 말씀을 가르치실 때,〕그곳에 모인 수많은 사람 중 하나가 예수님께 이런 부탁을 했다.

"선생님! 제 형이 부모님의 유산을 혼자 차지하려고 합니다. 저에게도 유산을 나눠 주라고 형에게 말씀 좀 해주십시오!"

그러자 예수님은 그 사람에게 이렇게 대답하셨다. "형제님! 사람들의 재산이나 유산을 분배하는 일이나 하려고 내가 이 세상에 온 것이 아닙니다."

15　예수님께서는 그 대화를 기회로 삼으셔서, 주변에 있는 모든 사람을 향해 더 깊은 영적인 교훈을 말씀하기 시작하셨다.

"여러분! 부자가 되려고 하는 탐심과 욕망을 물리치세요! 그리하여 자기 영혼을 지키십시오! 물질을 많이 소유한다고 해서 사람이 생명을 얻는 것이 아니기 때문입니다. 생명은 소유에 있지 않고 관계에 있는 것입니다."

16-21　예수님께서는 비유 하나를 예화로 사용하셔서 그 교훈을 이어가셨다.

"이미 부자인 한 사람이 있었습니다. 그런데 가을에 추수를 해보니 아주 풍성한 수확을 더 얻게 되었습니다. 그래서 부자는 마음속으로 이런 고민을 합니다. '내가 지금 무엇을 해야 할까? 이렇게 수확이 풍성한데 저장해놓을 장소가 없으니 말이다.'

그래서 다음과 같은 결정을 내립니다. '그렇지! 이렇게 하면 되겠다! 지금 가지고 있는 곳간을 헐어버린 후에, 더 크게 지어야겠다. 그래서 그곳에 내가 가진 많은 재산과 함께 이번에 얻은 풍성한 수확을 모두 저장해 놓아야겠다. 그런 다음에, 내 영혼에게 이렇게 말해야겠다. 내 영혼아! 너는 엄청나게 많은 것을 소유하고 저장해놓은 부자이니, 이제부터 남은 인생을 마음껏 쉬고, 먹고, 마시고, 즐겨라!'

하지만 그 순간 하나님께서 그 사람에게 이렇게 말씀하셨습니다. '이 어리석은 사람아! 내가 오늘 밤에 네 영혼을 데리고 간다면 네가 소유하고 저장한 모든 것이 누구 것이 되겠느냐?' 자신만을 위해 물질을 사용하고 저장할 뿐, 하나님을 위해서는 그 어떤 물질도 사용하지 않고 저장하지 않은 이 세상 사람들의 운명이 다 이렇게 될 것입니다."

22-28 이제 예수님은 제자들에게 분명하게 말씀하셨다.

"제자의 삶을 살아가는 여러분은 목숨을 위해 무엇을 먹고 살까, 몸을 위해 무엇을 입고 살까 하고 염려하거나 걱정하지 마세요! 음식보다 목숨이 더 중요하고, 옷보다 몸이 더 중요하기 때문입니다.

눈을 들어 하늘의 새들을 잘 보십시오! 까마귀 한 마리만 생각해보십시오! 까마귀들이 씨를 뿌리거나 추수를 합니까? 당연히 먹을 것을 저장해놓지도 않고 저장할 창고도 없습니다. 그럼에도 하나님께서는 새들을 먹이십니다. 하물며 저 새들보다 훨씬 더 귀한 여러분을 하나님께서 먹이시지 않겠습니까?

그래도 염려가 됩니까? 하지만 염려한다고 무엇이 달라집니까? 염려한다고 키가 자라고, 염려한다고 수명이 연장됩니까? 염려한다고 해서 더 나아질 것은 아무것도 없습니다. 염려로는 아주 작은 것도 바꿀 수 없는데, 어째서 계속 염려하는 데 시간과 에너지를 허비합니까?"

눈을 펼쳐 땅의 꽃들을 잘 보십시오. 들판에 자라는 작은 들꽃 하나만 생각해보십시오. 자신을 아름답게 하려고 실을 뽑거나 옷을 만들지도 않습니다. 그럼에도 솔로몬이 입었던 가장 영광스러운 옷보다 더 아름답습니다. 하나님께서 그렇게 입혀 주셨습니다.

심지어 오늘 있다가 내일 아궁이에 불쏘시개로 던져질 풀과 꽃들도 하나님께서 보살피시는데, 하물며 제자의 길을 가는 여러분이야 얼마나 더 보살펴주시겠습니까? 믿음이 적은 사람들이여!

29-31 그러므로 이 세상 물질만 추구하는 욕망의 삶도 살지 말고, 또한 무엇을 먹고살까, 무엇을 마시고 살까 하며 염려하는 삶도 살지 마십시오! 이런 삶은 결국 하나님을 무시하는 삶입니다.

이렇게 욕망하고 염려하는 물질 중심적인 삶의 방식은 세상 사람들의 방식이지, 제자들의 방식이 아니기 때문입니다. 하나님께서는 여러분에게 무엇이 필요한지 다 아시고, 가장 적절한 때 가장 적절한 통로를 통해 공급하십니다.

오히려 제자는 하나님 중심적인 삶을 살아야 합니다. 여러분은 하나님 나라를 구하십시오. 하나님께서 온 세상의 주인 되셔서 그분 뜻대로 모든 것을 다스리시기를 구하십시오. 그러면 나머지 모든 필요한 것을 덤으로 주실 것입니다.

32-34 숫자는 적지만 소중한 나의 제자들이여! 여러분은 더 이상 염려하지도 말고 두려워하지도 마세요. 여러분의 하나님 아버지께서 이 세상과 세상 것을 능가하는 하나님 나라와 그 나라의 모든 귀한 것을 여러분에게 주시려고 기다리고 계십니다.

지금 이 땅에서 하나님께서 주신 것을 팔아 가난한 사람들에게 나눠 주십시오! 그리하는 것은 어떤 도둑도 훔칠 수 없고 세월이 흘러도 잃어버릴 가능성이 전혀 없는 하늘나라의 영원한 보물 창고에 저장하는 것과 같습니다. 이것이 결론입니다. 여러분의 돈을 사용하는 곳, 여러분의 물질이 저장되고 쌓이는 그곳에 여러분의 마음, 곧 중심과 생명이 있습니다."

돈 아래서 살 것인가? 돈 위에서 살 것인가?

제가 약 60만 원의 월급을 받던 전도사 시절이었습니다. 무척이나 힘들고 어려웠던 신혼이었지만 누구든 도움을 청하면 최선을 다해 섬겼습니다. 한번은 중년의 여자 전도사님 한 분이 노트북이 필요하다고 해서, 어떤 용도로 사용할지와 원하는 금액을 알아본 후, 중고 시장에서 20만 원짜리 노트북을 사서 드린 적이 있었습니다. 그 과정에서 많은 시간을 투자해야 했고 그분이 원하는 프로그램까지 깔아드리느라 돈도 더 써야 했습니다. 하지만 금방 주겠다던 20만 원은 무려 20년이 지나도록 받지 못했습니다. 그분은 저와 달리, 집도 있고 차도 있고, 남편 직장에서 나오는 상당한 월급도 있었는데 말입니다. 나중에, 나중에 하다가 결국 전화번호도 바뀌고 연락조차 되지 않았습니다. 저는 솔직히 화가 났습니다. 재정적으로 힘들고 어려웠던 날이 많았기에 그때마다 20만 원을 갚지 않은 그 전도사님이 생각났습니다.

하지만 지나간 시간을 정직하게 돌아보니, 저는 그 20만 원보다 더 많은 금액을 수많은 사람에게 받았습니다. 수십 배에 해당하는 금액을 값없이, 심지어 이름 없이 베푼 분들이 있었습니다. 그럼에도 계속 20만 원이 생각났던 이유는 제 안에서 시선 변화와 성장이 이루어지지 못했기 때문이었습니다. 쉽게 말해, 저와 그분만 생각했지 그 위에 계신 하나님을 보지 못한 것입니다. 빌려준 사람과 갚을 사람만 생각했지, 돈의 흐름을 관장하시는 분을 깨닫지 못한 것입니다.

그러던 어느 날 알았습니다. 땅 아래에서 움직이는 돈의 흐름만 생각하던 저에게 하늘 위에서 모든 물질의 흐름을 하나님이 주관하고 계신다는 것을 말입니다. 우리끼리는 서로 빌려주고 나서 갚을 수도 있고 갚지 못할 수도 있지만, 하나님께서는 베푼 것을 반드시 갚으시고, 빌린 것을 채우신다는 것을 말입니다. 저는 깊게 회개하였고 그 모든 억울함과 섭섭함에서 자유하게 되었습니다.

참으로 많은 그리스도인이 돈으로 갈등합니다. 처음 예수님을 믿기 시작하는 성도부터 매우 탁월한 영성을 가졌다고 자부하는 목회자까지, 돈이 많으냐 적으냐에만 초점을 맞출 때가 많습니다. 하지만 이제는 시선이 바뀌고 성장해야 합니다. 양보다 더 중요한 것은 기준입니다. 우리가 지금 돈 아래 살고 있는지, 아니면 돈 위에 살고 있는지를 분별해야 합니다.

아무리 돈이 많아도 돈 아래에서 산다면 가난하고, 아무리 돈이 적어도 돈 위에서 산다면 부유한 것입니다. 돈 아래에서 하나님과 상관없이 살면 끊임없이 불안과 비교의식과 탐욕과 허영으로 가난하게 죽을 수밖에 없지만, 돈 위에서 주님과 함께 살면 언제나 감사와 나눔을 통해 하나님께서 베푸실 기적을 기대하면서 부요하게 살 수 있습니다.

육신을 입은 우리 모두에게 돈은 꼭 필요합니다. 하지만 동일하게 영원한 생명을 소유한 우리는 그보다 하나님이 더 필요합니다. 돈을 따라 살지 말고 하나님을 따라 살아봅시다. 하나님과 돈을 경쟁자로 만들지 말고, 하나님을 돈의 주인으로 인정합시다. 그러면 더 이상 돈 아래에서 살지 않고, 하나님과 함께 돈 위에 사는 기적을 누릴 것입니다.

성경에서 돈에 대해 의미 있는 내용을 담은 열두 구절들을 뽑아보았습니다. 지금 솔직하게 자신을 점검해봅시다. 지금 그대는 돈 아래에 있습니까? 아니면 돈 위에 있습니까?

1. 신명기 8:18
네 하나님 여호와를 기억하라 그가 네게 재물 얻을 능력을 주셨음이라 이같이 하심은 네 조상들에게 맹세하신 언약을 오늘과 같이 이루려 하심이니라.

2. 사무엘상 2:7
여호와는 가난하게도 하시고 부하게도 하시며 낮추기도 하시고 높이기도

하시는도다.

3. 잠언 13:11 (우리말성경)
부정하게 얻은 돈은 점점 없어지지만 수고해 모은 것은 더 늘어난다.

4. 잠언 19:17 (표준새번역)
가난한 사람에게 은혜를 베푸는 것은 주님께 꾸어드리는 것이니, 주님께서 그 선행을 넉넉하게 갚아주신다.

5. 잠언 30:8-9
나를 가난하게도 마옵시고 부하게도 마옵시고 오직 필요한 양식으로 나를 먹이시옵소서 혹 내가 배불러서 하나님을 모른다 여호와가 누구냐 할까 하오며 혹 내가 가난하여 도둑질하고 내 하나님의 이름을 욕되게 할까 두려워함이니이다.

6. 마태복음 6:24 (우리말성경)
아무도 두 주인을 섬기지 못한다. 한쪽을 미워하고 다른 한쪽을 사랑하거나, 한쪽을 중히 여기고 다른 한쪽을 무시할 것이다. 너희가 하나님과 재물을 함께 섬길 수 없다.

7. 마태복음 6:31 (현대인의성경)
그러므로 너희는 무엇을 먹을까, 무엇을 마실까, 무엇을 입을까 하고 걱정하지 말아라.

8. 누가복음 16:11 (현대인의성경)
너희가 세상 재물을 취급하는 데 성실하지 못하다면 누가 하늘의 참된 재물을 너희에게 맡기겠느냐?

9. 디모데전서 6:10

돈을 사랑함이 일만 악의 뿌리가 되나니 이것을 탐내는 자들은 미혹을 받아 믿음에서 떠나 많은 근심으로써 자기를 찔렀도다.

10. 디모데전서 6:17-19

네가 이 세대에서 부한 자들을 명하여 마음을 높이지 말고 정함이 없는 재물에 소망을 두지 말고 오직 우리에게 모든 것을 후히 주사 누리게 하시는 하나님께 두며, 선을 행하고 선한 사업을 많이 하고 나누어 주기를 좋아하며 너그러운 자가 되게 하라. 이것이 장래에 자기를 위하여 좋은 터를 쌓아 참된 생명을 취하는 것이니라.

11. 히브리서 13:5 (현대인의성경)

돈을 사랑하지 말고 가진 것으로 만족하십시오. 하나님은 "내가 절대로 너를 떠나지 않고 너를 버리지 않겠다"라고 하셨습니다.

12. 요한일서 3:17 (새번역)

누구든지 세상 재물을 가지고 있으면서, 자기 형제자매의 궁핍함을 보고도, 마음 문을 닫고 도와주지 않으면, 어떻게 하나님의 사랑이 그 사람 속에 머물겠습니까?

12:35-38 이어 예수님께서는 다음과 같이 명령하셨다.

"여러분은 준비하고 있어야 합니다! 여러분의 허리에는 항상 띠를 띠고 여러분이 가진 등불은 항상 불을 밝힌 상태로 깨어 있어야 합니다! 마치 누군가의 결혼식에 참석하고자 집을 떠났던 주인이 언제라도 돌아와 문을 두드리면, 즉시 문을 열어줄 수 있는 하인처럼 준비되어 있어야 합니다.

주인이 돌아와 자기 하인들이 이처럼 깨어 있고 준비된 것을 본다면 엄청난 역전의 축복을 받습니다. 내가 여러분에게 분명히 말하는데, 그때 주인은 허리에 띠를 매고 하인들을 식사 자세로 눕게 한 다음, 그들이 마음껏 먹고 즐길 수 있도록 섬길 것입니다.

만약 주인이 아주 늦은 밤 시간●이나 새벽에 돌아왔는데도, 하인들이 이처럼 깨어 있고 준비 상태로 있는 것을 본다면, 정말 그 하인들은 엄청난 축복을 받을 것입니다.

39-40 여기서 여러분은, 집주인이 언제 돌아올지 하인들은 알 수 없다는 것을 꼭 알아야 합니다. 이는 마치 집 주인은 도둑이 언제 올지 모르는 것과 같습니다. 도둑이 오는 시간을 알 수 있다면 그 누

● 고대 이스라엘의 밤 시간은 다음과 같이 구분된다.
① 로마식 구분: 1경(오후 6시~9시), 2경(오후 10시~12시), 3경(오전 0시~3시), 4경(오전 3시~6시)
② 헬라-히브리식 구분: 1경(오후 6시~10시), 2경(오후 10시~오전 2시), 3경(오전 2시~6시)

구도 집을 도둑맞지 않을 테니 말입니다.

그러므로 여러분도 항상 깨어 준비하고 있어야 합니다. 여러분이 전혀 생각지도 않고 예상치도 않은 시간에 참사람인 하나님의 아들이 다시 올 것입니다."

41 그러자 베드로가 이렇게 물었다. "주님! 지금 하시는 말씀이 제자들만을 위한 내용인가요? 아니면 모든 사람을 위한 내용인가요?"

42-44 그러자 예수님께서는 오히려 시선을 바꾸는 질문으로 대답하셨다.

"여러분 모두는 하나님께서 소중한 인생, 재물, 기회 그리고 사람을 맡겨주신 청지기입니다. 중요한 것은, 하나님께서 맡기신 것에 대해 누가 신실하고 지혜로운 청지기가 될 것인가입니다. 누가 자신에게 맡겨진 사람들을 합당하게 섬기며 나누어 주는 사람이 될 것입니까?

[다시 한번 말합니다.] 주인이신 분께서 다시 오실 때, 하나님께서 맡기신 것에 신실하고 지혜롭게 관리하는 청지기로 사는 모습을 발견한다면, 그분은 엄청난 축복을 주실 것입니다.

내가 여러분에게 분명히 말하는데, 자신에게 맡겨진 것을 신실하게 관리한 청지기에게 그 주인이신 하나님은 자신의 모든 것을 맡기실 것입니다.

45-48 하지만 만약 청지기가 자기 마음속으로 '내 주인이 오려면 아직 한참 멀었다'라고 말하며 맡겨진 사람들을 함부로 대하고, 맡겨진 재물로 마음대로 먹고 마시며 흥청거리고 산다면, 그 청지기가 전혀 예상하지 못한 시간에 주인이 도착할 것이고, 주인은 청지기를 몸이 두 동강 날 정도로 심하게 때린 후에, 자기 인생에 불신실한 자들이 받는 형벌과 처벌을 영원히 받게 할 것입니다.

만약에 그 청지기가 주인의 마음과 계획을 다 알고서도 맡겨진 것에 깨어 있지도 않고, 신실하게 감당하지도 않았다면 몸 가죽을 벗기듯 더 심하고 무거운 벌을 받을 것입니다.

하지만 그런 주인의 마음이나 계획을 잘 몰라 자신에게 맡겨진 것을 소홀하게 다룬 청지기는 그보다 약하고 가벼운 형벌을 받을 것입니다. 결론은 이렇습니다. 누구든지 하나님에게서 작게 받은 사람은 작은 책임이 있으나, 많이 받은 사람은 많은 책임이 있다는 것입니다.

49-50 나는 이 땅에 불을 던지려고 왔습니다. 복음의 불, 성령의 불, 정의[심판]의 불이 이 땅 전체에 타오른다면, 나는 더 바랄 것이 없습니다.

하지만 그 불이 이 땅에 타오르기 전에 내가 받아야 할 세례가 있습니다. 그것은 나의 십자가입니다. 그 십자가 세례를 향해 내가 얼마나 고통스럽게 집중하는지, 신실하게 깨어 있는지 여러분은 모를 것입니다.

51-53 여러분은 내가 이 땅에 평화를 이룰 것으로 기대합니까? 아닙니다. 진정한 평화가 오기 전에 먼저 분리와 분열이 일어납니다.

그래서 여러분이 진짜 복음을 받아들이게 되면, 그때부터 다섯 사람이 함께 사는 집에서, 세 사람과 두 사람이, 혹은 두 사람과 세 사람이 분리되고 분열될 것입니다.

아버지가 아들과 분리되고, 아들이 아버지와 대항할 것입니다. 어머니와 딸이 분열되고 딸과 어머니가 대항할 것입니다. 시어머니가 며느리와 적대시하며 며느리와 시어머니가 대항할 것입니다. 하나님의 시간을 향해 신실하게 깨어 있는 사람과 그렇지 않은 사람으로, 하나님께서 맡겨주신 것에 책임을 다한 사람과 그렇지 않은 사람으로 나뉠 것입니다.”

54-55 예수님께서는 그곳에 모인 모든 사람을 향해 이렇게 마무리하는

말씀을 하셨다.

"이 땅의 지리와 기후를 잘 아는 여러분에게 말합니다. 서풍이 불어 지중해 바람이 몰려오면 시원한 구름과 함께 비가 오는 것을 알기에, 여러분은 '소나기가 오겠다'라고 하고, 정말 그렇게 됩니다. 또한, 남풍이 불어 사막의 뜨거운 바람이 몰려오면 뜨거운 공기와 함께 날씨가 더워지는 것을 알기에, 여러분은 '무더위가 오겠다'라고 하고, 정말 그렇게 됩니다.

56-57 겉으로만 신앙이 있는 척할 뿐, 실제로 하나님 나라와 그 뜻에 무관심하고 이중적인 종교인들이여! 이 땅의 지리와 기후에 대해서는 그렇게 잘 알고 분별하면서 어째서 여러분은 이 시대의 모습과 흐름에 대해서는 그토록 무지하고 분별하지 못하는 것입니까? 세상 뉴스와 정보에는 그토록 집중하면서 어째서 여러분은 하나님 말씀과 성령님의 인도에는 그토록 무지하고 순종하지 않는 것입니까?

잠시 후 다가올 내일을 위해서는 온갖 투자와 투기를 다 하면서 어째서 영원히 내려올 하나님 나라를 위해서는 아무것도 준비하지 않습니까? 어째서 참으로 옳고 영원히 선한 것을 분별할 지혜도 없고 선택할 힘도 없는 것입니까?

58-59 여러분은 지금 영적으로 심각한 죄인 상태에 있어, 조만간 여러분을 고소하는 사람에 의해 법정으로 끌려가겠고 거기서 재판을 받으면 유죄가 될 것이고, 그 결과 감옥 안으로 들어갈 것입니다. 그러므로 지금 최선을 다해 여러분을 고소하는 사람과 화해해야 합니다. 지금 영적으로 심각한 죄 문제를 해결해야만 합니다. 그것이 회개입니다. 내가 분명히 말합니다. 만약 여러분이 회개하지 않는다면, 지금 여러분의 영적 현실에서 돌이키지 않는다면, 영원한 감옥 안에서 가장 작은 죄의 빚까지 다 갚기 전에는 절대 나올 수 없을 것입니다."

마지막은 언제나 오늘 준비하는 것입니다

유명 대학교에서 한 교수님이 수업 첫 시간에 들어오셔서 이렇게 말씀하셨다고 합니다.

"여러분이 제 수업에서 좋은 학점을 받고 싶다면, 출석이나 과제물 같은 것에는 전혀 신경 쓰지 않아도 됩니다. 이따금 급한 일이 있으면 수업에 나오지 않아도 상관없습니다. 오직 시험만 잘 보면 아주 좋은 점수를 받을 수 있습니다."

학생들은 속으로 손뼉을 쳤습니다. 이 과목은 시험만 열심히 준비하면 잘 통과할 수 있겠다고 생각했던 것입니다. 그래서 수업 시간에 대다수는 지각하거나 자주 빠졌고, 수업에 들어와서도 잠을 자거나 다른 공부를 하는 사람도 많았습니다. 그리고 드디어 기말고사 시간이 다가왔습니다. 다들 교수님께서 어떤 문제를 내실지 궁금해하면서 말이죠.

그런데 교수님은 기말고사 한 주 전에 갑자기 이런 말씀을 하셨습니다. "여러분! 한 학기 동안 제 수업을 듣느라 수고했습니다. 여러분의 성적은 다 나왔습니다. 그래서 기말고사는 없습니다." 그러자 학생들은 충격을 받았습니다. 한 학생이 화를 내면서 교수님께 항의했습니다. 분명히 시험만 잘 보면 좋은 점수를 주신다고 했는데, 기말고사를 보지 않으면 어떻게 점수를 낼 수 있느냐고 말입니다. 그랬더니 교수님은 이렇게 대답합니다. "제가 언제 기말고사를 잘 보면 좋은 점수를 주겠다고 했습니까? 시험을 잘 보면 좋은 점수를 받는다고 하지 않았습니까?"

잘 생각해보니, 교수님은 한 학기 동안, 수업 시작 시간에 맞추어 퀴즈를 내고 작은 종이에 답을 적어 제출하게 하거나, 몇 가지 질문을 던졌을 때 대답하는 사람들을 기록해두었던 것입니다. 그것이 교수님이 의미한 시험이었습니다.

많은 사람은 끝만 좋으면 다 좋다는 식으로 마지막에만 잘하면 된다고 생각합니다. 그리스도인조차도 예수님이 재림하실 때만 잘 보이면 된다고 하고, 심지어 토요일 저녁에 닥쳐서야 설교 준비를 시작하는 목사도 있습니다. 그러나 실제로는 절대로 진짜 마지막 시간에 준비할 수 없습니다. 아름답게 마지막을 준비한 사람들은 언제나 이미 그 전에, 매일매일 준비를 마친 사람들이었습니다.

더 나아가 성경은 예수님의 재림이나 종말에 대해 준비하려는 하나님의 사람들에게 마지막 순간에 일어날 일들에 대해 자세하게 설명하지 않습니다. 오히려 그때는 알 수 없으니 그때를 향한 오늘의 태도가 어떠해야 하는지 집중합니다. 가장 불쌍한 두 종류의 그리스도인은 그때가 분명히 오는데도 전혀 준비하지 않는 무관심한 사람과 그때만 집중하다가 이상한 종말론적 정보에 사로잡혀 지나치게 마지막에만 골몰한 사람입니다.

성경이 말하는 건강한 종말론은 그런 것이 아닙니다. 지금, 여기서 하나님께서 맡기신 시간에 사명을 감당하고, 사람들을 섬기고 나누라고 도전하는 것이 건강한 종말론입니다. 그래서 마지막 날에 무관심한 사람과 지나치게 마지막에만 골몰한 사람들은 한결같이 예수님이 오시는 시간에 대해 두려워만 합니다. 하지만 날마다 오늘의 시간을 충성스럽고 신실하게 살아가는 하나님의 사람들에게 마지막 날은 언제라도 준비되어 있기에 기대가 되는 기쁨과 소망의 날들로 이어 나가는 것입니다.

주님 오실 마지막 날이 어떤 날이 될 것 같습니까? 오늘 당신이 보낸 날과 같을 것입니다. 잊지 마십시오. 마지막은 언제나 오늘 준비하는 것입니다.

1 **13** 〔예수님께서 제자들을 중심으로 진정한 제자가 통과해야 할 다섯 가지 갈림길과 선택에 대한 말씀을 마무리하시자〕

그때, 어떤 사람이 예수님께 와서 다음과 같은 소식을 알려주었다. 어떤 갈릴리 사람들이 성전에 제사를 드리려고 제물을 가지고 왔는데, 로마 총독 빌라도가 그들을 칼로 찔러 죽이는 바람에 죽임을 당한 후 흘린 피가 그들이 바치려고 가져온 제물에 뿌려지고 섞이는 비극적인 사건이 벌어진 것이다.

2-3 그 사건에 대해 들으신 예수님은 주변 사람들에게 이런 질문을 하셨다.

"여러분은 어떻게 이 사건을 이해하고 판단합니까? 빌라도에게 살해당한 사람들이 갈릴리 지역의 모든 사람보다 더 죄인이라서 이런 불행한 일이 닥쳤을까요?

아닙니다! 내가 분명히 말하는데, 여러분이 지금까지 살아온 잘못된 삶의 방식을 회개하고 바꾸지 않으면 모두 그들과 다를 바 없는 끝을 볼 것입니다.

4-5 아울러 얼마 전에도 예루살렘의 실로암 연못 근처에 있던 탑이 무너져 그 주변에 있던 열여덟 명이 죽었지요. 여러분은 그 사건을 어떻게 이해하고 판단합니까? 갑작스럽게 죽은 그들이 예루살렘 지역의 모든 사람보다 더 죄인이라서 그런 불행한 일이 닥쳤을까요?

아닙니다. 내가 분명히 말하는데, 여러분이 지금까지 살아온 잘못된 삶의 방식을 회개하고 바꾸지 않으면 모두 그들과 다를 바 없는 끝을 볼 것입니다."

6-7 이어 예수님께서는 한 가지 비유를 연결해서 말씀하셨다.

"어떤 땅 주인이 자기 포도원에 무화과나무를 심었고 〔관리자에게 맡긴 후에 떠났다가〕 적당한 때가 지나, 그 무화과나무의 열매를 기대하고 왔지만 전혀 열매가 열리지 않았음을 보게 되었습니다.

그래서 그 땅 주인은 자기 포도원을 관리하는 사람에게 이렇게 말했습니다. '이럴 수가! 3년이나 이 무화과나무에 투자했는데, 아무런 열매도 열리지 않으니 이 나무를 찍어 제거해버려라! 뭐하러 열매도 열리지 않는 이 나무를 위해 땅을 허비하겠느냐?'

8-9 그러자 그 포도원에 심긴 무화과나무 관리자가 땅 주인에게 다음과 같이 대답했습니다.

'주인님! 올해까지만 참고 기다려주십시오! 제가 최선을 다해 무화과나무 주변에 땅을 파고 거름을 주어 잘 길러보겠습니다. 그러면 내년에는 열매가 열릴지도 모릅니다. 하지만 그렇게 1년 더 이 나무를 돌보았는데도 아무런 열매가 열리지 않는다면, 내년에는 주인님께서 직접 이 열매 맺지 못하는 무화과나무를 찍어 버리십시오.'"

Mountain's Insight

똑바로 보고 싶어요, 주님!

학부 시절, 동남아에 있는 한 나라로 단기 선교를 갔습니다. 군대를 전역하자마자 체력이 좋을 무렵 갔기 때문에 현지 날씨가 무척 더웠지만 크게 힘들지 않았고, 현지 음식도 입에 잘 맞았습니다. 선후배들이 철저하게 준비해선지 모든 일정도 순조롭게 잘 진행되는 듯 보였습니다. 특히 그곳 선교사님의 아들과 친해져 많은 이야기도 나눌 수 있어 참 좋았습니다. 그러던 중 어느 날 아침에 우리 실체를 보게 되는 특별한 사건이 있었습니다.

원래 그날은 제가 아침 식사 준비를 하는 날이 아니었지만, 섬기는 마음으로 선교사님 아들과 함께 그날 먹을 음식을 구하려고 시장에 갔습니다. 일주일 정도 지났으므로 이제 어떤 음식이 맛있는지 알게 되어 그런 식료품을 중심으로 바구니에 담고 있었습니다. 당연히 맛있는 음식들은 비쌌습니다. 그런데 그 순간 선교사님 아들은 심각한 얼굴로 제게 말했습니다. "형! 형네 팀은 사실 이렇게 비싼 건 사 먹으면 안 돼요! 솔직히 말해 지금까지 이곳으로 단기선교 온 팀 중에 형네 팀이 가장 적은 선교비를 가지고 왔어요. 그래서 우리 아버지가 사비를 들여가며 형네 팀을 먹이고 있어요."

그 순간, 저는 얼굴이 화끈거리고 너무나 부끄러웠습니다. 우리는 선교사님을 도와드리려고 온 것인데 그리고 그렇게 하고 있다고 생각했는데, 그게 아니었던 것입니다. 시간이 더 지나자, 우리가 준비한 어떤 사역 일정은 선교사님 사역에 아무런 도움이 안 되거나 방해가 될 뿐 아니라 심지어 위험한 것이었습니다.

단기 선교가 끝날 즈음, 선교사님과 그분 자녀들 앞에서 현지에 대한 부정적인 말들이 오고 가기도 했고, 농담 삼아 "야, 너는 여기 남기고 간다"라는 등의 말들을 내뱉고 있었습니다. 그것이 모두 그분들에게 상처가 되는 말인지도 인지하지 못했습니다. 특히 단기 선교 올 때는 그렇게 돈이 없다고 말하던 친구들이 돌아갈 때는 자기가 냈던 선교비보다 더 많은 돈으로 면세점에서 물건을 사는 것을 보면서, 분노가 치밀어 올랐습니다. 돌아오는 비행기에서 모두가 성공적인 단기 선교 사역이었다고 자화자찬할 때, 우리가 떠난 후 그곳 선교사님과 가족들은 우리를 어떻게 평가했을까 생각해보니 저는 죄송하고 미안한 마음이 가득 차올랐습니다.

우리는 오랫동안 한국의 눈부신 발전과 특히 한국 교회의 엄청난 성장에 대해 자랑스러워했습니다. 하지만 하나님께서 보실 때, 그것이 진정 아름다운 발전이고 성장이었을까요? 오늘도 수많은 신학교에서 제대로 된 과정을 거치지 않고 목사안수를 성급하게 받으려고 할 뿐만 아니라, 힘들게 목사 안수를 받아 목회자가 되었음에도 제대로 된 준비 없이 설교하고, 수많은 성도는 제대로 된 회개 없이 예배를 드리고 있지는 않나요? 하나님은 그 옛날 말라기 선지자에게 "내 제단 위에 헛되이 불사르지 못하게 하기 위하여 너희 중에 성전 문을 닫을 자가 있었으면 좋겠도다"(말 1:10)라고 말씀하셨는데, 지금 우리 모습은 다를까요? 어쩌면 이 코로나 기간을 통해, 하나님께서 스스로 그 문을 닫고 계시는 것은 아닐까요?

우리 시대와 주변에 일어나고 있는 여러 사건에 대해 마음대로 판단하고 평가하지만, 그 의로웠던 욥조차 하나님 앞에서 자신이 한 말들에 대해 결국 회개할 수밖에 없었다면, 우리는 얼마나 더 왜곡하며 잘못 보고 있는 것일까요? 이 시간 겸손하게 주님 앞에 무릎을 꿇고 오래전 복음성가의 한 구절을 회개하는 마음으로 불러 봅니다.

"똑바로 보고 싶어요, 주님!"

13:10-11 〔갈릴리에서 예루살렘으로 가시는 길에〕 예수님께서는 안식일마
다 여러 지역의 회당에서 하나님 나라 복음을 가르치셨다. 그러시
던 중에, 어느 안식일에, 한 회당에서 예수님은 한 여자를 만나셨는
데, 그 여자는 병들게 만드는 영에 18년이나 사로잡힌 결과, 허리
가 꼬부라져 몸을 전혀 펼 수 없는 상태였다.

12-13 예수님께서는 그 여자를 보시고 부르신 후에 그녀에게 선포하
셨다.
"여자여! 당신을 사로잡고 있는 그 질병에서 풀려나 건강하게
되시오!"
그리고 예수님은 그 여자의 몸에〔허리에〕 손을 대고 기도하셨다.
그러자 그 즉시, 그녀의 굽은 허리는 곧게 펴졌고, 건강을 회복한
여자는 하나님께 영광을 돌렸다.

14 그러나 이러한 상황을 보며 그곳에 있던 회당장은 이렇게 반응
했다. 회당장은 예수님께서 안식일에 병을 고치시는 것에 화를 내
면서 그곳에 모인 무리를 향해 말했다. "일하도록 지정된 6일이 있
지 않습니까? 오늘은 일하지 않는 7번째 날, 안식일입니다. 그러므
로 여러분은 6일 동안 예수님께 와서 병 고침을 받으세요. 하지만
7번째 날, 안식일에는 그렇게 하지 마십시오. 그것이 마땅합니다."
〔이 말은 안식일에는 병 고치는 일을 하지 말라고 예수님께 하는
말이었다.〕

15-17 이러한 회당장의 반응에, 예수님은 다음과 같이 대답하셨다.

"참으로 가식적이고 위선적인 태도군요! 만일 안식일이라고 해도 여러분의 소나 나귀가 목마르면 그것을 묶어놓은 곳에서 풀어 물을 마시도록 하지 않습니까?

하물며 아브라함의 딸, 곧 하나님의 딸인 이 여자가 무려 18년이나 사탄에게 사로잡혀 있었는데, 당연히 이 묶임에서 풀려나 건강과 생명을 만끽하도록 해주어야 하지 않겠습니까? 그 어떤 다른 날보다, 진정한 풀림과 자유가 선포되는 안식일에 그렇게 하는 것이 더 마땅하지 않습니까?"

이렇게 예수님께서 안식일에 대한 진리를 바로잡아 주시니 안식일에 일한다고 예수님을 공격하던 자들은 모두 수치를 당하게 되었다. 반대로 그곳에 모인 사람들은 예수께서 안식일에 행하신 모든 일에 대하여 영광스럽게 여기고 기뻐했다.

18-19 예수님께서는 이 사건을 기회로 더 깊은 하나님 나라의 진리를 결론으로 삼아 이어가셨다.

"여러분, 하나님 나라가 어떤 모습인지 아십니까? 어떻게 시작되고 또한 얼마나 엄청난 영향력을 가지고 있는지 아십니까? 하나님 나라는 겨자씨 한 알과 같습니다. 어떤 남자가 그 작은 씨앗 하나를 자신의 정원에 심었습니다. 그러자 그 씨앗이 자라나 엄청나게 큰 나무가 되고 하늘을 나는 새들도 그곳에 집을 만들고 살 수 있게 됩니다."

20-21 예수님은 다시 한번 반복하셨다.

"여러분, 하나님 나라가 어떤 모습인지 아십니까? 어떻게 시작되고 또한 얼마나 엄청난 영향력을 가지고 있는지 아십니까? 하나님 나라는 누룩과 같습니다. 어떤 여자가 적은 양의 누룩을 가져와 약 40리터의 밀가루 속에 넣었습니다. 그러자 그 모든 밀가루가 부풀어 올라 무려 150명이나 먹을 수 있는 엄청난 분량의 반죽이 되었습니다."

당신의 작은 일을 사랑하라

"도대체 왜 이렇게 되었을까요?"

얼마 전에 한 가정의 가장이자, 한 교회의 담임목사인 분께서 갑작스럽게 상담을 요청하시면서 시작하신 첫 마디였습니다. 그분은 매우 위대한 꿈들을 갖고 있다고 말했습니다. 가깝게는 자기 자녀들이 하나님의 사명자가 되어 이 땅에서 요셉과 다니엘 같은 사람이 되었으면 좋겠다고 하셨고, 나아가 자신이 섬기는 교회는 하나님의 방주가 되어 그 지역에 빛과 소금 역할을 감당하고 싶다고 했습니다. 예배마다 하나님의 임재가 넘치고 기도와 말씀, 치유와 기적이 날마다 일어나길 기대한다고 했습니다. 하지만 그런 꿈을 가지고 지난 20년 넘는 세월을 견뎌왔음에도 지금까지 아무런 일도 일어나지 않은 정도가 아니라, 아이들은 바른 신앙에 서 있지 못하고 날마다 스마트폰과 게임에 빠져 있고, 아내조차 자신을 목사로 인정하지 않으며, 교회는 그 어떤 영적 감동도 없는 종교 모임으로 근근이 이어오다가 코로나 이후 성도들이 거의 다 빠져 나갔다고 한탄했습니다.

저는 그분과 같은 한 가정의 아버지이면서 한 교회의 목사로서, 안타깝고 비통한 마음으로 이야기를 들어주고 공감했습니다. 하지만 끝까지 자기 문제에 대한 원인과 해결책을 말해달라고 했기에 어쩔 수 없이 몇 가지를 점검해보게 되었습니다.

먼저는 가정에서 남편으로서, 집에서 청소나 설거지 및 요리를 얼마나 하는지 물어보았습니다. 그분은 조금은 당황스럽다는 태도로 "남자가 그런 것까지 해야 하나요?"라고 되물었습니다. 다음으로 자녀들과 함께하는 식사나 대화, 운동이나 여행 그리고 신앙 성숙을 위해 함께 책을 읽거나 영적인 나눔을 정기적으로 하는지 물어보자, "목회하느라 그럴 시간이 없다"라고 답했습니다. 이어 예배와 설교를 위한 준비시간을 물어보자, 언제나 토요일에 급하게 설교 준비를 하느라 집안 분위기가 험해진다고 했고, 교단 정치나 사회 이슈에 대해서는 심각하게 생각하면서도 목회를 위해 한 달에 책 한 권도 읽지 않았고 깊은 성경연구나 기도도 없었습니다. 마지막으로 성도들 생일에 어떤 선물을 챙기는지 묻자, "제가 담임목사인데 그런 것까지 해야 하나요?"라고 하길래, 어쩔 수 없이 대화를 그만두어야 했습니다.

그래서 지금 이 자리를 빌려, 그 목사님께 마저 하지 못한 대답을 해드립니다.

"목사님! 한 여자의 남편으로서, 아내를 위해 청소도 설거지도 요리도 한 번 한 적 없으면서 어떻게 아내를 사랑한다고 말할 수 있습니까? 한 자녀의 아버지로서 자녀와 대화도 없고 나눔도 없고 심지어 영적인 도움도 주지 않으면서 어떻게 자녀가 요셉과 다니엘처럼 크기를 바라십니까? 한 교회의 담임목사로서 일주일이라는 많은 시간 동안 뭐하시고, 토요일이 다 되어서야 설교 준비한다고 가족들을 힘들게 만들고, 성경연구도, 기도도, 독서도 없이 어떻게 위대한 메시지가 강단에서 나올 수 있습니까? 심지어 성도들 생일조차 챙겨주지 않으면서 어떻게 그분들을 사랑한다고 할 수 있습니까?

제가 무슨 말을 하고 싶은지 아시겠습니까? 위대하고 높은 꿈은 언제나 작고 사소한 일에서 시작되는 것입니다. 아내와 자녀들의 존경은 집에서 아버지가 하는 작은 행동에서 시작되고, 강단의 영감 넘치는 예배와 설교는 주중에 서재에서 드린 처절한 독서와 기도에서 시작됩니다. 큰 것이 없어 작은 일들이 이루어지지 않는 것이 아니라, 작은 것이 모이지 않아 큰일이 이루어지지 않는 것입니다. 예수님께서 말씀하신 것처럼, '지극히 작은 것에 충성된 자는 큰 것에도 충성되고, 지극히 작은 것에 불의한 자는 큰 것에도 불의한 것'입니다(눅 16:10). 그러므로 목사님! 목사님께서 이루려는 큰일만 생각하지 마시고, 하나님께서 지금 맡겨주신 작은 것을 사랑하십시오. 하나님께서 목사님에게 맡겨주신 작은 것에 충성을 다하십시오!"

13:22-23 그렇게 예수님께서는 여러 도시와 마을들에서 계속 하나님 나라 복음을 말씀 사역으로 가르치시고 치유 사역으로 체험하게 하시면서 갈릴리에서 예루살렘을 향한 여정을 이어 가셨다. 그러던 중, 어떤 사람이 예수님께 이런 질문을 했다.

"주님! 죄로 기울어진 이 세상에서 구원받을 사람, 곧 다가올 하나님 나라에 참여하게 될 사람이 적을까요?"

그러자 예수님은 다음과 같이 대답하셨다.

24-30 "여러분은 하나님 나라의 입구이며 하나님 나라의 방식인 '좁은 문 안으로 들어가기'를 위해 최선을 다하십시오. 하나님 나라 안으로 들어가려고 했지만 그럴 수 없는 사람들이 상당히 많을 것입니다. 하나님 나라의 주인께서 일어나셔서 그 좁은 문을 닫는 때가 옵니다. 그때 여러분이 문밖에서 아무리 문을 두드리며 '주여! 우리에게 문을 열어주세요!'라고 소리쳐도, 그분은 여러분에게 '나는 너희가 어디서 온 사람들인지, 무엇을 하던 사람들인지 전혀 모르겠다'라고 대답하실 것입니다.

그러면 그때, 여러분은 '우리가 주님 앞에서 함께 식사 교제도 했고, 공개적인 장소에서 여러 가지 사역도 했습니다'라고 말하기 시작하겠지요.

하지만 하나님께서는 여러분을 향해 이런 평가를 쏟아내실 것입니다. '나는 너희가 어디서 왔는지, 무엇을 했는지 전혀 모르겠다. 너희가 모임에 와서 밥만 먹고 갔지, 언제 성도의 깊은 교제나 말씀 적용을 했느냐? 너희가 사역하러 와서는 억지로 시간만 채우

고 갔지, 언제 진정한 섬김과 복음의 통로가 되었느냐? 그건 나와
는 아무런 상관없이 너희 하고 싶은 대로 했던 것으로, 하나님 나라
의 의로움(옳음)과는 전혀 상관없는 짓거리들이었다. 그러므로 너
희는 모두 다 나에게서 물러가라!'

결국, 그 사람들은 그 자리에서 울고, 이를 갈며 심하게 슬퍼할
것입니다. 그때 여러분은 아브라함, 이삭 그리고 야곱과 모든 선지
자, 곧 하나님 말씀과 뜻대로 그 좁은 길을 따라 진정한 하나님 사
람으로 살아간 사람들만이 하나님 나라에 참여하고, 그저 종교인
흉내만 내면서 세상의 넓은 길을 따라 살아간 사람들은 하나님 나
라 밖으로 쫓겨나게 되는 것을 분명히 볼 것입니다.

오히려 여러분이 무시했던 사람들, 곧 동서남북, 사방팔방 그리
고 모든 인종과 나라에서, 수많은 사람이 하나님 나라의 잔치 자리
에 참석할 것입니다. 그러므로 정신 차리십시오. 하나님 나라에 전
혀 합당하지 않을 것 같은 사람이 가장 합당한 사람이 될 것이고,
반대로 하나님 나라에 가장 합당할 것처럼 보이던 사람이 전혀 합
당하지 않은 사람으로 판명되는 대역전이 일어날 것입니다!"

31-33 그때 어떤 바리새인 한 사람이 예수님께 와서 이런 말을 했다.

"예수님, 여기서 어서 피하십시오! 〔헤롯대왕의 아들이며 갈릴
리 지역의 분봉왕〕 헤롯 안디바가 당신을 죽이려고 합니다."

그러자 예수님께서 이렇게 대답하셨다.

"여러분은 가서 저 여우같이 하찮은 헤롯 안디바에게 나의 결단
을 전하십시오!

'나는 오늘과 내일 그리고 그다음 삼 일째 날까지, 하나님께서 나
에게 주신 모든 사명의 날을 전부 사용해, 마귀들을 쫓아내고 병든
자들을 온전히 회복시킬 것이다. 나에게 주어진 사명, 곧 하나님 나
라를 이 땅에 오게 하는 그 위대한 사명은 반드시 성취될 것이다.

그러므로 나는 오늘과 내일 그리고 그다음 날까지, 하나님께서

나에게 주신 모든 사명의 날과 사명의 장소를 향해 조금도 두려워 하거나 피하지 않고 나아갈 것이다. 하나님께서 보내신 진짜 선지자는 죽어도 사명의 땅인 예루살렘에서 죽기 때문이다.'

34-35 예루살렘 사람들이여! 하나님 백성이여! 그대를 위해 하나님께서 보내신 진짜 선지자들을 죽이고 돌로 친 사람들이여! 나 또한, 그대와 그대의 자녀들을 구원하려고 얼마나 애썼습니까! 마치 암탉이 자기 새끼를 구하려고 자기 날개 아래로 모으듯 나도 그대를 향해 최선을 다했지만, 여러분은 그 구원을 원하지 않았고 하나님 나라를 거절했습니다!

자! 이제 곧 여러분이 그토록 소중하게 생각하던 예루살렘이 파괴되고 황폐하게 버려질 것입니다. 내가 분명히 말하는데, 더 심각한 일은 여러분을 구원하기 위해 온 가장 위대한 선지자인 나를 '주님의 이름으로 오시는 분께 찬송하여라!'라고 하며 소리치게 될 그날까지 다시는 보지 못하게 되는 것입니다. 내가 온 세상을 심판하기 위해 다시 이 땅에 오는 그날까지, 다시는 여러분이 나를 보지 못할 것입니다. (지금이 마지막 기회라는 말입니다.)"

───────── *Mountain's Insight* ─────────
세상에서 가장 진하고 뜨거운 코코아

전도사가 된 첫해에 주일 학생들과 함께 야외 예배를 드리러 나갔을 때 일입니다.

당시 제가 섬기던 주일학교에는, 예배 시간에 항상 떠들고 선생님 말씀도 잘 안 듣고 친구들과 쉽게 다투는 초등학교 5학년짜리 남자 아이가 하나 있었습니다. 그런데 야외 예배를 마치고 점심 식사를 할 즈음, 그 아이가 사라지고 없었습니다. 선생님과 저는 그 아이를 찾아 여기저기를 돌아다녔습니다. 그러다가 저 멀리 자동판매기에서 그 아이가 뭔가 좋지 않은 일을 하는 것을 보았습니다. 손가락으로 자판기 안에 손을 넣어서 종이컵을 계속 뽑아내고 있었던 것입니다. 하지만 동시에 그 자판기를 관리하는 분으로 보이는 덩치 큰 아저씨가 "야!"라고 소리치며 다가가는 것도 보았습니다. 아저씨는 이미 단단히 화가 나 있었습니다. 저는 순간 아찔한 생각에 사로잡혔고 걱정이 되었습니다. 분명히 저 아이가 사고 치는 현장을 목격한 아저씨는 화를 낼 것이고 문제가 생길 것이 확실해 보였기 때문입니다.

저는 아이와 아저씨가 대화하는 것을 보면서 더 빨리 걸어갔고, 걸어가면서 뭐라고 해야 저 아이를 위기에서 건져낼 수 있을까, 아저씨의 분노를 해결할 수 있을까 고민했습니다. '그래 이렇게 말하면 되겠다'라고 생각했습니다. "저희가 여기 놀러와서 음료수 좀 뽑아오라고 시켰는데 빈 컵이 몇 개 나와 녀석이 살펴보다가 이렇게 된 것 같습니다"라고 말입니다.

하지만 제가 도착할 즈음, 녀석은 즐거운 얼굴로 코코아 두 잔을 들고 제게로 오고 있었습니다. 심한 꾸중을 듣고 울지도 모른다고 걱정했는데, 전혀 다른 상황이 펼쳐진 것입니다. 저는 너무 궁금해 어떻게 된 일이냐고 물었습니다. 그러자 아이는 "아저씨가 너 왜 이렇게 했냐고 화내시면서 다그치셔서, 솔직하게 종이컵을 꺼내고 싶어서 장난쳤어요. 죄송해요"라고 했다는 것입니다. 그러자 아저씨가 정직하게 말한 것이 참 좋다면서, 다음부터는 그렇게 하지 말라고 하시면서 코코아까지 공짜로 뽑아주셨다고 했습니다. 그 순간, 스스로 너무나 부끄러웠습니다. 저는 거짓말이라도 해서 위기만 모면하면 된다고 생각했으나, 아이는 진실하게 고백하여 자기 잘못을 인정했고, 그것이 더 좋은 결과를 가져왔기 때문입니다.

제가 "그래, 잘했다"라고 하고 "그런데 아저씨가 코코아를 두 잔이나 주셨네"라고 말하자, 그다음 이어진 녀석의 말은 더 큰 충격으로 다가왔습니다.

"전도사님! 전도사님이 지난주에 설교하신 내용이잖아요. 그래서 거짓말하고 싶었지만 솔직하게 말씀드렸어요. 그리고 아저씨가 그 훌륭한 전도사님에게 이 코코아 한 잔 드리라고 하시면서 이렇게 두 잔을 주신 거예요. 여기 전도사님 것 받으세요!"

늘 예배 시간에 장난만 치던 녀석은 누구보다 하나님 말씀을 잘 듣고 삶으로 옮겼던 것입니다. 그 순간 눈물 한 방울이 코코아 안으로 들어가고 말았습니다. 저는 눈물을 감추려 얼른 코코아를 입으로 가져갔습니다. 제가 세상에 태어나서 마셔본 코코아 중에 가장 진하고 뜨거운 코코아였습니다.

¹ **14** 그리고 이런 일이 있었다. 예수님께서 어떤 안식일에, 바리새인 지도자 중 한 사람의 집으로 식사 초대를 받으셔서 그 집으로 들어가시자, 이미 그곳에 있던 여러 율법학자와 바리새인이 예수님을 옆에서 예의주시하고 있었다.

²⁻⁶ 때마침 그곳에는 수종병 때문에 몸이 부어오른 한 사람이 예수님 앞에 있었다. 그러자 예수님께서는 그 병으로 고생하는 사람을 놓고 율법학자들과 바리새인들에게 다음과 같은 질문을 하셨다. "안식일에 병든 사람을 고쳐주는 것과 그렇게 하지 않는 것 중에 어떤 것이 합당할까요?"

하지만 그들은 아무 대답도 하지 않았다. 그래서 예수님께서는 병으로 고생하는 사람을 데려오셔서 치유하고 보내셨다. 이어 예수님은 율법학자들과 바리새인들에게 다음과 같이 말씀하셨다.

"만약 안식일에, 여러분의 아들이나 소가 우물 안으로 떨어지는 사고가 발생한다면, 그 즉시 끌어올려 살려내지 않겠습니까? 그것이 이 안식일 잔치에서 우리가 해야 할 더 합당한 일이 아닐까요?"

그러자 그들은 예수님께서 하신 말씀과 행동에 반박할 만한 그 어떤 말도 찾을 수 없었다. 앞서 대답하지 않던 자들은 결국, 대답할 수 없게 된 것이다.

⁷ 이제 상황이 바뀌어 예수님께서 그들을 예의주시하시니, 식사 자리에 초대받은 사람들이 서로 높은 자리에 앉으려 애쓰는 모습을

보셨다. 그래서 다음과 같은 비유로 그들에게 교훈을 주셨다.

8-11 "만약 누군가의 결혼식과 같은 잔치에 초대받게 된다면, 그대는 높은 자리로 가서 누워 있지 마십시오! 잠시 후에 그대보다 더 명성이 높은 사람이 그 자리에 초대받아 들어온 다음에 일어나게 될 일로 여러분이 수치를 당하지 않도록 말입니다.

잠시 후, 그 잔치를 열고 사람들을 초대한 주인이 와서 그대에게 말하기를 '당신이 차지한 그 높은 자리를 이분에게 내어주시죠!'라고 하면, 그대는 가장 끝자리로 내려가게 되는 수치를 당할 것입니다.

오히려 잔치에 초대를 받으면, 가장 끝자리로 가서 식사 자세로 누워 있으십시오, 그러면 잠시 후에 그 잔치를 열고 초대한 주인이 와서 그대에게 '친구여! 더 높은 자리로 올라가십시오!'라고 할 것이고, 그로 인해 식사 자리에 초대받은 모든 사람 앞에서 명예를 얻을 것입니다.

결국, 자신을 스스로 높이는 자는 모두 다 낮아지고, 자신을 스스로 낮추는 자는 모두 다 높아집니다. 모든 것을 보시는 하나님께서 낮추시고, 높이시는 것입니다."

12-14 이어 예수님께서는 자신을 초대한 사람에게 다음과 같은 교훈을 주셨다.

"그대가 만약 점심이나 저녁 식사로 잔치를 열고 누군가를 초대하고 싶다면, 그대의 형제나 친척들처럼 부유한 이웃들만 부르지 마십시오. 그렇게 초대받은 사람들이 그대를 다시 초대해 보답하지 못하도록 말입니다.

오히려 잔치를 연다면, 가난한 사람들, 장애를 가진 사람들, 몸이 불편한 사람들, 앞을 보지 못하는 사람들도 초대하십시오.

그러면 큰 복이 있을 것입니다. 그런 사람들은 경제적으로나 육체적으로나 어려운 상황이기에 그대에게 보답할 수 없고, 결국

의인들이 부활하여 하나님 나라가 완성될 때, 하나님께서 이 모든 것에 보답하실 것이기 때문입니다."

15 그러자 예수님과 함께 식사하던 사람 가운데 한 사람이, 예수님의 교훈의 말씀들을 듣고 "누구든지 하나님 나라 잔치에 참여하는 사람은 최고의 복을 누리는 것입니다!" 하고 예수님께 소리쳤습니다.

16-23 그러자 예수님께서는 그 사람에게 이런 말씀을 하셨다.

"어떤 사람이 큰 잔치를 준비하면서 많은 사람을 미리 초대해 두었습니다. 그리고 잔치 준비가 다 되자, 그는 자기 종을 미리 초대한 사람들에게 보내 '지금 오십시오! 잔치 준비가 다 되었습니다'라고 전하게 했습니다.

하지만 그 잔치에 미리 초대받은 사람들은 다들 하나같이 거절하기 시작했습니다. 첫 번째 사람은 그 종에게 '내가 지금 땅을 사서 그 땅이 어떤지 보러 가야 할 상황이 되었네, 부탁하니 나를 좀 양해해주게'라고 말했습니다.

두 번째 사람은 그 종에게 '내가 지금 소 다섯 쌍을 사서, 그 소들이 좋은지 나쁜지 테스트를 좀 해야 할 상황이 되었네, 부탁하니 나를 좀 양해해주게'라고 말했습니다.

그리고 세 번째 사람은 그 종에게 '내가 지금 한 여자와 결혼을 했네. 그래서 나는 그 잔치에 갈 수 없네'라고 말했습니다.

어쩔 수 없이 그 종은 주인에게 돌아와 초대받은 사람들이 오기를 거절했다는 내용을 보고할 수밖에 없었습니다. 그러자 잔치를 준비한 주인은 크게 화를 내며 종에게 다른 명령을 내렸습니다. '너는 즉시 밖으로 나가거라! 이 도시의 넓은 곳과 좁은 곳으로 가거라! 가서 가난한 사람, 앞을 보지 못하는 사람, 몸이 불편한 사람을 가리지 말고 이 잔치 자리로 초대하여 데려오너라!'

잠시 후에 그 종이 주인에게 이렇게 보고했습니다. '주인님! 명령하신 대로 그 사람들을 초대했지만, 여전히 잔치에 빈자리가 있습니다.' 그러자 주인은 다시 한번 종에게 '너는 큰길뿐만 아니라 그 너머 주변 지역까지 나가서 그곳에 사는 사람들까지 간절히 부탁해 나의 집에 준비된 잔치 자리가 가득 차도록 만들어라!'라고 명령했습니다.

24 그 주인이 그렇게 한 이유를 내가 여러분에게 말해주겠습니다. 그 주인이 철저하게 모든 잔치 자리를 채우려고 한 이유는, 그렇게 함으로써 이전에 미리 초대받았으나 거절한 사람 중 누구도 잔치를 누리지 못하게 하기 위해서였습니다."

Mountains Insight

누구와 함께 먹고 있습니까?

"너희 집처럼 편하게 지내거라!"

구세군 사관학교로 들어가시는 부모님과 헤어지면서 당시 중학교 1학년이었던 저와 초등학교 6학년이었던 제 동생이 백부님 집에 맡겨졌고, 처음 그 집에 들어가던 날, 백부님께서 우리 부모님을 곁에 두시고 우리 형제에게 위로로 하시던 말씀이었습니다. 하지만 더 잊을 수 없었던 말은 부모님께서 떠나시고 백부님 가정과 함께 밥을 먹었던 그날 첫 저녁 식사에서 듣게 되었습니다. 백부님 집은 우리가 살던 집보다 크고 좋았습니다. 멋진 쇼파가 있는 거실도 있고, 별도로 마련된 넓은 주방에는 테이블과 의자까지 있는 커다란 식탁도 있었습니다. 백부님 식구 4명에다 우리 형제 2명까지 함께 앉아 기도하고 밥을 먹기 시작했습니다. 하지만 잠시 후에, 백모님이 우리 둘에게 낮은 소리지만 엄하게 말씀하셨습니다. "식사 시간에 누가 이렇게 쩝쩝거리니? 우리 집에서는 조용하게 식사해야 한다." 저는 그때 처음 알았습니다. '무엇을 먹느냐'보다 중요한 것은 '누구와 먹느냐'라는 사실 말입니다.

저는 그전까지 '무엇을 먹느냐'만 중요한 줄 알았습니다. 맛있는 것, 좋은 것, 비싼 것을 먹으면 행복한 줄 알았습니다. 하지만 아니었습니다. 그날 밤 훌쩍거리며 잠드는 동생을 토닥거리며 옆에 누워, 사랑하는 사람들과 함께 먹지 못하면 아무리 맛있는 것을 먹어도 의미가 없다는 것을 깨달았습니다. 그래서 "마른 떡 한 조각만 있고 화목하는 것이 제육이 집에 가득하고도 다투는 것보다 나으니라"(잠 17:1)라고 말한 것입니다.

안타깝게도 많은 사람이 '무엇을 먹느냐'에 지나치게 초점을 맞추느라 '누구와 먹느냐'를 놓치고 있습니다. 물론 우리는 좋은 것을 먹어야 합니다. 입으로만 아니라, 눈이나 귀로 먹는 것도 좋은 것이어야 합니다. 좋은 책을 읽고, 좋은 말을 듣고, 좋은 영상물을 시청해야 합니다. 그러나 우리는 그 좋은 것을 '누구와 함께하는지'에 대해서도 점검해야 합니다. 많은 가정에서 아버지들이 자신이 좋아하는 취미 활동만 즐기느라 주말 내내 가족과 헤어지기도 하고, 대다수 자녀는 식사 자리에서도, 심지어 가족 여행을 와서도 스마트폰만 보고 있습니다. 더 심각한 것은 스스로 성도라고 자부하는 사람들이 믿음의 사람들과는 깊은 교제가 없고 오히려 기도도 말씀도 없는 세상 사람들과 온라인과 오프라인으로 교제하느라 시간을 허비한다는 것입니다. 그들을 만나 복음을 전하는 것이 아니라 오히려 그들이 가진 비성경적이고 비복음적인 정보나 욕망에 물들고 세뇌당합니다.

그러므로 지금 이 시간, '무엇'에만 집중하지 말고, '누구와'에 대해서도 점검해보길 바랍니다. 아침부터 저녁까지 다양한 일정 속에서 무엇인가 보고, 듣고, 말하고, 나누는 모든 자리에, 그곳에 예수님도 함께하고 계신지를 말입니다. 예수님께서 정말 오셔도 되는 자리인지를 말입니다. 예수님께서 함께하셔서도 기뻐하시고 축복하실 만한 시간과 공간인지를 말입니다.

14:25 그 후, 예수님께서 예루살렘으로 향하는 여정에 많은 사람이 함께 했다. 그러자 예수님께서는 그들을 향해 몸을 돌이키시고 나서, 다음과 같은 중요한 말씀을 하셨다.

26-27 "누구든지 진정으로 나와 함께 하나님 나라의 길을 가고자 한다면, 부모님과 아내 그리고 자녀들을 비롯해 가족들과 심지어 자신의 목숨까지도 나보다 더 사랑해서는 안 됩니다. 나를 사랑하는 것에 비하면 다른 모든 것은 미워하는 수준이 되어야 합니다. 그렇지 않으면 나의 제자가 될 수 없습니다.

누구든지 나와 함께 나의 길을 가겠다고 하면서도, 자기 십자가를 감당하지 않고 나를 따라오는 사람, 다시 말해 목숨 바쳐 사명을 이루려는 각오 없이 나를 따라오는 사람은 절대 나의 제자가 될 수 없습니다.

28-30 〔그 이유를 비유로 설명하겠습니다.〕 여러분 중 누군가가 포도원이나 집 혹은 도시를 지키는 높은 타워를 하나 지으려 한다면, 무작정 땅부터 파기 시작하는 것이 아니라 먼저 앉아 이 타워를 완공하기까지 걸리는 시간과 비용이 충분한지를 계산하지 않겠습니까?

만약 그렇게 준비하지 않고 무작정 건축을 시작했다가, 결과적으로 기초만 쌓고 완성하지 못하면, 그것을 보는 사람들이 모두 그 사람을 조롱하고 비웃을 것입니다.

당연히 사람들은 '이 사람이 무턱대고 건축을 시작하더니 결국 완성할 능력도 없었구나' 하면서 그 사람을 수치스럽게 여길 것입니다.

31-32 〔비유를 하나 더 들겠습니다.〕 어떤 나라의 왕이 다른 나라 왕과 전쟁하려고 하는데, 자신의 군사는 1만 명이고 적군의 군사가 2만 명이라면 먼저 앉아 이런 상황에서 전쟁할 경우 이길 수 있는지를 신중하게 생각해보지 않겠습니까?

신중하게 생각한 결과, 이길 가능성이 전혀 없다면 아직 적군의 왕이 다가오기 전에 사신단을 보내 화친을 맺자고 요청해야 합니다.

33 이처럼, 여러분도 무조건 나를 따라오지 말고, 진정한 제자의 길이 무엇인지를 제대로 알고 각오를 굳게 한 뒤에 따라와야 합니다. 여러분이 가진 모든 것을 하나님 나라를 위해 전부 포기할 수 없다면, 나의 제자가 될 수 없습니다.

34-35 여러분은 이 변질되어 가는 세상의 소금입니다. 여러분은 모두 제자로 부름을 받았습니다. 만약 여러분이 복음의 짠맛을 가진 소금이 되지 못한다면, 무엇으로 이 세상을 변화시킬 수 있겠습니까? 짠맛을 잃어버린 소금은 그 어떤 용도로도 사용할 수 없어 밖에 버려지듯, 진정한 제자의 성품과 능력을 잃어버린 사람은 하나님 나라를 위해 아무것도 할 수 없습니다. 마땅히 들어야 할 이 중요한 말씀을 귀담아들으십시오!"

Mountain's Insight
자격 미달의 시대

초등학교 4학년 때, 한 학교에 전학 갔는데 그곳에는 아주 악랄한 녀석이 하나 있었습니다. 힘쓰는 아이들 몇 명을 일진처럼 모아 친구들을 괴롭혔습니다. 모두 너무나 고통스러워하는 모습을 보며 저는 용기를 내어 담임 선생님에게 말했습니다. 하지만 그 선생님은 제 이야기를 다 듣지도 않고 오히려 저를 친구나 험담하는 나쁜 아이라고 공개적으로 꾸중하셨습니다.

중학교 때 성경퀴즈 대회를 나갔는데 창세기 38장에서 유다가 다말에게서 낳은 아들의 이름을 묻는 문제가 나왔습니다. 저는 쌍둥이라서 두 명의 이름을 적어야 한다고 말했더니, 당시 그 대회를 진행하던 목사님이 저에게 화를 내면서 유다의 아들은 하나뿐이라고 단정지었습니다. 그 자리에서 성경책을 찾아보자고 제가 말했지만 무시당하고 그냥 다음 문제로 넘어갔습니다.

고등학교 때 저는 위장병으로 고생을 많이 했습니다. 그래서 고등부 담당 전도사님께 기도 부탁을 했습니다. 그랬더니 전도사님은 기도해도 별 소용이 없을 거라면서 겔포스나 먹으라고 하셨습니다.

신학교에 들어가 열심히 히브리어 공부를 하다가 시편을 한 장씩 번역하기 시작했습니다. 어려운 문장이 있어 도움을 받고 싶어 구약학 교수님을 찾아갔지만 박사학위까지 받은 교수님은 자신도 히브리어를 잘 모른다면서 웃어넘기셨습니다.

누구를 비난하려는 것이 아닙니다. 자격 미달에 대해 말하는 것입니다. 완벽한 수준을 말하는 것도 아닙니다. 자신에게 어떤 직위나 직분이 있다면 그 이름에 부끄럽지 않을 정도의 수준은 필요하다는 말입니다. 물론 우리는 부족한 상태로 어떤 직위나 직분을 먼저 얻기도 합니다. 중요한 것은 그다음입니다. 자신이 부족하다고 느낀다면 그 위치에 합당한 자격을 갖추기 위해 노력하고 애써야 마땅합니다.

그러나 대다수는 그 직위나 직분을 얻은 것으로 자신이 해야 할 모든 과정은 끝났다고 여기는 것 같습니다. 그중에도 가장 심각한 그룹이 그리스도인입니다. 세례받기 전까지는 열심히 배우더니 세례만 받으면 더 이상 배우려 하지 않고, 전도사나 목사가 되기 전까지는 그렇게 성경을 연구하더니 안수만 받고 나면 더 이상 말씀을 연구하지 않습니다. 박사학위를 받고 교수가 되려고 그렇게 책을 읽더니 막상 대학에서 자리를 잡고 나면 학생들보다 책을 더 안 읽는 교수가 많습니다. 그렇게 은사를 받고 싶다고 하더니 막상 은사를 받은 후에는 자신이 받은 은사만 자랑하지 그 은사로 섬기지 않습니다. 가족에게 복음조차 전하지 못합니다. 주변에 있는 그리스도인이 다 자격 미달이니, 자신도 어떤 도전이나 찔림 없이 살면서도 그 삶을 부끄러워하지 않습니다. 세상이 변화되지 못하는 이유는 복음이 가짜라서가 아니라, 그 진짜 복음에 합당한 자격을 갖춘 그리스도인이 충분하지 않기 때문입니다. 자격 미달은 결국, 자격 실격이 될 수밖에 없습니다.

사도행전 6장에는 처음으로 집사가 된 사람들의 자격이 나옵니다. "성령과 지혜가 충만하여 칭찬받은 사람"이라고 합니다. 디모데전서 3장에도 감독과 집사의 자격이 나옵니다. "술과 방탕함을 멀리하고 한 가정의 존경받은 남편으로 자녀를 잘 다스리며 깨끗한 양심의 비밀을 가진 사람"이라고 합니다. 우리는 자격 없이 하나님의 자녀가 되었지만, 성경은 우리가 계속 자격 없이 하나님 자녀의 위치를 유지하라고 말한 적이 없습니다. 바울이 디모데에게 분명히 말합니다. "너는 진리의 말씀을 옳게 분별하며 부끄러울 것이 없는 일꾼으로 인정된 자로 자신을 하나님 앞에 드리기를 힘쓰라"(딤후 2:15).

이 말씀들 앞에 당신은 어떻게 서 있습니까?

1-3 **15** 이제 모든 세리와 죄인들이 예수님의 말씀을 들으려고
가까이 다가왔다.

이런 모습을 보고 있던 바리새인들과 서기관들은 "죄인들을 받
아들이고 저런 인간들과 함께 식사까지 한다"라고 말하며 예수님
을 비난했다. 그러자 예수님께서는 바리새인과 서기관들을 향해
같은 흐름을 가진 비유들을 하나로 묶어 말씀하셨다.

4-7 "여러분 중 어떤 양을 치는 사람이 있다고 합시다. 그가 양 1백
마리를 키우는데 그중에 1마리를 잃게 되면 어떻게 합니까? 당연
히 99마리 양들을 들판에 두고, 그 잃어버린 1마리 양을 찾을 때
까지 최선을 다하지 않겠습니까? 그러다가 찾게 되면, 그 잃었던
양 1마리를 어깨 위에 메고 기뻐하며 돌아올 것입니다. 그뿐만이
아닙니다. 그 사람은 집으로 돌아와 자기 친구와 이웃들을 모두
모아 이렇게 말할 것입니다. '나의 잃어버린 양을 도로 찾았으니,
우리 함께 기뻐합시다!'

내가 여러분에게 아주 중요한 것을 알려주겠습니다. 그것은 이
땅에서 회개할 필요가 없는 의인 99명보다 1명의 죄인이 회개하
는 것을 하늘에서는 엄청나게 기뻐한다는 사실입니다.

8-10 또한 어떤 여자가 노동자 하루 품삯인 드라크마 동전을 10개
가지고 있었는데, 그중 1개를 잃어버렸다면 어떻게 하겠습니까?
당연히 어두운 방에 등불을 켜고 집 안 구석구석을 샅샅이 청소하
여 그 잃어버린 동전 1개를 찾기 위해 최선을 다하지 않겠습니까?
그러다가 그 잃어버린 동전 1개를 찾게 되면, 여자는 자기 친구와

이웃들을 모두 모아 이렇게 말할 것입니다. '나의 잃어버린 동전을 도로 찾았으니, 우리 함께 기뻐합시다!'

그러므로 내가 다시 한번 여러분에게 아주 중요한 것을 알려주겠습니다. 그것은 이 땅에서 1명의 죄인이 회개하는 것은 하늘에 있는 하나님의 천사들 앞에서 엄청나게 큰 기쁨이 된다는 사실입니다."

11-32   이어 예수님은 마지막 비유를 연결하여 말씀하셨다.

"어떤 사람에게 두 명의 아들이 있었습니다. 그러던 어느 날, 둘째 아들이 아버지에게 이런 요청을 했다고 합니다.

'아버지! 아버지의 재산에서 나중에 제게 유산으로 주실 것을 지금 주십시오!' 그래서 아버지는 자신의 생명 같은 재산을 두 아들에게 미리 나눠 주었습니다.

그러자 얼마 시간이 지나지도 않아, 둘째 아들은 자신의 유산을 모두 현금으로 바꾸어 먼 외국으로 떠났습니다. 거기서 그는 마치 먼지가 바람에 다 날아가버리듯, 가진 돈을 무절제하고 방탕하게 다 사용해버렸습니다. 엎친 데 덮친 격으로, 자기 돈을 다 허비하고 나니, 그 나라 전역에 심한 흉년까지 닥치고 말았습니다. 그래서 그는 매우 가난해지고 비참한 상황이 되고 말았습니다. 어쩔 수 없이, 그는 그 지역의 한 사람에게 가서 더부살이할 수밖에 없었습니다. 그러자 그 사람은 둘째 아들에게 밭으로 나가 돼지를 치라고 시켰습니다. 유대인들에게 혐오스럽고 부정적인 동물인 돼지까지 치게 된 이 둘째 아들은 돼지들이 먹는 사료인 쥐엄열매라도 마음껏 먹고 싶었지만, 그것조차 주는 사람이 없었습니다.

그제야 둘째 아들은 제정신을 차리게 되어 이런 고백을 했습니다. '부자이신 내 아버지의 집에는 얼마나 많은 일꾼이 살고 있으며, 그들은 또 얼마나 풍족하게 먹고사는가! 그런데 나는 그분의 아들임에도 여기서 먹을 것이 없어 굶어 죽어가는구나! 여기서 당장 일어나 내 아버지께 가야겠다. 그분께 가서 아버지! 제가 잘못했습니다. 제가 하나님께 그리고 당신께 죄를 지었습니다 하고 용서를 빌어야겠다. 그리고 저는 당신의 아들이 될 자격이 전혀 없으니 그저 일꾼으로 삼아 달라고 말씀드려야겠다!'라고 말이죠.

그렇게 둘째 아들은 일어나 자기 아버지께로 돌아갔습니다. [집 앞에서 아들을 기다리던] 아버지는 저 멀리 희미하게 보이는 아들의 형상을 알아보고 안타깝고 불쌍한 마음이 차올라서, 달려가서 자기 아들의 목을 끌어안고 그에게 입 맞추었습니다. 둘째 아들은 아버지에게 '아버지! 저는 하나님께 그리고 당신께 죄를 지었습니다. 저는 당신의 아들이 될 자격이 전혀 없습니다'라고 말했습니다.

하지만 아버지는 종들에게 명령을 내렸습니다. '지금 즉시, 최고의 옷을 가져와 내 아들에게 입혀라! 반지를 가져와 아들의 손에 끼워주고, 신발을 가져와 아들의 발에 신겨주어라! 그리고 살찐 송아지를 가져와 잡아라! 잔치를 준비해라! 우리가 함께 먹으며 기뻐하자! 나의 둘째 아들은 죽었다가 다시 살아난 것이며, 내가 잃었다가 다시 찾았기 때문이다.' 그러자 집안사람들이 모두 함께 잔치하며 기뻐하였습니다.

그러나 그 시간에 아버지의 첫째 아들은 밭에 있었습니다. 일을 마치고 집으로 돌아오던 첫째 아들은 집에 가까워지자 집에서 나오는 음악 소리와 춤추는 소리를 들었습니다. 그래서 첫째 아들은 자기 종 하나를 불러 '이 음악 소리와 춤추는 소리가 다 무엇이냐?' 하고 물었습니다. 그러자 그 종이 첫째 아들에게 '당신 동생이 집으로 무사히 돌아왔기 때문입니다. 그래서 당신 아버지께서 살찐 송아지를 잡고 잔치를 여신 것입니다'라고 했습니다.

대답을 들은 첫째 아들은 화를 내고 집에 들어가려고 하지 않았습니다. 그래서 그의 아버지가 직접 나와 첫째 아들을 달랬습니다. 아버지를 향해 첫째 아들은 이렇게 말했습니다. '아버지! 오랜 세월 저는 아버지를 종처럼 섬겼습니다. 아버지께서 명령하신 것 중 단 하나 어긴 적도 없습니다. 하지만 언제 한번 염소 새끼 한 마리라도 주시면서 제 친구들과 함께 즐기라고 잔치를 열어주신 적 없더니, 당신 아들인 저 녀석은, 당신의 생명 같은 재산을 창녀들과 먹고 마시면서 다 허비해버리고 돌아왔는데도 살찐 송아지를 잡아 잔치를 열어주셨네요! 이게 말이 됩니까!'

그러자 아버지는 첫째 아들에게 이렇게 말했습니다.

'아들아! 너는 항상 나와 함께 있으니, 나의 모든 것이 이미 전부 다 너의 것이다. 하지만 너의 동생은 모든 것을 잃고 죽을 고생을 하다가 이렇게 돌아왔으니, 한번 죽었다가 다시 살아난 것과 같고 잃어버렸다가 다시 찾은 것과 같다. 그러므로 우리가 이것을 함께 기뻐하고 즐거워하여 하늘의 기쁨에 참여하는 것이 참으로 합당하다!'"

Mountain's Insight
잃어버리지 않아 잃게 된 것

앤드류 데이비스가 감독한 영화 〈가디언〉(2006)은 바다에서 위험한 일을 당한 사람들을 구해주는 일급 해양구조대원들 이야기를 담고 있습니다. 이 영화에는 전설적인 인물로 명성을 날렸던 구조요원 벤 랜달(케빈 코스트너 분)이 주인공으로 등장하는데, 그는 차가운 바다에서 생존하기 위해 오랜 시간 얼음물 속에 들어가 훈련하기도 하고 손목 힘줄이 끊어져가면서도 사람들을 구조해서 위기에 처한 수많은 사람을 살려냅니다.

개인적으로 이 영화에서 가장 감동적인 순간은 위험에 처한 사람들을 구해내는 장면이 아니었습니다. 영화 거의 마지막에 교관으로 하던 일까지 마무리하고 주인공이 은퇴하는 자리에서 그의 화려한 기록들에 대해 누군가가 질문하는 장면이었습니다. 누군가 묻습니다. 지금까지 얼마나 많은 사람을 구했느냐고 말이죠. 그러자 주인공은 잠시 멈추었다가 깜짝 놀랄 숫자를 말합니다. "스물두 명!" 사람들은 대답을 듣고 충격을 받습니다. 이천 명도 아니고 이백 명도 아니라, 겨우 스물두 명이라고 하니까요. 하지만 그는 한 마디 덧붙입니다. "내가 구하지 못한 사람의 숫자!" 저는 그 순간 눈물이 핑 돌았습니다.

최선을 다했지만 결국 구하지 못한 사람들을 평생 마음에 담고 살았던 주인공의 마지막 말을 들으며 목회자인 저도 고스란히 아픔을 느꼈기 때문입니다. 참으로 많은 사람이 생각났습니다. 모두 다 저의 부족함 때문이겠지요. 하나님께서 맡겨주신 소중한 영혼이었는데 상처받고 낙망하고 좌절하고 소원해져 잃어버린 사람들을 지금도 가슴 아프게 기억하며 기도합니다.

하지만 방향을 바꾸어, 자신이 누군가에게 구조받아야 할 처지에 있다면 우리 역시 정말 최선을 다해 구조하는 사람들에게 손을 내밀었는지도 돌아보아야 한다고 생각합니다. 주일학교에서 말씀 암송을 시작하면서 하나님 말씀을 마음에 새겨놓으면 지혜롭고 명철한 인생이 된다고 배웠으나 게임과 스마트폰에 인생을 허비하고 그 기회를 놓쳐버리지는 않았나요? 새롭게 시작하는 청년 남녀에게 거룩한 교제를 당부했으나, 육체의 욕망을 따라 쾌락을 즐기고 나서 헤어지니 이제 목사님 얼굴 보기가 부끄러워 교회를 떠나지는 않았나요? 주일에 들은 말씀을 삶으로 적용하고 공동체 안에서 성장하라고 수없이 요청했으나 항상 육신과 감정의 핑계를 대며 완고하게 거부하다가 결국 어린아이처럼 미성숙한 자신에 대해 교회를 탓하지 않았나요? 그 귀찮음을 포기했으면 말씀을 얻었을 것이고, 그 욕망을 포기했으면 거룩함을 얻었을 것이고, 그 완고함을 포기했으면 성숙함을 얻었을 텐데, 그 자존심, 그 십 원짜리 동전만도 못한 자존심을 잃지 않으려다 정말 잃어버리지 말아야 할 것을 잃고 만 것입니다.

우리 인생이 마무리되는 순간, 부모님과 선생님을 통해, 설교와 찬양을 통해, 누군가의 눈물과 기도를 통해, 당신 인생이 하나님 나라로 바뀌고 변화될 수 있었던 그 수많은 기회에 대해, "몇 번이나 주님께서 내미신 그 피 묻은 손을 거절했느냐?"라고 물어보신다면, 당신은 뭐라고 대답할 수 있겠습니까?

1-7 **16** 이제 예수님께서는 제자들을 향해 다음과 같은 이야기로 교훈의 말씀을 이어 가셨다.

"한 부유한 집주인이 있었고, 그 주인의 집안 살림을 관리하는 청지기도 한 명 있었습니다. 그런데 어느 날, 집주인에게 좋지 않은 소식이 들렸습니다. 집안 살림을 관리하는 청지기가 먼지를 바람에 날리듯 주인의 재산을 허비한다는 것이었습니다. 그래서 집주인은 청지기를 불러 다음과 같이 말했습니다.

'이게 지금 무슨 짓이냐! 너에 대한 안 좋은 소식을 내가 들었다. 그러므로 너의 청지기직을 정리해라! 너를 해고할 것이다!'

주인의 말을 들은 청지기는 속으로 이렇게 생각했습니다. '집주인이 나를 해고해 청지기직을 잃게 생겼으니, 이제 뭘 해서 먹고살지? 육체노동을 하자니 힘이 없고, 구걸하자니 수치스럽구나! 그래! 이렇게 하면 되겠다! 이 청지기직에서 해고된 후에도, 주인님에게 빚진 사람들이 나를 자기 집으로 초대해 머물러 살 수 있게 만들면 되겠구나!'

그래서 청지기는 하루 날을 잡고, 자기 주인에게 빚진 자들을 불렀습니다. 첫 번째로 온 사람에게 물었습니다. '당신이 나의 주인에게 빚진 것이 얼마나 됩니까?'

첫 번째로 온 사람이 대답했다. '기름 백 바토스입니다.'

그러자 청지기는 이렇게 말했습니다. '여기 당신이 빌린 내용이 적힌 차용증을 드릴 테니, 앉아 이 문서에 적힌 숫자를 백에서 오십으로 빨리 고쳐 쓰십시오!'

이어 두 번째 사람이 오자, 그 사람에게도 청지기가 물었습니다. '당신이 나의 주인에게 빚진 것은 얼마나 됩니까?' 그러자 그 사람이 '밀 백 고르입니다'라고 대답했고, 청지기는 그 사람에게 이렇게 말했습니다. '여기 당신이 빌린 내용이 적힌 차용증을 드릴 테니, 이 문서에 적힌 숫자를 백에서 팔십으로 고쳐 쓰십시오!'

8 그러자 집주인은 그 불의한 청지기를 칭찬했습니다. 그 청지기가 현명하게 행동했기 때문입니다. 〔이 이야기를 통해 우리가 깨닫는 것은〕이 어두운 세상의 사람들이 자기가 속한 세상과 시대의 일들을 처리함에 있어서는 밝은 빛의 하나님 나라 사람들보다 더 현명하다는 것입니다.

9-12 그러므로 나는 제자인 여러분에게 이 말을 꼭 하고 싶습니다. 이 세상의 돈을 잘 사용해 사람들을 하나님 나라의 친구와 이웃으로 만드십시오. 그러면 세상 돈이 사라지는 때, 여러분의 친구와 이웃이 된 그 사람들은 여러분을 영원한 집으로 초대해 머물게 해줄 것입니다.

아주 작은 것에 신실한 사람은 당연히 큰 것에도 신실하며, 가장 작은 것에 불의하면 아주 큰 것에도 불의할 수밖에 없습니다.

그러므로 제자 된 여러분이 이 세상의 유한하고 물질적인 것을 신실하게 사용하지 않는다면, 그 누가 하늘나라의 영원하고 궁극적인 것을 맡기겠습니까? 마찬가지로 제자 된 여러분이 이 세상에서 다른 이들의 것을 맡아 신실하게 관리하지 않는다면, 그 누가 하늘나라에서 진정으로 여러분 소유가 될 것을 주겠습니까?

13 누구든지 두 명의 주인을 동시에 섬길 수는 없습니다. 한 주인을 미워하면 다른 주인을 사랑할 것이고, 한 주인에게 친근하게 대하면 다른 주인에게는 소원해질 수밖에 없습니다. 결국, 진정한 제

자는 하나님과 돈을 함께 섬길 수 없다는 말입니다. 돈은 하나님을 섬기는 도구만 되어야 합니다."

결국, 무엇이 될까요?

2008년이 거의 다 끝나가는 어느 날이었습니다. 저를 좋아하던 한 청년이 2007년 처음 출시된 아이폰을 선물해주었습니다. 본인이 새 기계를 사면서 약 2년 정도 사용한 중고 기계였습니다. 저는 매몰차게 거절할 수 없어 필요한 사람에게 주겠다고 하고 받았습니다. 하지만 궁금증이 생겨 이것저것 손으로 만지작거리기 시작했습니다. 정말 편리하고 유용한 것이 많았습니다.

그러다가 밤늦게 할 일은 많은데 잠이 쏟아져서, 잠이나 깰까 하고 청년이 스마트폰에 깔아 놓은 게임 하나를 클릭하게 되었습니다. 한참 게임을 하다가 시계를 보니 새벽 1시가 넘어가고 있었습니다. 저는 그때 큰 충격과 함께 깨달은 바가 있었습니다. 목사인 저도 이렇게 유혹을 당하는데, 어린이와 청년들은 이 유혹을 얼마나 더 이기기가 어려울까 하고 말입니다.

그리고 이러한 헛된 일을 계속하면 결국 어떤 결과를 맞이할 것인지에 대한 깊은 반성이 함께 왔습니다. 늦은 밤까지 설교 준비를 하는 줄 알고 저를 위해 기도하는 가족들과 성도들에게 그리고 제게 소중한 생명과 시간을 주신 하나님께 너무나 죄송했습니다.

제가 어떤 일을 시작할 때마다 자신과 하나님께 반드시 물어보고 점검하는 질문이 있습니다. 어떤 책을 읽거나, 사람을 만나거나, 모임에 가거나, 영상을 보거나, 글 하나라도 쓰기 전에 "내가 이 일을 계속하게 되면 결국 무엇이 될 것인가?"를 묻습니다. 그래서 아무리 재미있고 신나는 것이라도 그 끝이 하나님 나라와 연결되지 않으면 최선

222   **누가복음** 풀어쓴 성경

을 다해 포기하고, 아무리 힘들고 재미가 없어도 그 끝에 하나님 나라가 있다면 지속해왔습니다. 자녀들을 홈스쿨링 하면서도 우리 부부는 최우선으로 "이것이 자녀의 영혼에 무엇이 될까?"를 점검합니다.

한번은 잘 모르는 여자 성도님 한 분이 저를 찾아와 자주 이야기하고 싶다고 하셔서, 한번 만나보니 육신과 정욕의 일에 대한 것만 이야기하려고 하고 많은 시간을 알맹이 없이 빼앗겨버렸습니다. 그분은 오셔서 제게 식사 대접도 하고 선물도 주셨지만 저는 두 번째 만남에서 더 만나지 않겠다고 단호하게 말했습니다. 그분은 무척 섭섭해하고 불쾌하게 여겼으나, 그렇지 않았다면 저는 지금 어떻게 되었을지 알 수 없을 것입니다.

반면, 몇 년 전에 짧은 여름 휴가를 마치고 마지막 날에 정말 쉬고 싶었는데 하나님께서 한 작은 교회를 말씀하시며 금요일에 가서 설교하고 오라고 하셔서 어떤 사례도 받지 않고 대중교통으로 2시간 넘는 시간을 달려가 최선을 다해 말씀을 전하고 돌아왔습니다. 거의 막차를 타고 밤에 돌아오는데 하나님께서 저를 칭찬해주시며 큰 상으로 갚아주시겠다고 하셨습니다. 저는 너무나 행복했습니다.

우리는 무엇이든지 할 수 있고, 무엇이든지 안 할 수도 있습니다. 하지만 무엇을 하든지 안 하든지, 그것이 결국 무엇이 될지를 반드시 점검해야 합니다. 내일을 생각하지 않고 오늘만 사는 사람을 보면 어리석게 생각되듯, 우리에게 반드시 다가오는 하나님 나라 앞에 우리가 한 모든 것이 결산받게 될 것을 염두에 두고 준비하지 않는다면 비참한 인생이 됩니다. 그러므로 지혜로운 인생, 귀한 인생으로 변화되고 싶다면 지금 스마트폰을 켜는 아주 작은 일부터 하나님 앞에서 자기 영혼에 반드시 물어보십시오.

"지금 내가 하는 이것이 결국, 무엇이 될까요?"

16:14   〔예수님께서는 불의한 청지기 비유를 제자들에게 초점 맞추어 전
하셨지만, 곁에 있던〕 돈을 사랑하는 바리새인들은 그 모든 말씀을
다 듣고 나서 예수님을 비웃었다.

15   그러자 예수님께서는 그런 바리새인들에게 다음과 같이 말씀하
셨다.

"여러분의 문제는 사람들에게만 의롭고 바른 존재로 인정받으
려 한다는 것입니다. 하지만 사람의 실체와 중심을 보시는 하나님
께는 여러분의 그런 가식되고 교만한 태도가 매우 혐오스럽고 가
증스럽게 평가된다는 것을 알아야 합니다. 여러분은 결국, 돈을 사
랑하는 것이지 하나님을 사랑하는 것이 아니며, 사람들의 인정만
받으려고 하지 하나님의 인정은 받지 못하고 있기 때문입니다.

16-17   특히, 여러분이 잘 알고 있다고 생각하며, 지금 여러분의 위치를
지켜주고 있다고 믿는 그 율법과 선지자들의 메시지 곧 구약 말씀
은 세례 요한까지 오다가, 이제 하나님 나라가 왔다는 기쁜 소식의
복음 곧 신약 말씀으로 이어지고 연결되었습니다. 그래서 모든 사
람이 그 하나님 나라로 들어오기를 강력하게 요청받고 있으며, 많
은 사람이 매우 적극적이고 능동적으로 그 안으로 들어가는 시대
가 되었습니다.

그렇다고 구약 말씀이 사라지는 것이 아닙니다. 구약 말씀을 기
록한 히브리어의 작은 점이나 선 하나가 없어지는 것보다 지금 우
리 하늘과 땅이 사라지는 것이 더 쉬울 것입니다. 그러므로 구약의
모든 말씀은 절대 사라지지 않고 신약 말씀으로 연결되며 성취될

것입니다.

18   다시 말해 구약 말씀이 신약 말씀으로 연결되고 이어지는 것은 결혼과도 같습니다. 어떤 결혼한 사람이 자기 아내를 버리고 다른 여자와 결혼하는 것이 간음이고, 다른 남자가 버린 여자와 결혼하는 것도 간음이듯, 구약 말씀을 버리고 신약 말씀만 추구하거나, 신약 말씀을 무시하고 구약 말씀만 추구하는 것도 모두 영적인 간음이 됩니다. 결국, 결혼은 시작하는 것이 전부가 아니라 마지막까지 유지되고 이어져야 하듯, 여러분이 추구하는 구약 말씀도 신약의 하나님 나라로 연결되고 이어져야 마땅합니다."

〔하지만 여러분은 그렇게 연결된 중요한 흐름을 보지 못하고 있고, 이어가지도 못하고 있습니다. 그에 대한 증거로 한 비유를 들려주겠습니다.〕

19-22   "어떤 부자가 살았습니다. 그는 최고급 원단으로 만든 자주색 겉옷과 린넨 속옷을 입고 매일 호화로운 잔치를 열어 먹고 마시면서 즐겁게 살았습니다. 한편 그 부자의 집, 문 앞에는 나사로라는 거지 하나가 상처와 종기투성이의 몸으로 그 부자에게 구걸하며 누워 있었습니다. 거지 나사로는 부자의 식탁에서 떨어진 음식물 쓰레기라도 먹어 굶주린 배를 채우고 싶었지만, 부자는 그것조차 나누어 주지 않아 아무것도 먹지 못했고, 오히려 개들이 와서 나사로의 몸에 있는 상처와 종기의 피를 핥아 먹을 뿐이었습니다.

결국, 거지 나사로도 죽고 부자도 죽었습니다. 나사로는 길에서 아무 장례식도 없이 죽었고, 부자는 장례식을 잘 치르고 땅에 매장되어 죽었습니다. 하지만 나사로가 죽은 후에는 천사들이 와서 그 영혼을 아브라함의 품으로 옮겨주었습니다.

23-26   그 후에, 부자는 지옥으로 갔고 거기서 고통을 겪게 되었습니다. 부자가 지옥에서 눈을 드니, 아브라함이 보였고 그의 품에 나사로가 있는 것도 보았습니다. 그래서 부자는 큰 소리로 말했습니다.

'아버지, 아브라함이여! 저를 불쌍히 여기셔서 나사로를 저에게로 좀 보내주십시오! 나사로의 손으로 물을 조금 찍어 제 혀가 잠시라도 시원해지도록 말입니다. 지금 이 지옥의 타오르는 불꽃 속에서 저는 너무나 고통스럽습니다.'

그러자 아브라함은 다음과 같이 대답했습니다. '애야! 너의 지난날을 기억해보거라! 너는 세상에서 얼마나 좋은 것을 먹고 마시며 누렸느냐? 그런데 너는 그 풍족한 것으로 어떤 것도 나누지 않았다. 나사로는 너와 같은 시간과 공간에서 가난하고 비참한 삶을 감당해야 했다. 그러므로 이제 그것이 역전된 세상에서 나사로는 여기서 위로를 받고, 너는 거기서 고통을 당하는 것이 마땅하다. 뿐만 아니라, 너희가 있는 곳과 우리가 있는 곳 사이에는 거대한 틈이 견고하게 자리 잡고 있어, 거기에 있는 사람들이 우리에게로 넘어올 수도 없고, 여기에 있는 사람들이 너희에게로 건너갈 수도 없다.'

27-30   이어 부자는 이렇게 말했습니다. '그렇다면 아버지여! 나사로를 제 집으로 좀 보내주십시오. 제가 세상에서 살았던 그대로 똑같은 삶을 사는 다섯 명의 형제가 있습니다. 나사로를 세상에 다시 보내 저의 다섯 형제에게 천국과 지옥이 있다는 사실을 분명하고 철저하게 알게 해주십시오. 그래서 형제들이 이 지옥의 고통스러운 장소에 오지 않도록 말입니다.' 그러나 아브라함은 다음과 같이 대답했습니다. '이미 그들이 사는 땅에는 모세와 선지자들이 있다. 구약 말씀이 있고 그것을 전하는 하나님의 종들이 있다. 그들은 그 말씀을 들을 수 있고, 들어야 한다!'

그러자 그 부자는 포기하지 않고 말했습니다. '아닙니다! 그렇지 않습니다! 아버지 아브라함이여! 그들은 워낙 강퍅해서 그 말씀을 듣지 않을 것입니다. 하지만 만약에 죽은 사람이 살아서 그들에게 진리의 말씀을 전해준다면, 그들은 회개할 것입니다.'

31   아브라함이 마지막으로 말했습니다. '아니다! 너의 형제들이 있

는 그곳에는 모세와 선지자들, 곧 하나님의 말씀이 있고 그 말씀을 전하는 하나님의 사람들이 있다. 너희 형제가 그들로부터 전해진 하나님의 말씀을 듣고 회개하여 삶으로 연결하지 않는다면, 아무리 죽었다가 살아난 사람이 가서 말한다고 해도 절대 회개하지 않을 것이다.'"

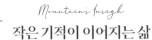

작은 기적이 이어지는 삶

대학교 2학년 때, 다른 사람들에게는 대단하지 않겠지만 제게는 아주 특별했던 기적이 한 번 있었습니다. 도서관에서 책을 보다가 점심시간이 되어 배는 고픈데, 지갑에 돈이 한 푼도 없었습니다. 속으로 '5천 원만 있으면 좋을 텐데'라고 생각하니 살짝 서글퍼지기도 했지만, 그냥 책이나 더 봐야겠다고 생각하고 몇 권을 더 살펴보는데, 유난히 책 한 권이 눈에 띄어, 펼쳐보았습니다. 그런데 놀랍게도 거기에는 5천 원짜리 지폐 한 장이 있었습니다. 처음에는 깜짝 놀라 기쁘기도 했지만 잠시 후 고민하게 되었습니다. 누가, 왜, 여기에 돈을 넣어두었을까? 그리고 이 돈으로 밥을 사 먹으면 도둑질이 아닌가 하는 생각이 들었습니다. 잠시 앉아 기도한 후에, 내일 돈을 넣어두기로 하고 그날 밥을 사 먹었습니다. 그 옛날 까마귀를 통해 먹을 것을 보내주셨던 엘리야가 된 기분이었습니다.

그다음 날, 저는 깨끗한 5천 원짜리 지폐를 그 책에 넣어두었습니다. 그냥 넣으면 재미가 없어, 작은 쪽지도 함께 넣었습니다. 그리고 세월이 흘러 책 제목도, 쪽지에 적은 내용도 다 잊어버렸습니다.

그러다가 대학교 4학년 마지막 학기에 도서관에서 시험공부를 하다가, 우연히 두 자매가 이야기하는 것을 들었습니다. 늦게까지 도서관에서 공부하다가 집에 가려고 하는데, 지갑을 잃어버려 어떻게 하나 했는데, 어떤 책에 5천 원이 들어 있었다는 것입니다. 그리고 5천 원과 함께 쪽지가 하나 들어 있었는데, 그 쪽지 글이 정말 감동적이었다고 말입니다. 처음에는 나와 상관없는 이야기인 줄 알았지만, 나중에야 제가 쓴 쪽지임을 알았습니다. 그래서 그 자매도 돈을 잘 사용하고 다시 5천 원을 그곳에 넣어 두었다는 말을 들으면서 저는 자리를 떠났습니다. 흐뭇한 미소와 함께 말입니다.

만약 제가 그 5천 원을 사용하고 그냥 지나가버렸다면 기적은 제게서 멈췄을 것입니다. 하지만 누군가가 다시 5천 원을 그 책 안에 넣어두어 기적은 멈추지 않고 이어졌습니다.

오늘도 우리가 한 작은 위로의 말 한 마디, 격려 문자 하나, 말씀 한 구절, 기도 한 소절이 기적으로 흘러갔으면 좋겠습니다. 부모님에게 받은 감동이 자녀와 손자에게로 이어지고, 선생님에게 받은 지식이 자신을 채웠다가 또 자신이 가르치는 누군가에게로 넘어갔으면 좋겠습니다. 예배의 자리에서 받은 은혜와 찔림이 우리 세대를 새롭게 하고 그다음 세대를 빛나게 했으면 좋겠습니다.

안타깝게도 많은 사람이 작은 것이라고 하찮게 생각해 포기하고 단절해버려 그 소중한 기적의 흐름이 여기저기서 멈추고 있습니다. 문자를 보내도 답장이 없고, 인사를 해도 반응이 없습니다. 은혜를 받아도 전하지 않고, 감동을 받아도 나누지 못합니다. 이제 나에게 흘러왔던 모든 선한 것을 다시 흐르게 해봅시다. "고마워, 미안해." 작은 한 마디부터 다시 이어보면 어떨까요? 책 한 권, 편지 하나, 성경 구절 하나라도 나를 통해 누군가에게 흘러가 그들의 삶에 하나님 나라가 이어졌으면 좋겠습니다.

아! 제가 쪽지에 뭐라고 썼냐구요? 이렇게 썼습니다.

"이 작은 기적이 계속 이어졌으면 좋겠습니다."

1-2 **17** 이제 예수님께서는 제자들을 향해 이렇게 말씀하셨다. "여러분이 하나님의 사명자로서 사역하다가 진리를 전하지 못하거나 실수하여 사람들이 그 신앙의 길에서 넘어지거나 혹은 떠나는 일이 발생하지 않도록 하는 것은 실로 불가능한 일입니다. 그럼에도 의도적으로 그런 일에 통로가 되는 사람은 저주받아 마땅합니다.

아직 미성숙하고 연약한 성도들 가운데 한 명이라도 그 신앙의 길에서 넘어지게 하거나 떠나게 만드는 사람이 있다면, 그 사람 목에 거대한 연자맷돌을 묶고 깊은 바닷속으로 던져버려, 더 이상 그런 짓을 못하게 해야 합니다.

3-4 또한, 여러분은 매우 신경 써서 영혼들을 돌봐야 합니다. 만약 하나님의 가족인 성도들 중에 누군가가 죄를 지으면 그 죄를 분명히 알려주고 책망해야 하며, 자신이 지은 죄에 대해 찔림을 받아 회개하면 언제든지 용서해주어야 합니다.

하루에 7번이라도 여러분에게 죄를 짓고도 7번째 다시 돌아와 '내가 잘못한 것을 인정하고 삶을 고치니, 나를 용서해주세요'라고 말한다면, 여러분은 얼마든지 그 사람을 용서해야 합니다."

5-6 그러자 예수님의 제자인 사도들은 예수님께 "우리에게 믿음을 더해주소서!"라고 요청했다.

이런 제자들의 요청에 예수님께서는 다음과 같이 대답하셨다.

"믿음은 양의 문제가 아닙니다. 여러분이 겨자씨 한 알 정도의 믿음만 가지고서, 오디나무에게 '뿌리째 뽑혀 바다에 심겨져라!' 라고 명령하면 그 오디나무는 순종할 것입니다. 다시 말해 순수한 믿음으로 담대하게 선포한다면, 불가능해 보이는 일이라도 가능하게 할 수 있다는 것입니다.

7-10 또한, 여러분에게 밭에서 일하거나 양을 치는 종이 있는데, 그 종이 밖에서 일하고 집에 들어오면, 그 어떤 주인이 종에게 '어서 이리와 식사부터 하게!'라고 말하겠습니까?

당연히 주인은 집으로 돌아온 종에게 '어서 내가 먹을 것을 준비하여라! 내가 식사하는 동안 너는 복장을 단정하게 하고 내 옆에서 섬겨라. 내가 다 먹으면, 네가 먹도록 해라'라고 하지 않겠습니까! 당연히 모든 주인이 종들에게 그렇게 합니다.

아울러 종이 그렇게 주인을 섬겼다고 해서, 그 어떤 주인이 종에게 감사하다고 하겠습니까? 마땅히 종이 할 일을 했을 뿐인데 말입니다.

이처럼 여러분도 하나님께서 주신 명령을 다 순종하고 이행한 후에 누가 인정해주지 않는다고 해도 섭섭해하지 말고 '우리는 하찮은 종일 뿐입니다. 마땅히 해야 할 일을 했을 뿐입니다'라고 고백하십시오."

11 그리고 예수님께서 사마리아와 갈릴리 사이를 지나, 예루살렘으로 가시는 길의 여정에서 다음과 같은 일이 일어났다.

12-14 예수님께서 어떤 마을에 들어가시니, 그 마을에 악성피부병으로 격리된 생활을 하던 남자 열 명이 그분을 만나려고 왔다. 물론 그들은 멀리 서 있었다.

그들은 멀리서 큰 목소리로 "예수 선생님! 저희를 불쌍히 여겨 주소서!"라고 소리쳤다. 그러자 예수님께서는 그들을 보시고 이렇게 선포하셨다.

"여러분은 이제 각자 자신의 고향 제사장들에게 가서 자기 몸을 보여주십시오!" 그 악성피부병자들은 예수님의 말씀대로 자기 고향으로 돌아가는 길에 몸이 깨끗하게 치료되었다.

15-16 그 악성피부병자 중에 한 사람이, 자기 몸이 깨끗하게 치료된 것을 깨닫고 큰 소리로 하나님께 영광을 돌리며 예수님께로 돌아왔다. 그 치료된 사람은 얼굴이 땅에 닿도록 예수님 발 앞에 엎드려 큰절을 하고, 예수님께 감사드렸다. 놀랍게도 그는 사마리아 사람이었다.

17-19 예수님께서는 그 사마리아 사람의 큰절과 감사를 받으시면서 이렇게 물어보셨다.

"분명히 10명이 치료받아 깨끗하게 되지 않았습니까? 그런데 나머지 9명은 어디 있습니까? 그들은 왜 돌아와 감사하지 않은 건가요? 하나님께 감사하고 영광을 돌리고자 돌아온 사람이 어찌하여 이방인뿐인가요?"

그러고서 예수님께서는 그 사람에게 마지막 말을 하셨다.

"일어나 평안히 돌아가세요! 그대의 믿음이 그대를 구원했습니다!"

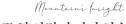

또 한 사람이 여기 있습니다!

목회하면서 가장 힘든 순간은 언제냐고 누군가 제게 물어본다면, 끊임없는 설교 준비나 재정적인 어려움보다 성도들의 무관심과 무반응이라고 답합니다.

주일 아침마다 본교회 성도를 포함하여 약 100여 명에게 정성을 담은 메시지를 보내지만 20% 정도만이 답할 뿐, 80%는 아무런 응답도 없습니다. 매주 많은 시간을 들여 칼럼을 써서 주보와 블로그에 올려도 반응은 한두 명뿐입니다. 교회 밴드에 기도 제목을 올리고 성도들 소식을 주보에 담아도 거의 읽지 않습니다. 하나님께서 감동을 주셔서 적절한 상황에 편지를 쓰고 문자 하고 생활비를 아껴 선물해도 고맙다는 말 한 마디 듣기 힘듭니다. 지금까지 많은 청년의 교제와 진로를 상담하고 몇몇은 주례까지 했지만, 결혼기념일에 연락 한 번 하는 커플이 없었고, 어려운 질문이나 부탁에 최선을 다해 대답하고 도움을 주어도 자기 문제만 해결되고 나면 다시 차갑게 변합니다. 시간과 재정을 제법 들여 도움을 받았지만 자기 상황이 조금만 바뀌면 어떤 대답이나 반응도 하지 않습니다. 누군가 "사랑의 반대말은 미움이 아니라 무반응"이라고 말한 것처럼, 마지막 시대 곧 고통하는 때의 특징 중의 하나인 "무정하며"(딤후 3:3)라는 표현이 어느 때보다 뼈저리게 다가옵니다.

이런 무반응과 무정한 현실에 마음 아파하는 저 자신이, 아직도 부족한 목사라서 그렇다고 생각하다가, 누가복음 17장에서 예수님도 비슷한 마음을 가지셨음을 발견했습니다. 열 명의 문둥병 환자를 고쳐주신 후에, 오직 사마리아 사람 한 명만 돌아와 감사하는 장면에서 예수님은 이렇게 말씀하십니다. "열 사람이 다 깨끗함을 받지 아니하였느냐, 그런데 아홉은 어디 있느냐?"

저는 이 말씀을 읽다가 많이 울었습니다. 예수님도 저와 같은 섭섭함과 억울함을 가지셨구나 하고 느꼈기 때문이 아닙니다. 저 또한, 예수님께 무정하게, 무반응으로 대했음을 깨달았기 때문입니다. 새벽부터 밤늦은 시간까지 주님께서 제게 주신 수많은 감동과 찔림을 무시하고 놓치며 살았던 순간이 많았기 때문입니다. 참으라고 하셨지만 참지 못했고, 기다리라고 하셨지만 기다리지 못했고, 용서하라고 하셨지만 용서하지 못했습니다. 베풀기를 바라셨지만 인색한 마음을 품었고, 즉시 하라 하셨으나 한참 후에야 억지로 순종했으며, 제 불순종을 회개하기보다 억지와 합리화로 그분 마음을 아프게 했기 때문입니다. 병 고침만 받으려 했을 뿐, 돌아와 주님께 감사하지 않은 아홉 명 중 하나가 저였기 때문입니다.

그래서 추석 기간에, 아침마다 교회에 나와 조용히 주님께 여쭈어 보았습니다. "주님! 제가 주님을 섭섭하게 해드리거나 주님께서 해주신 것에 바르게 반응하지 않은 것은 무엇이 있을까요?" 참으로 많은 것을 생각나게 해주셨고, 그래서 깊게 회개하였습니다. 온 세상을 위해 자기 피와 살을 희생하신 분께서 그에 합당한 감사와 보답을 받지 못하시는 것을 생각하니, 제가 느끼는 섭섭함과 억울함은 아무것도 아님을 깨닫게 되었습니다.

여러분도 시간을 내어 조용히 여쭈어보십시오. 그래서 탄식하시는 예수님 앞에 나아가 "당신께 감사하고자 나온 또 한 사람이 여기 있습니다!"라고 고백할 수 있으면 좋겠습니다.

17:20-21 이제 바리새인들은 예수님께 "언제 하나님 나라가 이 땅에 옵니까?"라고 질문했다. 그러자 예수님께서는 이렇게 대답하셨다.

"하나님 나라는 사람들 눈으로 볼 수 있게 오는 것이 아닙니다. 관찰하거나 조사하는 방식, 즉 외부에서 구경하는 방식으로는 하나님 나라를 파악할 수 없고 하나님 나라에 참여할 수도 없습니다.

또한, 하나님 나라는 어떤 모임이나 공간에 한정되거나 독점되지도 않기 때문에, 누군가 하나님 나라가 '여기 있다' 혹은 '저기 있다'라고 할 수도 없습니다. 하나님 나라는 하나님의 통치를 인정하고 순종하는 여러분의 영혼과 공동체 내부에서 참여하는 방식으로 시작됩니다."

22 이어 예수님께서는 제자들을 향해 이렇게 말씀하셨다.

"그 하나님 나라가 완성되는 날이 올 것입니다. 참된 사람인 하나님의 아들이 이 땅에 다시 오는 그날입니다. 여러분은 그날이 지금 너무나 보고 싶을 것입니다. 단 하루만이라도 보고 싶을 것입니다. 하지만 지금은 그날을 볼 수 없습니다. 여러분은 그날을 기다려야 합니다.

23-24 또한, 여러분에게 '여기에 하나님 나라가 완성되었다'라고 하거나 '저기에 참된 사람인 하나님 아들이 오셨다'라고 말하는 사람이나 장소를 쫓아다니지 마십시오!

참된 사람인 하나님의 아들, 내가 다시 오는 그날에는 이쪽 하늘에서 저쪽 하늘까지 번개가 번쩍거리듯 모든 사람이 보고 알 수 있게 올 것이기 때문입니다.

25 하지만 그 전에 반드시 먼저 일어나야 할 일이 있습니다. 그것은 내가 이 세대 사람들에게 거절당하고 배신당하여 십자가 고난을 감당하고 통과하는 것입니다.

26-30 그리고 내가 다시 올 때가 되면 세상은 노아 시대와 비슷한 상황이 되어 있을 것입니다. 거대한 홍수가 닥쳐 모두 멸망되기 전까지, 노아 가족들이 방주로 들어가기 직전까지 그때 그 사람들이 그랬던 것처럼, 내가 이 땅에 다시 오기 직전까지 세상 사람들은 계속 먹고 마시며 장가가고 시집가면서, 이 땅의 것에만 심취해 있을 것입니다.

또한, 롯의 시대와도 비슷할 것입니다. 내가 이 땅에 다시 오기 직전까지 세상 사람들은 계속 먹고 마시며, 계속 사고팔고, 계속 심고 거두며, 계속 집과 건물에 집착하면서 이 땅의 것에만 심취해 있을 것입니다. 롯이 소돔에서 떠나던 그날, 불과 유황이 하늘에서 비처럼 내려서 그들 모두를 멸망시켰습니다. 마찬가지로 내가 다시 오는 그날에도 무서운 심판이 있을 것입니다.

31-32 내가 다시 이 땅에 오는 날이 되면, 여러분 중 누구든지, 지붕 위에 있든 밭에서 일하고 있든 집 안 물건이나 통장을 챙기려고 내려가 들어가지 마세요. 앞으로 다가올 하나님 나라의 완성을 기대해야지, 뒤로 돌아 세상 것으로 후퇴하지 마세요! 여러분은 뒤로 돌아섰다가 소금 기둥이 된 롯의 아내와 같은 운명이 되지 않도록 깨어 있어야 합니다.

33 〔다만, 하나님 나라의 완성을 위해 내가 십자가를 통과해야 하듯 여러분도 감당해야 할 십자가가 있음을 기억하세요!〕 여러분이 세상에서 육신의 생명만 추구하다 보면 영원한 생명을 잃어버리겠지만, 완성될 하나님 나라를 위해 이 세상에 속한 생명을 과감하게 포기한다면 영원한 생명을 얻을 것입니다.

34-36　　내가 분명하게 말합니다. 내가 다시 오는 그날에 사람들의 운명은 분명하게 갈릴 것입니다. 두 사람이 한 침대에서 자고 있더라도 한 사람은 완성된 하나님 나라를 누리겠고, 다른 한 사람은 그러지 못할 것입니다. 두 명의 여자가 한 장소에서 맷돌을 갈더라도, 한 사람은 완성된 하나님 나라를 누리겠고, 다른 한 사람은 그러지 못할 것입니다. 두 사람이 한 밭에서 일을 하더라도, 한 사람은 완성된 하나님 나라를 누리겠고, 다른 한 사람은 그러지 못할 것입니다."

37　　제자들은 예수님께서 하신 모든 말씀을 듣고 "주님, 그렇다면 어디서 그런 마지막 심판과 판결이 일어날까요?"라고 물었다. 그러자 예수님께서는 대답하셨다.

"그곳이 어디인지 미리 알 필요가 전혀 없습니다. 시체가 있는 곳에 독수리들이 모이듯, 그때가 되면 누구나 자연스럽게 알게 됩니다."

Mountain's Insight

"이미 그리고 아직"의 하나님 나라

저는 이미 남자로 태어났으나
아직 남자가 되어가는 중입니다.

저는 이미 결혼하여 남편이 되었으나
아직 남편이 되어가는 중입니다.

저는 이미 자녀를 낳아 아버지가 되었으나
아직 아버지가 되어가는 중입니다.

저는 이미 예수님을 만나 제자가 되었으나
아직 그분의 제자가 되어가는 중입니다.

저는 이미 안수를 받아 목사가 되었으나
아직 목사가 되어가는 중입니다.

저에게 "이미"의 시작과 신분은 모두 하나님 은혜였고 선물이었습니다. 제가 "이미"의 시작과 신분을 얻기 위해 한 것은 아무것도 없습니다. 저는 날마다 주어진 "이미"에 감사하며 그로 인해 주어진 권리와 기회에 기뻐합니다. 저는 절대로 다른 사람이 가진 "이미"와 제가 가진 "이미"를 비교하거나 불평하지 않습니다. 하나님께서 제게 가장 합당한 "이미"의 시작과 신분을 주셨다고 믿기 때문입니다. 만약 제가 한순간이라도 "이미"의 존귀한 가치를 주신 분을 무시한다면, 저에게 주어진 "이미"의 소중한 권리와 기회뿐 아니라 저 자신조차 사라져버릴 것입니다.

또한, 제게는 "아직"의 미래와 결과가 있습니다. 여기엔 "이미" 시작된 것이 실패하거나 변질될 것에 대한 불안함이 아니라 그것이 더욱 아름답고 귀하게 성숙하고 완성될 것에 대한 기대와 소망이 담겨 있습니다. "이미"의 시작과 신분을 얻기 위해 제가 한 것은 아무것도 없지만, "아직"의 미래와 결과를 위해서는 제가 분명히 해야 할 일이 있습니다. 저는 날마다 저에게 다가오는 "아직"을 향하여 수고하고 최선을 다합니다. 그러나 저는 절대로 그 과정이 저 혼자 힘으로 이루어진다고 생각하지는 않습니다. 저를 가장 사랑하시는 삼위일체 하나님과 또한 그 하나님께서 저에게 보내신 소중한 사람들과 함께 이루어야 하는 일임을 확신합니다. 만약 제가 한순간이라도 "아직"의 미래와 결과에서 기다리시는 분을 무시한다면, 저에게 다가올 "아직"의 아름다운 열매와 상급뿐 아니라, 저 자체가 영원히 "아직"의 상태로 남을 것입니다.

저의 "이미"와 "아직"은 서로 모순되거나 갈등하는 것이 아니라, 서로 연결되고 의지합니다. 저의 "이미"가 있으므로 "아직"으로 나아갈 수 있으며, "아직"이 기다리고 있기에 저의 "이미"는 소중합니다. "이미"는 제 삶을 닻과 같이 견고하게 잡아주며, "아직"은 제 삶에 깃발처럼 펄럭이며 희망찬 손짓으로 끌어줍니다. 그래서 하나님께서 시작하신 "이미"와 하나님께서 완성하실 "아직" 사이에 제 인생이 놓여 있음을 불확실함과 불안이 아니라, 오히려 팽팽한 활시위와 같은 긴장감과 든든한 밧줄과 같은 연결성을 느끼고 바라봅니다.

가장 중요한 것은 그 "이미"와 "아직" 사이에 하나님 나라가 있다는 것입니다. 하나님 나라는 강력한 생명력을 가진 씨앗처럼 우리에게 "이미" 심어져 시작되었고, 거대한 나무와 열매처럼 우리 앞에서 "아직" 완성되기를 기다리고 있습니다.

그러므로 우리는 그 "이미"와 "아직" 사이에서 갈등과 불안의 더듬거림이 아니라, 확신과 기대의 노래를 이어 부릅니다. 믿음과 소망의 그림을 이어 그리는 것입니다. 시작과 완성의 작품을 이어 만드는 것입니다. 그렇게 우리는 이미 왔으나 아직 오지 않은 하나님 나라를 누리는 것입니다.

1　　**18** 이어 예수님께서는 제자들에게, 그들이 낙심하거나 지치거나 약해지지 말고, 언제나 끈질기고 신실하게 기도해야만 한다는 것을 강조하시려고 한 가지 비유적인 이야기를 말씀하셨다.

2-5　그 내용은 이러하다.

"어떤 도시에 재판관이 한 명 있는데, 그는 하나님도 경외하지 않고 사람도 신경 쓰지 않는 사람이었습니다. 아울러 그 도시에는 과부도 한 명 살고 있었는데, 그녀는 억울하고 원통한 일이 있어, 날마다 그 재판관에게 찾아가서 '저를 괴롭히고 못살게 구는 사람이 있으니, 제발 저를 도와주셔서 이 잘못된 상황을 바로잡아 주소서!'라고 말했습니다.

그런데도 재판관은 상당한 시간 동안 그런 과부의 요청을 계속 거절했습니다. 하지만 〔과부가 끈질기게 요청하자〕 그 재판관은 속으로 이렇게 생각했습니다. '나는 하나님도 경외하지 않고, 사람들도 신경 쓰지 않는 사람이다. 하지만 저 과부가 계속 찾아와 끈질기게 도움을 요청하며 나를 괴롭게 하니, 더 이상 찾아오지 않도록, 그녀의 억울하고 원통한 문제를 바로잡아 주어야겠다.'"

6-7　예수님께서는 이 비유적인 이야기의 핵심을 짚어주셨다.

"여러분은 그 불의한 재판관이 〔속으로, 진심으로〕 한 말을 들으십시오. 그가 한 말에 집중하십시오. 불의한 재판관도 끈질기게 찾아와 도움을 청하는 과부의 요청을 들어주었는데, 하물며 불의

한 재판관과 비교할 수 없을 정도로 의로우신 하나님께서 그분을 향해 밤낮으로 부르짖고 기도하는 성도들의 억울함과 원통함을 바로잡아 주시지 않겠습니까? 하나님께서 그런 끈질기고 신실한 기도에 오랫동안 침묵하시겠습니까?

8 내가 분명하게 여러분에게 말하는데, 하나님께서는 끈질기고 신실한 기도에 신속하게 응답하시고 그런 성도들의 억울하고 원통한 문제를 반드시 바로잡아 주십니다. 하지만 참된 사람의 아들인 내가 다시 이 세상에 올 때 이 땅에서 그렇게 신실한 기도의 믿음을 가진 사람을 몇 사람이나 찾을 수 있겠습니까?"

9 이어 두 번째로, 예수님께서는 자기 스스로 의롭다는 믿음으로 다른 사람들을 멸시하고 하찮게 여기는 사람들을 향해, 이어서 또 한 가지 비유를 말씀하셨다.

10-13 "두 사람이 성전으로 기도하려고 올라갔습니다. 한 사람은 바리새인이고 또 다른 한 사람은 세리였습니다.

먼저 바리새인은 자신의 외형적인 가치에만 치우쳐 이런 내용으로 기도했습니다. '오! 하나님, 당신께 감사드립니다. 제가 다른 인간들과는 다르기 때문입니다. 저는 약탈하는 인간들, 불법한 인간들, 간음하는 인간들, 또한 저기 있는 세리 같은 자들과는 다르기 때문입니다. 어떻게 다르냐구요? 저는 일주일에 두 번이나 금식하고, 제가 얻은 수입의 십일조를 철저하게 냅니다.'

다음으로 그와 함께 성전에 올라갔던 세리는 멀리 성전 구석진 곳에 서서, 하늘을 향해 눈을 들지도 못하고, 다만 자기 내면에 집중하여, 가슴을 치며 이렇게 기도했습니다. '오! 하나님 저는 죄인입니다. 저를 불쌍히 보시고 저에게 자비를 베풀어주소서!'

14 내가 여러분에게 핵심을 말하겠습니다. 바리새인보다 세리가 하나님 앞에 올바른 기도를 드렸다고 인정받고 자기 집으로 돌아갔습니다. 바리새인의 기도는 [가인의 제사처럼] 받아들여지지 않

았고, 세리의 기도는 [아벨의 제사처럼] 하나님께서 기뻐 받으셨습니다. 자신을 교만하게 높이는 자는 하나님께서 모두 낮추시고, 자신을 겸손하게 낮추는 자는 하나님께서 모두 높이시기 때문입니다."

Mountains Insight

기도 매달리기

제가 대학 입시를 치르던 학력고사 시절에는 필기시험(320점 만점)에 체력장(20점 만점)까지 있었습니다. 이 체력장 시험에는 100미터 달리기, 공 던지기, 제자리멀리뛰기, 윗몸일으키기, 오래달리기 그리고 턱걸이(여자는 오래 매달리기)가 있었는데요, 예상외로 남자 중에는 다른 것은 어느 정도 하는데, 턱걸이를 1개도 못 하는 친구들이 상당히 많았습니다. 대학 입시를 위해 1점이라도 더 얻어야 하는 현실에서, (철봉에 점프하면서 시도해볼 만한) 단 1개의 턱걸이조차 힘들었던 친구들은 매우 낙심했습니다(참고로 저는 당시 30개 정도 했습니다). 제 친구 중 한 명도 고등학교 2학년 때까지 그랬습니다. 하지만 놀랍게도 이 친구는 고등학교 3학년 체력장 시험에서 무려 20개의 턱걸이를 할 수 있었습니다. 그 비밀이 궁금하시죠?

고등학교 3학년이 되자, 우리 반에 들어오신 체육 선생님은 체력장에서 모두 만점을 맞게 해주겠다고 하시고 우리를 운동장으로 데리고 나가셨습니다. 각자 한 종목씩 검사를 하신 후에, 턱걸이를 1개도 못하는 친구들을 모아놓고 이런 말씀을 하셨습니다.

"너희는 오늘부터 매일 쉬는 시간, 점심시간마다 이 운동장에 있는 철봉으로 나와 할 수 있을 때까지 철봉에 매달리기를 해라. 턱걸이를 못 해도 좋고 안 해도 된다. 다만, 무조건 철봉에 매일 매달리고 있어라. 누구나 얻을 수 있는 이 체력장 점수를 포기하고 싶지 않다면 내

말대로 해라."

물론 모두가 체육 선생님 말씀처럼 한 것은 아니었습니다. 하지만 제 친구는 정말 쉬는 시간 점심시간마다 철봉에 매달리기를 했습니다. 어떤 날은 비가 오는데도 나가 매달렸습니다. 그런데 어느 날 놀라운 일이 일어났습니다. 점심시간에 이 친구가 턱걸이를 하는 것이었습니다. 한 개가 두 개가 되고, 세 개가 열 개가 되었습니다. 처음에는 매달리는 시간이 너무 고통스러웠는데 이제는 턱걸이를 하면 정신도 맑아지고 공부도 더 잘된다고 했습니다. 결국, 그 친구는 체력장에서 저와 함께 만점을 맞았습니다.

기도를 힘들어하는 많은 성도에게 제가 드리고 싶은 말이 이것입니다. 기도 시간과 장소를 정하고 아무 할 말이 없어도 앉아 계십시오. 무릎을 꿇고 두 손을 모으고 주님의 이름을 부르십시오. 잡생각이 들어오고 답답해도 나를 보고 계시는 주님을 생각하고 몇 마디라도 건네 보십시오. 오늘 있었던 일, 해야 할 일, 좋은 일, 힘든 일, 어려운 문제와 고민까지 조금씩 조금씩 그분께 이야기해보십시오. 그리고 더 할 말이 없을 때가 되면, 조용히 그분 마음과 음성을 기다려보십시오. 이처럼 '기도 매달리기'부터 시작해보십시오. 낙심하거나 포기하지 마시고, 날마다 가장 소중하고 고요한 시간과 장소를 찾아 그분 앞에 매달리십시오. 몇 마디 기도가 시작되면 자신과 가족뿐 아니라 교회와 학교와 직장을 위해, 생각나는 사람, 부담되는 사람, 도움이 필요한 사람들을 위해, 나라와 민족을 위해 선교사님들을 위해, 자녀들이 만날 미래의 신랑과 신부 그리고 자녀들을 위해서도 기도해주십시오. 1분이 10분이 되고, 10분이 1시간이 되고, 1시간이 하루가 되다가, 어느 순간 어느 자리에서도 성령님과 함께 기도하는 사람이 될 것입니다. 기도는 하지 않기 때문에 못 하는 것입니다.

그러니 오늘부터 기도 매달리기를 시작해보십시오. 분명히 놀라운 날이 올 것입니다.

18:15 이제 사람들이 자기 어린아이들을 예수님께 데리고 왔는데, 그 이유는 예수님께서 아이들에게 손을 얹어 축복기도 해주시기를 바랐기 때문이다. 하지만 제자들이 그것을 보고 그렇게 하지 못하도록, 그들을 저지하고 꾸중했다.

16-17 그런 모습을 보신 예수님은 아이들을 가까이 오라고 부르신 후에, 제자들에게 이렇게 말씀하셨다.

"아이들이 나에게 오는 것을 허락해주세요. 막지 마세요. 하나님 나라는 이런 아이들의 것이기 때문입니다. 하나님 나라는 이런 아이들과 같은 태도를 지닌 사람들을 환영하기 때문입니다.

내가 그대에게 중요한 진리를 말합니다. 누구든지 아이들의 태도로 하나님 나라를 환영하지 않는 사람은, 그 어떤 사람도 하나님 나라로 들어갈 수 없습니다."

18 그리고 옆에 있던 높은 신분의 어떤 관리가 예수님께 이런 질문을 했다.

"선하신 선생님! 제가 무엇을 해야 영원한 생명을 상속할 수 있을까요?"

19-20 그러자 예수님은 그에게 이렇게 대답하셨다.

"먼저 그대의 표현부터 바로잡아야겠습니다. 그대는 왜 그리 쉽게 나를 선하다고 말합니까? 진정으로 선하신 분은 오직 하나님 한 분뿐입니다. 그대가 해야 할 일들은 이미 그대가 알고 있는 계명들입니다. 즉 간음하지 말고, 살인하지 말고, 도둑질하지 말고, 거짓

증거 하지 말고, 그대의 아버지와 어머니를 공경하는 것입니다."

21   이에 그 관리가 말했다. "방금 언급하신 계명들은 제가 어린 시절부터 잘 지켜왔습니다."

22   그 대답을 들으신 예수님은 관리에게 다음 말씀을 이어 해주셨다. "그대가 해야 할 일이 한 가지 남았습니다. 그것은 그대가 가진 모든 재산을 포기하는 것입니다. 그대의 재산을 다 처분해 가난한 사람들에게 주십시오. 그러면 다가오는 하나님 나라, 완성될 하나님 나라에서 그보다 더 엄청난 보물을 얻게 될 것입니다. 그렇게 한 후에 나를 따라오십시오, 나의 제자가 되십시오!"

23-25   하지만 예수님께서 하신 말씀을 다 들은 후에, 그 관리는 엄청난 고민에 빠져 매우 슬퍼했다. 왜냐하면 그는 엄청난 부자였기에, 자신이 가진 많은 재산을 포기하기 힘들었기 때문이다. 그 관리를 보시고, 예수님께서 이렇게 말씀하셨다.

"부자는 하나님 나라 안으로 들어가는 것이 너무나 어렵습니다. 차라리 낙타가 바늘귀로 들어가는 것이, 부자가 하나님 나라 안으로 들어가는 것보다 쉽습니다. 다시 말해 돈을 사랑하고 재물이 인생의 주인이 되어, 자기 소유를 포기할 수 없는 사람은 하나님 나라에 절대로 들어갈 수 없다는 말입니다."

26-27   예수님의 말씀을 여기까지 들은 주변 사람들이 예수님께 여쭈었다. "그렇다면 도대체 어떤 사람이 구원을 받을 수 있을까요?"

그래서 예수님께서는 이렇게 대답하셨다. "당연히 그것은 사람의 힘이나 노력만으로는 불가능합니다. 하지만 하나님과 함께하면 누구에게나 가능한 일입니다."

28-30   이제 베드로가 담대하게 말했다. "예수님! 보십시오. 우리는 가진 모든 것을 포기하고 예수님을 따랐고, 주님의 제자가 되었습니다." 그러자 예수님께서는 제자들을 향해 이렇게 말씀하셨다.

"그대들에게 중요한 진리를 하나 더 알려주겠습니다. 그것은, 누구든지 하나님 나라를 위해 자기 집이든, 부모든, 형제든, 아내든, 자녀든, 그 어떤 것이라도 포기한 사람은 지금 이 세상에서 여러 배로 보상을 받고, 더욱이 다가올 영원한 시간, 곧 완성될 하나님 나라에서는 영원한 생명을 누리게 된다는 것입니다. 그렇게 되지 않을 사람은 단 한 명도 없습니다."

Mountain's Insight

너는 무엇을 포기했느냐?

지난주에 교회에서 설교 준비를 하다 책상에서 깜빡 졸았습니다. 그런데 그 짧은 순간에 아주 특별한 꿈을 하나 꾸었습니다. 주님께서 제 서재에 들어오셔서 다짜고짜 이렇게 물으시는 것이었습니다.

"너는 무엇을 포기했느냐?"

제가 대답을 빨리 못하고 머뭇거리자, 주님께서는 질문을 다듬어 주셨습니다. "네 능력이 되지 않고 하기 싫어 포기한 것 말고, 할 수 있고 하고 싶었음에도 나를 위해 포기한 것은 무엇이냐?"

저는 그때 성령님께서 주신 지혜와 용기로 이렇게 말씀드렸습니다.

"주님! 제가 아직도 포기하지 못한 것이 많지만 그래도 주님을 위해 포기한 3가지가 있습니다. 첫째는 스마트폰을 포기했습니다. 스마트폰에 유용한 기능이 많지만, 저는 육신의 정욕에 빠지지 않으려고 최선을 다해 거절해왔습니다. 둘째는 자동차 운전을 포기했습니다. 처음에는 돈도 없고 기회도 없었지만, 이후에 면허를 따고 기회가 왔음에도, 차를 몰고 운전을 하면 거친 성품을 자극하고, 다른 차도 갖고 싶어질 것이고 말씀 연구보다 어디론가 놀러 가고 싶어 할 것 같아서, 안목의 정욕에 빠지지 않으려고 지금까지 최선을 다해 거절해왔습니다. 그리고 셋째는 저에게 여러 번 기회가 왔지만, 철저히 포기한 박사학위나 청빙과 같은 명예와 성공과 연결된 이생의 자랑입니다. 분명히 더 많은 돈과 인기를 얻을 수 있었지만 제가 어떻게 포기했는지를 주님도 잘 아실 것입니다."

잠에서 깨어나자, 에덴동산의 선악과가 생각났습니다. 아담과 하와가 그 아름답고 행복했던 에덴동산을 잃어버린 이유는 마땅히 포기해야 할 것, 그것을 포기하지 못했기 때문이었습니다. 먹음직했던 육신의 정욕, 보암직했던 안목의 정욕, 지혜롭게 되어 하나님처럼 되고 싶었던 이생의 자랑이 담긴 그 선악과 하나를 포기하지 못했던 것입니다. 결국, 그 선악과 하나를 포기하지 못함으로써, 그보다 더 크고 아름다운 하나님과 그분의 선물들을 모두 잃어버린 것입니다.

예수님을 믿지 않을 때는 수없이 '선택할 것'에 집중합니다. 그러나 진정 예수 그리스도를 만나고 나면, 우리가 새롭게 초점 맞추어야 할 것이 바로 '포기할 것'임을 깨닫습니다.

다시 말해, 선택이란 깊게 들어가면 포기의 문제입니다. 생계와 돈을, 욕심과 탐욕을, 성공과 유명함을 포기할 수 없어 우리는 결국, 예수 그리스도와 하나님 나라를 포기합니다. 사명과 십자가를 포기하고, 생명과 부활을 포기합니다. 또한, 참된 선택은 한 번의 결정이 아니라 이어지는 반복의 연속이듯, 참된 포기도 한 번의 인내나 취소가 아니라 이어지는 반복적 결단입니다.

저는 매일 아침 고백하고 선포합니다. "오늘도 나에게 수많은 선택이 주어지겠지만, 주님께서 주신 사명과 하나님 나라를 위해 반드시 포기해야 할 것이 있다면 단호하게 포기하리라!" 이 시간 잠시 눈을 감고 십자가의 주님을 떠올려보십시오. 우리를 구원하시려고 하늘 보좌를 포기하시고 육신을 입은 그분은 온갖 조롱과 배신을 당하시고 채찍질 당하신 몸으로 십자가에서 마지막 피를 흘리시며 우리에게 물어보십니다. "내 모든 것을 포기하고 너를 선택했는데, 너는 나를 위해 무엇을 포기하느냐?"

이제는 당신이 대답할 차례입니다. 말뿐이 아니라 삶으로 말입니다!

제3부

예루살렘 이야기 (18:31-24:53)

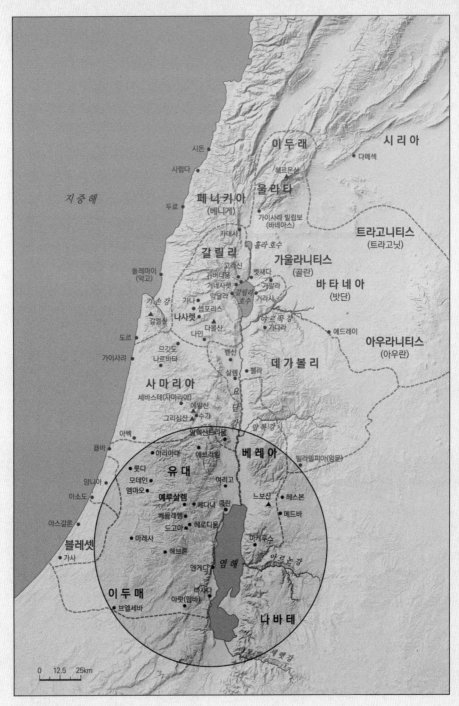

"예루살렘 이야기"
십자가와 부활의 사명을 감당하시고, 제자들에게 사명을 이어주며 마무리하시는 이야기가 담겨 있다.

18:31   이제 예수님께서 열두 제자들을 따로 모으신 후에 그들에게 중요
한 말씀을 하셨다.

"자! 드디어 내가 예루살렘으로 올라가는 여정이 마무리되는
시간이 되었습니다. 내가 예루살렘에 도착하면 거기서 참된 사람
의 아들인 나에 대하여 구약의 선지자들이 예언하고 기록했던 모
든 내용이 성취될 것입니다.

32-33   그렇게 되려면, 나는 배신당해 이방인 로마 사람들에게 넘겨질
것이고, 그 과정에서 조롱당하고 수치와 폭력을 당하며, 침 뱉음도
당할 것입니다. 결국, 그 로마인들은 나를 채찍질한 후 십자가에서
죽일 것입니다. 하지만 나는 3일이 지나 다시 살아날 것입니다."

34   하지만 안타깝게도 제자들은 예수님께서 하신 말씀을 깨닫지
못했다. 그 이유는 예수님께서 성취하실 모든 말씀의 핵심, 곧 십
자가와 부활 진리가 그들에게는 감추어져 있었기 때문이다. 그래
서 그들은 예수님께서 하시는 말씀의 의미를 볼 수 없었고 파악할
수 없었다.

35   이제 예수님께서 〔예루살렘 가기 바로 전에 자리 잡은 도시,〕 여리
고에 가까이 오셨는데, 그 여리고로 들어가는 길가에 한 시각장애
인이 앉아 구걸하고 있었다.

36-39   그 시각장애인은 그날따라 많은 사람이 무리 지어 지나가는 소
리를 들었고, 궁금하여 지나는 사람들에게 계속 무슨 일이 있느냐
고 물었다. 이에 그 무리 중 한 사람이 나사렛 사람 예수가 지나가

시기 때문이라고 알려주었다. 그러자 그 시각장애인은 큰소리를 지르며 이렇게 말했다.

"다윗의 아들 예수님! 저를 불쌍히 여겨주세요!"

그 시각장애인 앞을 지나가던 사람들이 시끄럽다고, 조용히 하라고 꾸중했다. 하지만 그 시각장애인은 멈추지 않고 더 크게 "다윗의 아들 예수님! 저를 불쌍히 여겨주세요!"라고 계속 소리를 질렀다.

40 그 소리를 들으신 예수님께서는 가던 길을 멈추시고, 그를 자신에게로 데려오라고 명하셨다. 그래서 사람들 손에 이끌려 그 시각장애인은 예수님 앞으로 가까이 왔고, 그를 보시고 예수님께서는 이렇게 물어보셨다.

41 "내가 그대에게 무엇을 해주기를 원하나요?" 그러자 그는 예수님께 "주여! 제가 온전하게 볼 수 있기를 원합니다!"라고 대답했다.

42 그러자 예수님께서는 그에게 "온전하게 보십시오! 그대의 믿음이 그대를 치유하고 구원했습니다"라고 선포하셨다.

43 그러자 그 즉시 시각장애인의 눈이 회복되어 온전하게 보게 되었다. 그는 하나님께 영광을 돌리며 예수님을 따라가 그분의 제자가 되었다. 이 모든 것을 본 백성은 하나님께 찬양을 드렸다.

Mountain's Insight

하나님 나라의 큰 그림

몇 년 전에 지방회 목사님들과 함께 처음으로 이스라엘 성지 순례를 떠났을 때의 일입니다.

공항에서 비행기가 이륙하자, 많은 목회자가 다양한 방법으로 자세를 잡기 시작했습니다. 편한 옷으로 갈아입기도 하고, 양말을 벗고 슬리퍼를 신기도 했습니다. 두세 시간 정도 지난 후에는 몇 명의 사모들이 분주하게 움직이기 시작했습니다. 옷과 신발을 챙겨 신고 화장도 하였습니다. 거의 내릴 준비를 마치고 있었던 것입니다. 하지만 누군가 와서 아직 한참 더 가야 한다고 하니, 모두 얼떨떨한 표정이었습니다. 나중에 알고 보니 어떤 분은 비행시간을 잘못 알고 있었고, 어떤 분은 중간에 환승하는 것으로 알았던 모양입니다. 이제 곧 내릴 줄 알았는데 꼼짝없이 10시간을 더 가야 한다니, 뒤늦게 알게 된 분들은 무척 힘들게 남은 비행시간을 감당해야만 했습니다.

긴 마라톤과 같은 인생에서, 이런 일은 비일비재합니다. 우리가 하려는 일이나, 참여한 과정에서 큰 그림을 보지 못하면 충분한 준비나 대비를 하지 못해 실수하게 되고, 그 과정에서 낙심하며, 무엇보다 지쳐서 중간에 그만두게 됩니다.

많은 학생이 공부를 하면서도 큰 그림을 보지 못하므로 단순한 지식 습득이나 대학 가기 위한 수단으로 그치고, 많은 젊은이가 결혼하지만 큰 그림을 보지 못하므로 이기적인 욕망과 성격 대립만 하다 이혼하게 됩니다. 많은 부부가 자녀를 낳지만, 자녀의 전 인생을 향한 큰 그림을 보지 못하므로 처음에는 그저 예뻐만 하다 성숙한 인생 과정에 들어오도록 이끌지 못해 결국 '사육'으로 그칩니다. 매주 홈스쿨링에 관심 있다고 말하며 상담하는 분들이 많지만, 책 한 권 읽지 않고 큰 그림을 그리지 못한 상태에서 대다수는 애먼 제 시간만 허비하고, 최악은 성급하게 시작했다가 자녀 인생을 더 어렵게 만드는 경우도 많습니다.

신앙도 마찬가집니다. 단순히 예수님을 믿으면 복 받거나 마음의 평안을 얻는다는 식의 단편적인 이야기나, 나중에 죽으면 천국 간다는 식의 막연한 결말만 기대해서는 안 됩니다. 하나님 나라의 시작과 그 완성이 어떻게 흘러가고 이어지는지 큰 그림을 볼 수 있어야 합니다. 그렇게 하려면 꾸준히 예배와 말씀을 통해 하나님 나라의 진리를 배워야 하고, 성실한 기도와 교제를 통해 하나님 나라의 큰 그림을 볼 수 있어야 합니다. 더 중요한 것은 그 하나님 나라 큰 그림에 자신이 어디쯤 있는지, 무엇을 해야 하는지를 파악하여 능동적으로 헌신하고 참여함으로써 그 하나님 나라를 지금부터 이루어가는 것입니다.

아직 한 해가 두 달 넘게 남았지만, 저는 이번 주에 내년 표어를 준비하고, 주일과 수요일에 진행하는 성경 말씀(누가복음, 신명기) 준비를 마무리한 후에 이어 전하게 될 말씀(사도행전, 욥기)을 생각하고 있습니다. 그뿐 아니라 주일 학생들이 건강한 청년과 부모가 될 수 있게 하는 훈련과 새가족 과정을 마친 성도들이 성숙한 성도가 되도록 돕는 예배를 준비합니다. 심지어 사랑하는 몇 분 성도의 장례식에 대해서도 늘 마음 준비를 하고 있습니다.

제발 짧은 유혹과 욕망을 따라 사는 데서 그치지 말고, 하나님께서 우리에게 주시는 큰 흐름을, 하나님 나라의 큰 그림을 볼 수 있도록 나아가십시오!

1-6 **19** 그리고 예수님께서는 여리고 안으로 들어가셨고, 그 도시의 거리를 지나가고 계셨다. 그 도시에는 삭개오라는 이름의 한 남자가 있었는데, 그는 세리장이고 부자였다. 그런데 그 삭개오는 〔예수님에 대한 소문을 듣고〕 예수님을 한번 뵙고 싶은 갈망이 있었다. 예수님이 어떤 분이신지 알고 싶었던 것이다.

하지만 예수님 주변에는 사람들이 너무 많았고, 자신은 키가 작았으므로 그렇게 할 수 없었다. 그래서 삭개오는 예수님과 사람들이 지나가는 길을 무리보다 더 앞질러 달려가, 〔길옆에 있는〕 돌무화과나무 위로 올라갔다. 거기 오르면, 예수님께서 지나가실 때 볼수 있으리라 여겼다.

〔잠시 후〕 삭개오가 기다리는 그 장소로 예수님께서 오셨다. 〔그런데 갑자기 삭개오가 올라가 있는 돌무화과나무 아래 근처에 오시더니〕 예수님께서는 위를 쳐다보시고 삭개오에게 이렇게 말씀하셨다. "삭개오 형제님! 어서 내려오세요! 오늘 내가 꼭 형제의 집에서 하룻밤을 머물러야겠습니다."

〔그 말씀을 들은〕 삭개오는 나무에서 서둘러 내려와 예수님을 자기 집으로 모셨다. 기쁜 마음으로 그분을 환영한 것이다.

7-10 그러자 주변에 있던 많은 사람은 이런 상황을 보고 "예수님이 죄인의 집에 들어가, 죄인과 함께 머문다!"라고 말하며, 수군거리고 비난했다.

이제 삭개오는 예수님 앞에 서서 이렇게 고백했다. "보세요! 주님! 제가 가진 재산의 절반을 처분해 가난한 사람들에게 나눠 주는 삶을 살겠습니다. 또한, 제가 누구의 것이라도 속여 빼앗은 것이 있다면 네 배로 갚으며 사는 삶을 살겠습니다. 이제 저는 소유 중심의 삶에서 관계 중심의 삶으로 바꾸고, 얻기만 하는 인생에서 나누는 인생이 되겠습니다."

그러자 예수님께서는 삭개오에게 다음과 같이 말씀하셨다.

"오늘, 하나님의 구원이 이 가정을 바로잡았고 하나님 나라가 이 집에 임했습니다. 이 사람 역시 아브라함의 아들(후손)이었고, 이제 하나님 백성으로 회복되었습니다. 이런 목적으로 참 사람의 아들인 내가 세상에 온 것입니다. 하나님의 잃어버린 영혼들, 파괴된 영혼들을 찾아 구원하고, 회복하기 위해 말입니다."

Mountain's Insight
당신의 모델은 누구입니까?

중학교 때, 교회 수련회에 갔다가 기타를 치는 형을 만났습니다. 그때만 해도 교회에 악기가 다양하게 없던 시절이어서, 수련회에서도 오직 형의 기타 반주 하나로 우리는 찬양했습니다. 형은 거의 말이 없었지만 늘 예배 시간에 일찍 와서 기타를 조율하고 기도로 준비했으며 어떤 장소, 어떤 상황에서도 최선을 다해 반주했습니다. 수련회 마지막 날 밤에 짓궂은 형과 누나들이 잠자는 아이들 얼굴에 모두 낙서를 했지만(심지어 자신들 얼굴에도), 오직 그 형의 얼굴에는 누구도 하지 않았습니다. 저는 형의 모습이 너무 멋있어 기타 연습을 열심히 했고, 결국 고등학교 시절부터는 교회에서 기타 반주를 할 정도가 되었습니다. 형은 제가 기타를 칠 수 있도록 모델이 되어주었습니다.

고등학교 때, 제가 섬기던 교회에 한 누나가 있었습니다. 키도 작고 얼굴도 평범했지만, 인상 깊었던 것은 누나의 성경책이었습니다.

너무 많이 읽어 겉표지는 심하게 낡아 있었고 무엇보다 그 성경책은 영어 성경이었습니다. 누나는 어떤 상황과 대화에서도 항상 성경을 중심으로 분별하고 이야기했습니다. 저는 누나에게 도전을 받고 거의 모든 영어 성경책 판본을 구입해 읽었으며 헬라어와 히브리어 성경을 포함해 수많은 번역을 읽고 연구하였습니다. 누나는 제가 성경을 사랑할 수 있도록 모델이 되어주었습니다.

대학교 때, 제가 사역하던 교회에 한 목사님이 있었습니다. 가정적이지 못하셨고 설교도 대단하지는 않으셨지만, 늘 기도에 전념하셨습니다. 얼마나 기도를 많이 하셨는지 무릎과 발등 수술을 3번이나 받았습니다. 제가 그 교회를 떠날 때, 목사님을 찾아가 마지막으로 저에게 진짜 목사가 되기 위한 조언을 한 마디만 해달라고 했습니다. 그러자 목사님은 조금도 주저하지 않고 자기 삶을 담아 이렇게 말씀하셨습니다. "항상 기도하세요!" 그 목사님은 제가 깊은 기도 안으로 들어갈 수 있도록 모델이 되어주었습니다.

제 인생에 이처럼 좋은 모델만 있었던 것은 물론 아닙니다. 이혼한 아버지가 있었고, 아는 것도 없이 제대로 준비하지도 않은 채 어설픈 지식을 가르친 선생들과 교수들도 있었습니다. 기도도 말씀도 없이 돈벌이 수단으로 목사직을 수행하는 가짜 목사들도 많았고, 술과 담배, 도박과 중독으로 인생을 망친 성도들은 더 많았습니다. 하지만 저는 그들 덕분에 제 인생에 모델로 삼지 말아야 할 유형도 알게 되었습니다. 가지 말아야 길, 배우지 말아야 할 방식, 본받지 말아야 할 태도를 거울 보듯 깨달은 것입니다. 이처럼 제 인생에 순방향의 모델만 기억하는 것이 아니라, 역방향 모델이 되어준 사람들도 기억하며 살고 있습니다. 결국, 제 인생의 순방향 모델들은 궁극적으로 예수님을 닮아 있었고, 역방향 모델은 그 반대였습니다.

잠시 생각해봅시다. 당신의 모델은 누구입니까? 당신이 그토록 닮으려고 하는 모델은 예수님과 얼마나 닮았습니까? 더 나아가 당신은 어떤 모델이 되어가고 있습니까?

19:11 〔방금 일어난 삭개오 사건을 보고〕 그 메시지를 듣던 제자들과 사람들에게 예수님께서는 이 사건과 연결하여 반드시 알아야 할 내용을 비유로 더 말씀하셨다. 사람들이 〔삭개오 사건의 중요성을 마음에 담지 못하고,〕 이제 예수님께서 예루살렘에 거의 다 도착하셨으니 즉시 하나님 나라가 이루어질 것이라고 막연히 기대하고 있었기 때문이다.

12-14 그래서 예수님께서는 다음과 같은 비유를 사용하셔서 말씀을 이어가셨다.

"좋은 혈통을 가진 한 사람이 먼 나라로 떠났습니다. 자신에게 주어질 왕권을 인정받고 수여받아 돌아오기 위함이었지요. 그 좋은 혈통의 사람은 그 긴 여정을 떠나기 전에 종 10명을 불러 각자에게 〔100일 치 품삯인〕 1므나씩 나눠 주고 '내가 돌아오기까지 이 돈으로 각자 사업을 하거라'라고 명하였습니다.

문제는 당시에 그 혈통 좋은 사람의 백성 중 일부가 그를 미워했다는 것입니다. 그래서 왕위를 수여받으러 가는 그의 뒤를 몰래 따라갈 사신단을 준비해 '우리는 이런 사람이 우리를 다스리는 왕이 되는 것을 원하지 않습니다'라는 내용을 담아 보내기까지 했습니다.

15-19 그런 반대와 어려움에도 그 혈통 좋은 사람은 왕권을 인정받고 수여받아 자신의 나라로 돌아왔습니다. 왕이 된 그 사람은 돌아오자마자 자신이 1므나씩 맡겼던 종들을 불러 모았습니다. 그리고 그들이 그 돈으로 어떻게 사업을 했는지 알아보았습니다.

먼저 첫 번째 종이 와서 말했습니다. '주인님! 당신께서 주신 1 므나로 〔열심히 사업을 해서〕 10므나의 수익을 얻었습니다.' 그러자 왕이 된 혈통 좋은 사람은 첫 번째 종에게 이렇게 말했습니다. '참으로 잘했구나! 충직한 종아! 내가 맡긴 작은 것에 신실하게 헌신했으니, 내가 너에게 10개의 도시를 다스릴 권세를 주겠다!'

이어 두 번째 종도 와서 말했습니다. '주인님! 당신께서 주신 1 므나로 〔열심히 사업을 해서〕 5므나의 수익을 만들어냈습니다.' 그러자 왕이 된 혈통 좋은 사람은 두 번째 종에게 이렇게 말했습니다. '너에게도 5개의 도시를 다스릴 권세를 주겠다!'

20-21 마지막으로 앞의 종들과는 다른 태도를 가진 종이 와서 이렇게 말했습니다. '주인님! 당신께서 제게 주신 1므나가 여기 있습니다. 제가 수건으로 잘 싸서 보관해 두었습니다. 제가 이렇게 한 이유는, 당신이 두려웠기 때문입니다. 당신은 엄격하고 지독한 분이셔서 맡기지도 않은 것을 달라고 하시고, 심지도 않은 것을 거두려고 하는 분이기 때문입니다.'

22-23 그러자 왕이 된 그 혈통 좋은 사람은 다른 태도를 보인 그 종에게 이렇게 말했습니다. '네가 지금 나에 대해 평가한 말 그대로 너에게 심판을 내리겠다! 이 악한 종아! 네가 나를 엄격하고 지독한 존재로 알고 있었느냐? 지금껏 내가 맡기지도 않은 것을 달라고 하고, 심지도 않은 것을 거두려는 인간으로 알고 있었느냐? 네가 정말로 나를 그런 사람으로 알았다면 어째서 내가 준 돈을 은행에 저축이라도 해두지 않았느냐? 그렇게 했다면 최소한 내가 돌아왔을 때 그 돈과 이자라도 얻을 수 있었을 것이다! 하지만 너는 그렇게 하지도 않았다. 그것은 네가 나를 잘못 알았기 때문이다. 〔너는 내가 왕권을 받아오지 못할 것으로 생각했기에 너에게 기대하면서 맡긴 소중한 기회를 헛되게 만들어버린 것이다.〕'

24-27 그리고 옆에 서 있는 사람들에게 명령했습니다. '저 종이 가지고 있는 1므나를 빼앗아 10므나 가진 종에게 주어라!' 그러자 옆

에 서 있는 사람들이 이렇게 말했습니다. '주인님! 그 사람은 이미 10므나를 가지고 있습니다.' 그럼에도 그 왕이 된 고귀한 사람은 이렇게 말했습니다. '내가 너희에게 아주 중요한 이야기를 해주겠다. 누구든지 내가 주는 것을 받을 만한 자에게는 더 많은 것이 주어지겠지만, 내가 주는 것을 받을 만한 자격이 없는 자에게는 그 가지고 있는 것조차 빼앗기게 된다는 것이다. 더 나아가, 내가 왕이 되는 것을 원하지 않고 반대하던, 나의 원수들을 이리로 끌고 와라! 그리고 내 앞에서 그놈들을 모조리 죽여라!'"

28 예수님께서는 이 비유를 사람들에게 말씀하신 후에 앞으로 나아가셨다. 예루살렘을 향해, 그분께 주어진 사명을 향해 올라가신 것이다.

Mountains Insight
나에게 맡겨진 것

거의 10년 전, 자녀들 홈스쿨링을 시작하고 준비하고자 기도하면서 관련 도서를 찾아 읽다가, 나름대로 홈스쿨링으로 유명했던 한 목사님을 만났습니다. 홈스쿨링 역사와 한국의 실정 및 성경적인 방향에 대해 많은 이야기를 들었습니다. 하지만 이상하게도 목사님 자신의 가정과 자녀에 관한 이야기는 거의 들을 수 없었습니다. 그래서 모든 대화가 마무리될 즈음, 목사님은 가정에서 자녀들과 무엇을 하는지를 질문했습니다.

하지만 목사님은 홈스쿨링에 관한 여러 세미나 준비와 강의 참석으로 너무 바빠 자녀들 얼굴도 보기 힘들다며 자랑스럽게 말했습니다. 그러면 사모님은 어떤 일정을 보내는지 물어보았더니, 아내도 자신과 비슷한 일정으로 움직인다고 했습니다. 그래서 저는 마지막으로 이런 질문을 했습니다. "두 분 다 홈스쿨링에 관련된 일을 하시느라 그렇게 분주하시면 정작 두 분 가정에 하나님께서 맡겨주신 자녀들을 위해서는 어떤 홈스쿨링을 하시나요?" 그러자 갑자기 말문이 막힌 목사님은 이런저런 변명을 하더니, 깜빡한 일정이 있어 가봐야겠다고 하며 자리에서 일어섰습니다. 저는 떠나는 그분의 뒷모습을 보며 마치 땅바닥에 떨어진 동전 몇 개를 줍는 데 정신이 팔려 자기 품에 맡겨진 소중한 것을 흘리는 어떤 사람의 모습이 연상되어 참으로 씁쓸했습니다.

많은 사람이 자신에게 없는 것에 대해 말을 많이 하고, 자신이 갖고 싶은 것에 관해서도 많이 이야기합니다. 그러나 정작 각자에게 이미 주어진 것에 대해서는 별 관심이 없습니다. 하나님이 우리에게 이미 맡기신 것에 대해서는 대다수 소홀하다는 것입니다. 텔레비전에 나오는 연예인들의 가족과 일상에는 그토록 관심이 많으면서 정작 자기 가정과 자녀에는 무관심하고, 다른 교회와 목사에 관한 이야기는 그렇게 신경 쓰면서 정작 자신이 출석하는 교회에 관해서는 관심이나 섬김이 부족합니다. 이러한 흐름은 결국, 자기 생명이나 영혼과 전혀 상관없는 것에만 인생을 허비하게 되어 정작 하나님께서 우리에게 맡겨주신 생명, 가족, 신앙 그리고 사명이라는 소중한 것은 늘 뒤로 미루고 무관심하고 무책임하게 반응하는 악순환이 지속됩니다.

그러므로 지금이라도 자신에게 맡겨진 것을 돌아보고 점검하여 마음을 쏟길 부탁드립니다. 자기 육체와 영혼에, 가정과 자녀에게, 신앙과 교회에 말입니다. 하나님께서 나를 믿고 맡겨주신 작지만 소중한 것에 시간과 물질과 정성을 쏟아봅시다. 내가 앞으로 맡을 것이 아니라, 지금 맡겨진 것에 우선순위를 두어 최선을 다해 섬기고, 인정받아 열매를 거두길 기대합니다. 그러면 자연스럽게 더 크고 위대한 삶이 펼쳐질 것입니다.

십자가교회를 개척하고 나서 친구들, 동역자들 그리고 저를 만나고 싶다는 많은 지인에게 늘 아쉬운 소리를 들으며 지냅니다. 그들이 좀 만나자고 하는 자리에, 함께 모여 식사하자는 자리에, 심지어 강의

나 설교로 메시지를 전해달라는 자리에도 저는 거의 거절 답변을 보내기 때문입니다. 그들은 제게 "목사님, 더 큰 일을 해보세요!"라고 도전하기도 합니다. 최근에도 저에게 양복이나 구두를 사주고 싶다는 사람들, 함께 식사하며 삶을 나누고 싶다는 사람들, 심지어 유튜브 방송을 하자는 사람도 있었습니다. 물론 그들을 만났다면 저는 좋은 옷이나 신발도 얻고 지금보다는 유명해지고 새 활력이나 인기를 얻었을 것입니다. 하지만 저는 정중하면서도 단호하게 대답합니다.

　"제가 듣고 싶은 말은 오직 하나뿐입니다. 주님께서 다시 오셨을 때, '착하고 충성된 종아! 내가 너에게 맡겨준 작은 일에 충성했구나!'라는 칭찬 말입니다. 저는 그거면 충분합니다."

19:29 그리고 이런 일이 있었다. 예수님께서 예루살렘 앞에 있는 산, 올리 브나무가 많아 올리브 산으로 불리는 높은 지역에 있는 벳바게와 베다니 동네에 가까이 오시자, 제자 둘을 먼저 보내신 것이다.

30-31 〔그들을 보내시며〕 예수님께서는 다음과 같이 말씀하셨다.

"그대들이 앞에 있는 마을〔벳바게〕에 들어가면, 지금까지 아무도 타본 적 없는 어린 나귀 하나가 묶여 있는 모습을 발견할 것입니다. 그러면 그것을 풀어 끌고 오십시오. 만약 그 과정에서 누가 '당신! 왜 이 어린 나귀를 함부로 풀어 가져가는 거요?'라고 물어보면 '이 어린 나귀의 진정한 주인이 필요로 하십니다'라고 말해주십시오."

32-34 예수님께서 보내신 제자 두 명이 그 마을에 가보니, 정말로 주님께서 말씀하신 대로 그 어린 나귀가 있었다. 제자들은 예수님께서 지시하신 대로 매여 있는 어린 나귀를 풀기 시작했다. 그러자 그 어린 나귀의 주인 되는 부부가 그 상황을 보고 "당신! 왜 이 어린 나귀를 함부로 풀어 가져가는 거요?"라고 물었다.

그래서 제자들은 "이 어린 나귀의 진정한 주인께서 필요로 하십니다"라고 대답했고, 그러자 모든 문제가 해결되었다.

35-36 그렇게 제자들은 예수님께로 그 어린 나귀를 끌고 왔다. 제자들은 자신의 겉옷을 펼쳐 나귀 등 위에 펼쳐 놓고, 예수님께서 그 위에 타시도록 해드렸다. 이어 예수님께서 어린 나귀를 타시고 예루살렘을 향하여 나아가시자 주변에 있던 사람들도 자기 겉옷을

벗어 그분이 가시는 길 앞에 계속 깔아 놓았다.

37-38　　어린 나귀를 타신 예수님께서 올리브 산의 내리막길을 다 내려
오셔서 이제 예루살렘[에 있는 성전산]을 향해 올라갈 지점에 이
르자, 예수님과 함께 가던 모든 제자의 무리가 하나님을 향해 큰
소리로 기쁘게 찬양하기 시작했다. 예수님께서 지금까지 여러 지
역에서 능력 있게 행하신 모든 일에 관해서였다.

　　그들은 이렇게 큰 소리로 말했다. "우리 주인으로 오시는 분,
우리 왕으로 오시는 분께 찬양을 올려 드립니다! 하늘에는 평화
가! 가장 높은 곳에 영광이!"

39-40　　그런데 그 상황을 보고 있던 바리새인 중에 몇 명이 찬양하는
무리에서 나와 예수님을 향해 이렇게 말했다. "선생이여! 당신의
제자들이 하는 말들을 그치라고 하십시오!"

　　그러자 예수님께서는 이렇게 대답하셨다. "내가 중요한 말을 하
겠습니다. 만약 이 사람들이 침묵한다면, 돌들이 소리칠 것입니다."

41-44　그렇게 예루살렘으로 향한 오르막길을 다 올라오신 예수님은, 예
루살렘이 가까워지자 그 도시를 보시고 마음 아프게 우셨다. 마치
예루살렘을 사람인 양 부르시며 이렇게 슬프게 말씀하셨다.

　　"예루살렘아! 네가 오늘이라도 평화를 이루는 것이 무엇인지
알 수 있다면 얼마나 좋으랴! 하지만 그 평화가 지금 네 눈에는 가
려져 있구나! 내가 이렇게 슬퍼하는 이유는, 네가 멸망하는 날이
오기 때문이다. 그날에 네 원수들이 주변을 둘러싸고 포위하는 공
성전을 해서, 너를 말라 죽게 할 것이다. 그리고 네 원수는 성안으
로 들어와 네 미래가 되는 자녀들을 땅에 메어쳐 잔인하게 죽일
것이고 너를 이루는 성의 돌 하나도 돌 위에 남지 못할 정도로 철
저하게 파괴할 것이다. 그 이유는 하나님께서 너를 찾아오시는 날
을 몰랐기 때문이다. 하나님의 아들이 너를 방문하는 날을 무시하
고 무관심했기 때문이다."

내가 누구인지 분명하게 할 때

"여기 누구 우리 모두를 위해 기도할 사람 없나?"

1995년 6월, 무척이나 더운 날이었습니다. 춘천 102 보충대에서 신병 교육을 마무리하던 날, 갑자기 대대장님이 나오셔서 마지막 사열식을 앞두고 그곳에 모인 수백 명의 신병을 위해 기도할 사람을 찾았습니다. 놀라운 사실은 그 대대장님은 기독교인이 아니었다는 점이었습니다. 오히려 평소 스스로 무신론자임을 자랑했습니다. 그런데도 마지막으로 어떤 불안감이 있었는지 아니면 어떤 기대감이었는지 모르겠지만 대대장님은 자신을 포함해 이제 곧 자대로 헤어질 모든 신병을 위해 기도할 사람을 찾은 것입니다. 정적이 연병장을 뒤덮었습니다. 그때 제 영혼 깊은 곳에서 하나님의 강력한 이끄심이 일어났습니다.

저는 큰 소리로 관등성명을 외치고 강단 앞으로 뛰어나갔습니다. 그리고 담대하게 그곳에 모인 모든 영혼을 위해 기도했습니다. 그때 저는 알았습니다. 하나님께서 이곳에 모인 모든 사람의 주인이시며 세상 모든 역사의 주관자이심을 말입니다. 그때 저는 또 분명하게 알았습니다. 제가 누구인지를 분명하게 할 때, 하나님께서도 어떤 분이신지를 선명하게 나타내신다는 것을 말입니다.

물론 그렇게 앞에서 드러내 기도하는 바람에, 자대에 배치받은 후 독실한(?) 기독교인으로 찍혀 군 생활 초기에 시련과 어려움이 상당히 많았습니다. 하지만 군종 보직도 없던 부대에서 저는 자연스럽게 군종 위치로 인정받았습니다. 이등병 때는 아무도 책을 읽을 수 없었지만, 제가 성경을 읽는 것에 대해 누구도 뭐라고 하지 않았습니다. 군 생활로 힘들어하는 신병들이 있으면 누구나 제게 상담을 받아보라고 했고, 주일이나 수요일, 금요일이나 성탄절에 제가 교회에 종일 있는 것에 개인적으로 얼차려도 주고 비난도 했지만, 제가 부대 교회를 위해 헌신하는 일이나 예배 전 각 소대를 돌면서 예배에 참석하려는 장병을 모으는 일에 누구도 공개적으로 반대하지는 않았습니다.

그들은 모두 더운 여름에 교회에서 준비한 시원한 차를 기분 좋게 얻어 마셨으며, 차가운 겨울밤에 근무 설 때, 교회가 준비한 따뜻한 차를 기다렸습니다. 여자 친구와 헤어질 위기가 되면 제게 찾아와 편지를 써달라고 했고, 어려운 일이 있을 때마다 조용히 찾아와 기도를 부탁했습니다. 저는 그때마다 최선을 다해 섬겼고 복음을 전했습니다. 그때 저는 알았습니다. 어떤 장소에서도 어떤 사람에게도 예수님이 필요하다는 사실을 말입니다. 그때 저는 또 하나 분명하게 알았습니다. 제가 누구인지를 분명하게 할 때, 예수님께서도 어떤 분이신지를 선명하게 나타내신다는 것을 말입니다.

예수님을 믿는 당신의 삶이 아름답고 존귀하게 되길 원합니까? 그렇다면 지금 자신이 몸담은 시간과 장소와 관계 속에서 자신이 누구인지 분명하게 하십시오. "나는 하나님의 아들과 딸이며, 예수 그리스도의 제자이며, 성령님의 거룩한 통로"라고 선포하십시오! 겸손함과 사랑을 담아 담대하고 따뜻하게 말입니다. 꼭 입술로 나오는 말이 아니어도 상관없습니다. 그대의 표정이, 섬김이, 나눔이, 기도가, 기다림이 그 선포와 연결되게 하십시오. 그러면 그때 여러분은 알게 될 것입니다. 성령님께서 얼마나 대단한 분이시며 얼마나 놀라운 일을 하시는지를 말입니다. 자신이 누구인지를 분명하게 할 때, 성령님께서도 어떤 분이신지를 선명하게 나타내신다는 것을 말입니다.

"자비한 자에게는 주의 자비하심을 나타내시며, 완전한 자에게는 주의 완전하심을 보이시며 깨끗한 자에게는 주의 깨끗하심을 보이시며 사악한 자에게는 주의 거스르심을 보이시리이다"(삼하 22:26-27).

19:45-46   그리고 예수님께서는 예루살렘의 성전 안으로 들어가셨다. 〔가장 먼저는, 성전 구역 가장자리에 있는 이방인의 뜰에서〕 장사하는 사람들을 모두 내쫓으셨다.

그들을 쫓아내시며, 그곳에 모인 사람들에게 이렇게 말씀하셨다. "나의 집인 성전은 기도하는 곳이 되어야 한다고 구약 성경에 기록되어 있습니다. 〔이것이 이 장소가 가진 근원적이고 본질적인 목적입니다.〕 그런데 여러분은 이곳을 강도들이 빼앗고 훔친 것을 나누는 장소로 변질시켜버렸습니다."

47   그러고서 예수님께서는 날마다 성전에서 하나님 말씀을 계속 가르치셨다. 그러자 대제사장과 서기관 및 백성의 지도자들은 그런 예수님을 죽이려고 혈안이 되어 있었다.

48   하지만 그들은 예수님을 죽일 기회를 찾을 수 없었다. 백성이 모두 다 그분 말씀을 들으려고 언제나 그분 옆에 달라붙어 있었기 때문이다.

1   **20** 그리고 이런 일이 있었다. 그날도 예수님께서 성전에서 백성에게 하나님 나라 복음을 말씀으로 가르치고 계셨는데, 성전에서 가장 큰 권위와 권세를 가진 대제사장들과 서기관들이 장로들과 함께 그분 앞에 나타난 것이다.

2   그들은 예수님을 향해 이렇게 질문했다. "당신은 성전에서 물건 파는 사람을 내쫓고, 백성에게 말씀을 담대하게 가르치는데, 도대체 무슨 권위로 이런 일을 하는 것이오? 도대체 누가 당신에게 이렇게

할 수 있는 권세를 주었소?"

3-4   그러자 예수님께서는 도리어 그들을 향해 질문으로 대답하셨다. "그러면 나도 그대들에게 하나 물어볼 것이 있습니다. 그대들이 먼저 내 질문에 대답해보십시오. 그러면 나도 질문에 답하겠습니다. 요한이 요단강에서 베풀었던 세례는 그 기원이 어디에서 온 것입니까? 하늘에 계신 하나님에게서입니까? 아니면 그저 이 땅에 있는 사람에게서 나온 것입니까?"

5-7   이런 질문을 받은 대제사장들과 서기관들과 장로들은 자기들끼리 모여 의논하면서 이런 말을 주고받았다. "요한의 세례를 '하늘에 계신 하나님에게서 나온 것'이라고 말한다면, 당연히 저 예수라는 자가 '그런데 어째서 그대들은 요한을 온전히 믿지 않는 것이오'라고 공격할 것이고, '이 땅에 있는 사람에게서 나온 것일 뿐'이라고 한다면, 백성은 세례 요한을 선지자로 이미 확신하고 있으므로 모두 다 우리를 돌로 쳐 죽일 것입니다."

그래서 의논을 마친 대제사장들과 서기관들과 장로들은 "우리는 요한의 세례가 어디서부터 나왔는지 잘 모르겠소!"라고 대답했다.

8   그러자 예수님께서도 그들에게 이렇게 대답하셨다. "그대들이 내가 물어본 중요하고 근원적인 질문에 대답하기를 거절함으로 내 대답을 들을 준비가 되어 있지 않으니, 나 역시 내가 어떤 권세로 이런 일을 행하는지 답하지 않겠습니다."

Mountain's Insight
그대의 근원에는 무엇이, 누가 있습니까?

몇 년 전에 유명한 교수님께서 쓰신 신학 논문 한 편을 인터넷에서 읽었습니다. 아주 훌륭한 논문이었는데 그 내용 중 하나는 제가 기존에 알던 성경 내용과는 많이 다른 특이한 주장이었습니다. 논문의 각주까지 꼼꼼히 살펴보았지만, 안타깝게도 그런 주장을 펼치게 된 타당한 이유나 참고 도서도 발견할 수 없었습니다. 그래서 어렵게 그 저자인 교수님께 연락해 이런 내용을 주장하게 된 근거가 무엇인지 최대한 정중하게 여쭈어보았습니다. 참고할 만한 도서나, 그런 주장을 펼친 다른 학자가 있는지를 알아보았습니다. 교수님은 조금 당황하시더니 자신이 외국에서 유학할 때, 개인적으로 존경하던 원로 교수님이 강의 시간에 하신 말씀을 그대로 옮겼다고 했습니다. 제가 집요하게 그 교수님에게까지 연락해본 결과, 그 원로 교수님은 자신이 그런 말을 한 기억이 없다고 하셨습니다. 심지어 그런 내용은 잘못된 것이라고까지 말씀해주셨습니다. 얼마 후, 그 논문은 인터넷에서 사라졌습니다. 저는 참 허탈한 마음이 들었습니다. 아무런 근거도 없는 내용을 찾아보려고 허비한 시간이 너무나 아까웠습니다.

안타깝게도 이런 일은 지금도 계속해서 일어나고 있습니다. 성경을 많이 읽었다고 자부하는 목회자가 신학적으로 과격한 주장을 강단에서 거침없이 하지만, 결국 알고 보면 평생 제대로 된 책 한 권 읽지 않다가 이상한 사람이 쓴 검증되지 않은 책에서 베낀 것일 때가 많습니다. 영적인 체험이 많다고 하는 장로님도 종말에 대해 성경에서 찾을 수 없는 내용을 하나님 음성처럼 주장하지만, 결국 알고 보면 이단 사이비의 유튜브 방송에서 영향을 받은 경우도 보았습니다. 기도를 많이 한다는 어떤 전도사도 세상만사를 다 아는 것처럼 판단하고 사람들을 조종하려고 하지만, 결국 알고 보면 신앙도 없는 자기 아들과 딸의 말에 휘둘려 속아 넘어간 것이었습니다.

문제는 자신이 옳다고 믿는 것이든, 이렇게 해야 한다고 주장하는 것이든 그것이 대체 어떤 근원에서 나온 것인지를 주의 깊게 끝까지 알아보지 않으려 한다는 것입니다. 하나님 사람들은 반드시 자신이 하는 말과 태도, 결정과 주장, 선택과 계획의 근원에 무엇이 있는지를 끝까지 궁구하여 그 근원을 밝히는 훈련을 해야 합니다. 그 과정이 힘들고 어렵더라도 시간이 오래 걸리더라도 그렇게 해야 합니다. 그 근원이 분명하지 않거나 거기에 하나님이 계시지 않는다면 아무리 솔깃해도 포기할 수 있어야 합니다.

하와가 선악과를 따먹게 된 이유를 수천 가지로 합리화할 수 있겠지만 결국 뱀의 음성을 들었기 때문이고, 아간이 여리고의 물건을 감춘 이유를 수백 가지로 댈 수 있겠지만 결국 자기 욕망의 소리를 들었기 때문입니다.

하지만 실패처럼 보인 이사야와 예레미야의 사역, 진리를 전하고 죽은 스데반과 야고보의 삶의 근원에는 하나님께서 계셨습니다. 무엇보다 예수 그리스도의 모든 사역의 근원에는 하나님의 말씀과 사랑과 사명이 있었습니다.

정말 존귀한 하나님의 사람으로 살고 있다고 자부합니까? 그러면 지금 자기 사역의 근원을 점검해보십시오. 그 근원에 무엇이, 누가 있는 것입니까?

20:9-16 하지만 예수님께서는 〔방금 전 대제사장들과 서기관들과 장로들이
질문한 '권위의 근원'에 관한 답변으로〕 다음과 같은 비유를 말씀하
기 시작하셨다.

"어떤 사람이 포도나무들을 심어서 좋은 포도원 하나를 만들었
습니다. 그리고 그 포도원 관리를 몇몇 소작인들에게 맡기고 자신은
외국으로 간 후, 상당한 시간이 흘렀습니다. 드디어 포도나무에서
열매를 맺을 충분한 때가 되자 주인은 자신의 포도원에서 수확한 포
도 중 일부를 받아보려고 소작인들에게 자신의 종을 하나 보냈습니
다. 그런데 그 소작인들은 주인이 보낸 첫 번째 종을 때린 후에 빈손
으로 쫓아버렸습니다.

그래서 그 포도원 주인은 자신의 또 다른 종을 보냈습니다. 하지
만 그 소작인들은 두 번째 종도 살이 벗겨지도록 때리고 모욕까지
한 후에 빈손으로 쫓아버렸습니다.

그래서 그 포도원 주인은 자신의 다른 종을 또다시 보냈습니다.
하지만 그 소작인들은 세 번째 종까지 피가 흐를 정도로 심하게 때
린 후에 빈손으로 쫓아버렸습니다.

그러자 그 포도원 주인은 고민하다 이렇게 말했습니다. '아! 어
떻게 하면 좋을까? 그래! 나의 사랑하는 유일한 아들을 보내야겠다.
그들이 다른 사람은 몰라도 내 아들은 존중하지 않겠는가!'

하지만 그 소작인들은 포도원 주인의 아들을 보고 다르게 반응했
습니다. 그들은 포도원 주인의 아들에 대해 이렇게 의논하고 결정했
습니다. '저 아들은 포도원 주인의 상속자가 아니냐! 저 아들을 죽여

버리자! 그러면 포도원은 우리 차지가 될 것이다!'

그래서 소작인들은 포도원 주인의 아들을 포도원 밖으로 끌고 간 후 거기서 죽였습니다. 자! 이런 악한 인간들을 그 포도원 주인은 어떻게 처리할까요? 당연히 주인이 직접 포도원으로 와서 그 악한 소작인들을 끝장낼 것입니다. 그리고 자기 포도원은 다른 좋은 사람들에게 줄 것입니다."

예수님의 비유를 다 들은 사람들은 이렇게 반응했다. "설마 그런 일이 있겠습니까? 절대로 그런 일이 일어나진 않을 것입니다[그런 일이 일어나지 않길 바랍니다]."

17-18 그러자 예수님께서는 사람들을 [강렬하게] 바라보신 후에 말씀을 이어가셨다.

"그렇다면 어째서 구약 성경에 '건축하는 자들이 쓸모없다면서 내다 버린 돌 하나가 결국 그 건축물 전체의 머릿돌이 되었도다'[시편 118편 22절]라는 내용이 예언처럼 기록되어 있을까요?

악한 소작인들이 포도원 밖으로 끌고 나가 죽인 포도원 주인의 아들이, 건축자들이 쓸모없다면서 내다 버렸으나 하나님 나라의 머릿돌이 된 그 돌입니다. 그러므로 이 돌에 대항하여 그 위로 떨어지는 존재는 산산조각이 날 것이고, 그 돌이 대항하여 어디로든 위에서 떨어진다면 그것이 무엇이든 그 아래 있는 것은 가루가 될 것입니다. 다시 말해 그 누구도, 무엇도 그 돌, 하나님의 아들에게 대항하거나 반대하면 무시무시한 결과만 남게 됩니다."

19 예수님께서 하신 비유와 인용한 구약 성경 말씀까지 다 들은 서기관과 대제사장들은 당장이라도 그 자리에서 예수님을 붙잡아 처리하고 싶었지만, 백성이 두려워 그렇게 할 수 없었다. 그들은 예수님께서 하신 비유와 그분이 인용하신 구약 성경이 자신들에 대한 것임을 알아차렸다.

20 [자기 손으로 직접 예수님을 처리할 수 없다고 판단한] 대제사장들과 서기관들은 교묘하게 예수님께서 하시는 말씀에서 [정치적인] 트집을 잡아, 로마 총독과 사법권에 고소하려고 첩자들을 몰래 보냈다. [물론 그 첩자들은 마치 의로운 사람처럼 변장해 예수님께 접근했다.]

21-22 그 첩자들은 예수님께 이런 가식적인 말로 시작했다. "선생님! 우리는 당신이 옳은 말씀만 하시고 바른 진리를 가르치시며 그 어떤 선입견 없이 오직 진리로 하나님의 길을 우리에게 알려주시는 분이심을 압니다. 저희가 하나 궁금한 것이 있습니다, 하나님 백성인 우리 유대인이 저 로마 황제에게 세금을 바치는 것이 옳은가요? 아니면 바치지 않는 것이 옳은가요?"

23-26 예수님께서는 첩자들이 의도한 간계를 파악하시고 이렇게 질문함으로 답을 시작하셨다. "먼저 나에게 세금으로 내는 돈, 데나리온을 가져와 보여주십시오. 그 동전 안에 어떤 형상과 글귀가 담겨 있습니까?" 그러자 그 첩자들이 "로마 황제, 가이사의 얼굴과 글이 담겨 있습니다"라고 대답했다.

이에 예수님께서는 그들에게 결정적인 말씀을 하셨다. "그렇다면 가이사의 것은 가이사에게 돌려주십시오. 그리고 하나님의 것은 하나님께 돌려드리십시오."

결국, 예수님께서 백성 앞에서 하시는 말씀에서 정치적인 트집을 잡아 로마 총독과 사법권에 고소하려는 간계는 실패했다. 오히려 예수님의 깊고 탁월한 대답으로 찔림과 충격을 받아 침묵할 수밖에 없었다.

나는 무엇을 주는 사람입니까?

지난 2주간 십자가교회 청년부 사역자를 구하려고 몇 분의 전도사님 그리고 목사님들과 면접을 보느라 시간을 많이 썼습니다. 저보다 나이가 많은 분도 있었고, 적은 분도 있었습니다. 지식적으로 탁월한 분도 있었고 목회 경험이라고는 전혀 없는 분도 있었습니다. 어떤 분과는 식사도 했고, 또 어떤 분과는 차도 마셨습니다. 식사도 차도 없이 짧은 대화만 나눈 경우도 있었습니다. 다양한 시간, 다양한 주제, 다양한 질문과 대답이 오가는 대화를 나누었지만, 궁극적으로 십자가교회 담임 목사로서 제가 초점을 맞춘 것은 "결국, 이 지원자가 십자가교회에 무엇을, 얼마나 줄 수 있는지"에 대한 것이었습니다.

아무것도 줄 수 없는 사람은 우리 교회에 무의미하며, 조금밖에 줄 수 없는 사람은 군이 사례비를 주면서 사역자로 채용할 이유가 없었습니다. 좋은 것보다 나쁜 것을 더 많이 줄 것 같은 사역자는 우리 교회에 필요 없는 사람이며, 목회 사역과 관련 없는 것만 줄 것이 뻔한 사람은 반드시 거절해야 할 사역자로 결정했습니다. 그래서 십자가교회에 복음에 합당한 것을 건강하고 신실하게 줄 수 있는 사람을 한 명 뽑게 되었습니다.

사역자만 그런 것이 아닙니다. 십자가교회 성도들도 모두 다 무엇인가를 주는 사람입니다. 아무것도 주지 않는 성도는 한 명도 없습니다. 그러면 누군가 이렇게 말할지도 모르겠습니다. "목사님, 제가 아는 어떤 성도는 교회에 헌금도 봉사도 아무것도 하는 것이 없는데요" 혹은 "저 아이들이 교회에 무엇을 준단 말입니까?"라고 말할지 모르겠습니다. 하지만 그렇지 않습니다. 자세히 보면 누구나 무엇인가를 줍니다. 심지어 이 코로나 시기의 비대면 상황 속에서 말이죠.

어떤 성도는 무관심을 줍니다. 교회의 어떤 것에도 관심이 없습니다. 예배의 자리에 나왔지만 누군가의 인사에도 응답하지 않고, 예배 시간 내내 찬양도 기도도 선포도 함께하지 않습니다. 침묵하고 있다가 어느 순간 잠듭니다. 어떤 성도는 부정적인 영향만 줍니다. 예배 시간 내내 고개 숙이고 있다가 자기 마음에 들지 않는 말이 나오면 눈을 치켜떠서 째려보고 하나님 말씀과 상관없는 세상 정보나 불평불만에 민감하고 헛된 종말론에 빠져 가짜 뉴스만 전달합니다. 하지만 어떤 성도는 밝은 인사를 주고, 어떤 성도는 중보기도를 주고, 어떤 성도는 꽃을 주고, 어떤 성도는 눈물을 주고, 어떤 성도는 선물을 줍니다. 어떤 성도는 큰 소리로 아멘을, 어떤 성도는 따뜻한 미소를 줍니다. 어떤 성도는 문자와 전화를 주고 어떤 성도는 기도 제목과 받은 은혜를 줍니다. 다시 말하지만, 아무것도 주지 않은 성도는 한 명도 없습니다. 모두가 무엇인가를 줍니다. 중요한 것은 자신이 주는 것이 성도의 덕을 세우며 하나님께서 받으실 만한 것인가에 달려 있습니다.

마지막 날 우리가 하나님 앞에 다시 섰을 때, 살면서 무엇을 받았느냐에 대해서는 물어보지 않으실 것입니다. 오히려 우리가 무엇을 주었느냐를 확인하실 것입니다. 세상은 우리가 받은 것으로 변화되는 것이 아니라, 우리가 준 것으로 변화되기 때문입니다. 진정한 그리스도인은 시련을 받아도 감사를, 아픔을 받아도 기쁨을, 가난을 받아도 나눔을, 죽음의 십자가를 받아도 부활 생명을 주는 사람입니다. 결국, 우리가 받은 것이 아니라 우리가 준 것이 우리를 완성할 것입니다.

나는 무엇을 주는 사람입니까?

20:27 이제, 부활을 믿지 않고 부활은 없다고 주장하는 사두개인들 중에 몇 사람이 예수님께 다가와 이런 질문을 했다.

28-33 "선생님! 모세가 기록한 신명기 25장을 보면, 결혼한 남자가 자녀를 낳지 못하고 죽으면, 그 죽은 남자의 동생이 형의 아내와 결혼하여 형을 위한 후손을 이어주라고 했습니다.

그런데 말이죠, 어떤 가문에 일곱 형제가 살았는데, 첫아들이 결혼했다가 자녀를 낳지 못하고 죽었다고 합니다. 그리고 둘째 아들이 형수와 결혼을 했는데, 둘째도 자녀 없이 죽었습니다. 그래서 셋째가 형수와 결혼을 하게 되었는데, 셋째 아들도 자녀를 낳지 못하고 죽었습니다. 이런 식으로 그 가문의 일곱 형제가 단 한 명의 자녀도 낳지 못하고 죽었다고 합니다. 그러고서 일곱 번이나 결혼한 그 여자도 죽었습니다.

그렇다면 모두 부활한다고 치고, 그 일곱 번이나 결혼한 여자는 부활해서 도대체 일곱 형제 중에 누구의 아내가 될까요?"

34-36 그러자 사두개인들에게 예수님은 이렇게 대답하셨다.

"'이 세상에서는 사람들이 장가가고 시집가지요. 하지만 다가올 하나님 나라에 합당한 존재가 된 사람들, 다시 말해, 죽었지만 다시 살아나 부활한 사람들은 더는 장가가지도 않고 시집가지도 않습니다. 부활한 사람들은 마치 천사처럼 하나님 자녀요, 부활의 자녀가 되어, 더는 죽지 않는 존재가 되었기 때문입니다.

37-38 죽은 사람들이 살아나고 부활한다는 내용은, 이미 모세도 〔출

애굽기 3장에 있는] 떨기나무 기사에서 암시적으로 알려주었습니다. 그곳에서 모세는 우리 주님을 '아브라함의 하나님이시며, 이삭의 하나님이시며, 야곱의 하나님이시다'라고 부릅니다.

이 말은 하나님께서 죽은 자들의 하나님이 아니라, 살아나 부활한 자들의 하나님이라고 말하는 것입니다. 그 이유는 그들 모두가 살아계신 하나님께 소속되어 살아났고 부활했기 때문입니다."

39-40 그러자 서기관들 중에 몇 사람이 예수님께 "선생님! 당신께서 잘 말씀하셨습니다"라고 동의하며 칭찬했다. 그 결과 어떤 사람도, 어떤 내용에 대해서도 더는 감히 예수님께 도전적인 질문을 할 수 없게 되었다.

41-44 그러자 이제는 예수님께서 서기관과 사람들을 향해 이런 질문을 하셨다.

"그런데 어째서 서기관들은 그리스도-메시아를 다윗의 후손이라고만 가르치고, 사람들은 당연하게 받아들일까요?

내가 이런 질문을 하는 이유는, [시편 110편에서] 다윗이 직접 '주인 되신 하나님께서 나의 주님이신 그리스도-메시아에게, 너의 원수들을 네 발아래 굴복시켜 놓을 때까지 너는 나의 오른쪽 보좌에 앉아 있으라!'라고 말했기 때문입니다. 이 구절에서 다윗은 분명히 그리스도-메시아를 자기 '주님' 곧 '주인'이라고 불렀습니다. 그런데 어떻게 주인이신 그분이 다윗의 후손이 될 수 있다는 말입니까?"

45-47 이렇게 예수님께서는 모든 사람에게 이런 말씀들을 다 하신 후에, 자기 제자들에게 다음과 같이 덧붙이셨다.

"그대들은 항상 깨어 서기관들처럼 되지 않도록 주의해야 합니다. 그들은 늘 화려하고 좋은 옷을 입기만 좋아하고, 사람들이 많은 거리에서 대중의 인기만 받길 갈망하기 때문입니다. 예배하러 모인 회당에서도, 식사하러 모인 잔치 자리에서도 언제나 높은 자리에만 앉으려고 하기 때문입니다.

하지만 그들은 불쌍한 과부들의 얼마 안 되는 재산을 몰래 삼키면서도 사람들 앞에서는 거룩하게 보이도록 길게 기도하는 존재들입니다. 그러므로 가식적이고 이중적인 그들은 엄청난 심판을 받게 될 것입니다. 나의 제자인 그대들은 이런 모습으로 살면 안 됩니다. 한 사람의 진짜 가치관과 세계관은 지식이 아니라 삶으로 증명되는 것이기 때문입니다."

Mountain's Insight

당신은 누구입니까?

아마도 여러 대답이 나올 것입니다. 하지만 그것은 당신의 이름이고, 성별이고, 직업이고, 가족관계일 뿐입니다. 진정한 당신은 누구입니까? 아마도 조금 더 깊은 대답이 가능할 것입니다. 하지만 그것 역시이미 지나가버린 당신의 과거이자, 아직 오지 않은 미래일 뿐입니다. 당신은 누구입니까?

제가 오늘 누구나 자신이 누구인지 알 수 있는 쉽고 간단한 방법을 알려드리겠습니다. 질문을 조금 바꾸면 됩니다. "당신은 누구입니까?"라는 질문 대신 "당신이 담긴 이야기는 무엇입니까?"로 물어보겠습니다.

먼저 당신과 전혀 상관없는 이야기가 있을 것입니다. 예를 들어 정치나 어떤 사회적 이슈에 전혀 관심이 없다면 당신은 그 이야기에 전혀 담겨 있지 않습니다. 또한, 어쩔 수 없이 시간과 돈을 사용하지만, 진정으로 자신을 담지 않는 이야기도 있을 것입니다. 학교 다니거나회사 가거나 교회 오는 것이 그런 것일 수 있습니다. 하지만 당신이 어떤 상황이라도 가진 모든 것을 걸어 자신을 담는 이야기가 있습니다.

거기가 당신이 누구인지를 분명하게 보여주는 자리입니다. 그 이야기 안에서 자신이 의미 있는 존재로 인식되고, 더 나아가 그 이야기가 완성되는 방향을 향해 끝까지 포기하지 않고 관심과 헌신을 담아내면서 자신의 진정한 모습이 드러납니다. 이것을 한 사람의 세계관, 가치관, 지평, 프레임, 소속 그리고 정체성이라고 합니다.

여기서 중요한 것은, 나 자신이 대단한 존재가 되고 모든 것을 던져 넣어 담긴 그 이야기가 단순히 재미있느냐, 의미 있느냐, 아니면 위대한 것이냐의 문제가 아닙니다. 그 이야기에 예수님께서 주인공, 주님으로 계시는지가 중요합니다. 아무리 대단한 가치가 그 중심이나 핵심에 자리하더라도, 거기에 예수님이 계시지 않거나 변두리에서 수단이나 장식으로 전락한 상태라면 그것은 하나님 이야기가 아니며, 길이요 진리요 생명으로 갈 이야기가 아닙니다. 당연히 길도 아니고 진리도 아니고 생명도 아닌 이야기에 내가 담겨 있다면 그 이야기 끝에는 길이 없고, 진리가 없고, 생명도 없습니다. 아무리 좋은 배에서 갖가지 맛있는 음식과 내가 제일 좋아하는 사람들과 함께 강줄기를 타고 가며 행복하고 아름다운 이야기 속을 흘러간다고 해도 그 강줄기 끝에는 결국 절벽과 죽음이 있다면 어떻게 되겠습니까?

그러므로 당신이 진정 그리스도인이라고 고백한다면, 당신이 담긴 이야기를 점검해야 합니다. 단순히 멀리서 긍정하거나 좋다고 말하는 수준이 아니라, 실제로 자기 인생과 생명을 담아 날마다 흐르게 하고, 점점 커져가는 그 이야기 안에 예수님이 계신지, 그분이 주도권과 목적을 가지고 이끄는 흐름 속에 능동적으로 동참하는지를 분별하고 파악해야 합니다. 당신은 이야기와 절대로 분리되지 않습니다. 당신의 이야기가 가는 곳으로 당신도 반드시 갑니다.

그러므로 다시금 물어봅니다.

당신은 누구입니까?

정말 당신이 담긴 이야기는 무엇입니까?

1-2 **21** 그 후, 예수님께서는 〔성전 안쪽 여인의 뜰에 있는 13개의〕 헌금함에 다양한 사람들이 다양한 모습으로 헌금하는 모습을 주목하여 보셨다. 부유한 사람들은 성전 헌금함에 은전으로 된 많은 헌금을 넣는 것을, 이어 가난한 과부가 겨우 렙톤 2개를 넣는 것도 보셨다.

3-4 그리고 예수님은 다음과 같이 말씀하셨다.

"내가 여러분에게 진실을 알려주겠습니다. 오늘 성전에서 헌금한 사람들 중에 이 가난한 과부가 가장 많은 헌금을 하였습니다. 다른 사람은 모두 풍족하게 가진 것에서 일부만 헌금했지만, 이 과부는 자신이 가진 전부, 곧 자신의 생명을 넣었기 때문입니다."

5 다음으로, 예수님 주변에 있던 사람들이 성전에 대해 감격하고 감탄하는 말을 했다. 외형을 바라보며, 쌓아 올린 비싸고 고급스러운 돌들과 그 돌 위에 사람들이 바친 예물로 장식한 황금을 감탄하는 말을 한 것이다. 그러자 예수님께서는 이같이 말씀하셨다.

6 "여러분이 감격하고 감탄하는 이 성전이 완전히 파괴되는 날이 올 것입니다. 성전을 지어 올린 저 화려한 돌들이 하나도 남지 않고 모두 철저하게 무너지는 날이 옵니다."

7 그러자 깜짝 놀란 사람들은 예수님께 집요하게 질문을 쏟아냈다. "선생님! 도대체 언제 그런 일이 일어날까요? 그리고 그런 일이 일어나기 전에 우리가 알아차릴 만한 전조는 무엇일까요?"

8 그래서 예수님은 대답하셨다.

"여러분은 속지 않도록 주의하세요! 많은 사람이 내 이름으로 와서 '내가 메시아다!'라고 하거나 '지금이 마지막 때다'라고 하면서 여러분을 속이고 마음을 흔들 것이기 때문입니다. 하지만 여러분은 절대 그런 사람들을 따라가지 마십시오.

9-11 　아울러 전쟁이나 질병 같은 충격적이고 혼란스러운 사건이 발생하고, 그런 소식을 듣게 되더라도 여러분은 두려워하지 마세요. 그런 일들이 앞으로 반드시 일어나겠지만 그런 일들이 일어난다고 세상 끝이 온 것은 아닙니다." 이어 예수님은 계속 말씀하셨다. "한 민족과 다른 민족이 다툴 것이고 한 나라가 다른 나라와 전쟁도 할 것입니다. 또한, 여러 지역에서 큰 지진도 일어날 것이고 갑작스러운 흉년과 전염병도 일어날 것입니다. 테러나 무서운 사건도 일어날 것이고 기상학적으로나 천문학적으로 충격적인 사건도 일어날 것입니다.

12-13 　하지만 그 전에 여러분에게 일어날 더 중요한 일이 있습니다. 그것은 세상에서 권력을 가진 사람들이 여러분을 체포하고 박해하는 것입니다. 그들은 여러분을 회당 감옥에 집어 넣었다가 위정자들과 지도자들 앞으로 끌고 갈 것입니다. 그 이유는 여러분이 나를 주인 삼아서, 내 이름을 위해 살았기 때문입니다.

하지만 이 위기는 기회가 될 것입니다. 여러분이 그들에게 복음을 전하고 하나님 나라를 증거할 기회가 될 것입니다. 그러므로 여러분은 사람들에게 끌려가 어떤 말로 변증하고 변호할지를 전혀 걱정하지 마십시오.

15-17 　내가 그때, 어떤 반대자들도 대항하거나 반박할 수 없는 언변과 지혜를 여러분에게 줄 것입니다. 여러분은 부모님이나 친척 그리고 친구들에 의해 위정자나 지도자에게 넘겨질 것입니다. 그리고 여러분 중 몇 명은 순교할 것입니다. 결국, 많은 사람에게 오해도 당하고 미움도 받게 될 것입니다. 나를 믿는다는 이유로, 내 이름으로 복음을 전하고 바른 삶을 살아간다는 이유로 말입니다.

하지만 여러분의 사명이 마무리되기 전에는 머리카락 하나도 무의미하게 잃어버리지 않을 것입니다. 그러므로 끝까지 인내하십시오. 여러분이 끝까지 신실한 믿음으로 달려가면 마지막에 반드시 영원한 생명을 얻게 될 것입니다."

Mountain's Insight

주님의 시선

지금부터 약 10년 전, 그러니까 건이가 우리 집 막내였던 시절이었습니다. 토요일 저녁 늦게까지 주일 설교 원고를 다듬고 있었는데, 건이가 저에게 와서 작은 부탁을 했습니다. 갑자기 찹쌀떡이 먹고 싶다는 것입니다. 저는 읽던 설교문을 내려놓고 양말도 짝짝이로 신고, 조금 전 지나간 찹쌀떡 아저씨를 쫓아갔습니다. 그리고 찹쌀떡 몇 개를 사서 집에 왔지요. 그런데 제 손에 있는 찹쌀떡을 반가워해야 할 건이의 표정은 그리 밝지 않았습니다. 알고 보니 건이가 먹고 싶었던 것은 그게 아니었습니다. 당시 새로 나온 제품으로, 얇은 찹쌀떡에 초콜릿이 덮여 있는 '찰떡파이'라는 것이었습니다. 정확한 이름을 몰랐던 건이는 제가 다시 나가는 것이 미안했는지 그냥 먹겠다고 했습니다. 하지만 저는 그 순간 어떤 느낌을 하나 받았습니다. 그래서 다시 옷을 챙겨 입고 나가 건이가 정말 먹고 싶어 했던 그 찹쌀떡을 다시 사 왔습니다. 유난히도 눈이 많이 내렸던 그 겨울 저녁에 말입니다.

제가 두 번째로 다시 옷을 챙겨 입고 밖으로 나갈 때, 제 마음속에는 하나님의 시선에 관한 생각이 밝은 조명처럼 비쳤습니다. '토요일 저녁, 목사 아버지가 내일 설교 준비를 하다가, 찬 바람을 뚫고 찹쌀떡 한 번 사왔으면 그것으로 충분하지 않나'라는 제 시선이 아니라, 사랑하는 아들을 향해 하늘 아버지께서 품고 계시는 더 온전하고 자비로운 그 시선 말입니다. 분주했던 토요일 밤에 저는 부드럽지만 선명하게 주님의 시선을 느낄 수 있었습니다. 마치 저 우주 건너편에서 우리 집을 관통해, 레이저처럼 제 심장 안으로 들어오시는 그 시선을 말입니다.

그러나 인생의 많은 순간 저는 하나님의 시선을 충분히 느끼며 살지 못했습니다. 이따금 감정적으로 격해져 변질된 시선으로 사람을 볼 때도 있었고, 제가 공부한 어설픈 지식이나 몇 사람에게 들은 부분적인 정보를 기초로 한 왜곡된 시선으로 상황을 볼 때도 많았습니다. 물론 최악은 하나님의 시선을 느끼면서도 억지로 고집을 피우고 완고하게 밀고 나가 제 뜻대로 처리했던 많은 일이었지요.

하지만 말씀을 읽고 기도하는 시간이 점차 늘어나면서, 제가 깨달은 것이 있습니다. 하나님의 사람은 하나님을 향한 자기 시선을 고집하는 사람이 아니라, 이 땅을 향한, 우리를 향한, 나를 향한, 가끔은 너무나 억울하고 불합리해 보이는 이 상황과 사건을 향한 그분의 시선에 예민해지고 순응하는 사람이라는 것입니다. 물론 그것이 전부 따뜻한 배려나 섬김으로 나타나는 건 아니었습니다. 단호한 포기와 헤어짐을 뜻할 때도 많았습니다. 더 나아가 하나님의 시선은 단순히 옳거나 좋은 것도 아니었습니다. 항상 그 이상이었습니다.

이제 10년이 지났지만 어느 늦은 저녁, 새로운 막내 다연이가 종종 아이스크림을 사달라고 합니다. 저는 얼마든지 나가 사올 수 있습니다. 하지만 아내가 그렇게 하지 말라고 조용히 부탁합니다. 저는 그 순간 잠시 기다려 봅니다. 오늘은 분명히 아내를 통해 하나님의 강한 시선을 느낍니다. 저는 다연이에게 미안하다고 하고 다음에 먹자고 달랩니다. 우리에게 무엇인가를 허락하실 때뿐만 아니라, 우리에게 무엇인가를 허락하지 않으실 때도 하나님은 동일하게 사랑의 시선을 보내십니다. 우리가 그 시선에 얼마나 같은 시선을 지닌 채 순종하는지에 달려 있습니다.

지금 그대를 향한 주님의 시선은 어디로 향합니까?

그리고 그 시선을 향해 함께 보고 있습니까?

21:20-22 〔21장 7절 질문에, 예수님은 다음과 같이 답하셨다.〕

"군인들이 쳐들어와 이 예루살렘 성을 포위 공격하는 것을 여러분이 볼 날이 올 것입니다. 그러면 그때 여러분은 예루살렘이 멸망하는 시간이 다 되었다는 것을 아십시오. 그때가 되면, 여러분은 예루살렘 성이 있는 유대 땅에서 떠나십시오. 주변에 있는 산으로 피하십시오. 예루살렘 성안에 있는 사람들은 그곳에서 탈출하세요. 예루살렘 성 주변의 밭에서 일하던 사람들은 무엇이든 챙기려고 다시 성안으로 들어가지 마세요.

예루살렘 성이 무너지고 멸망하는 그날은 지금까지 그곳에서 범죄한 모든 것이 심판받는 날이 될 것입니다. 이것은 갑작스러운 일이 아닙니다. 이미 오래전부터 구약 선지자들이 예언한 말씀들이 이루어지는 것입니다.

23-24 다만 그 심판의 시기에 임신한 여자들과 아직 어린 젖먹이들이 있는 가정들은 비참한 날이 될 것입니다. 예루살렘이 멸망할 때 당하게 될 시련과 고통이 엄청날 것이니까요.

그때 예루살렘에 있는 사람들은 군인들에게 칼날로 잔인한 죽임을 당할 것이며, 살아남은 사람들은 이방인의 포로가 될 것입니다. 그렇게 예루살렘은 이방인에게 철저하게 짓밟힐 것입니다. 이방인들의 때, 곧 하나님께서 이방인에게 허락하신 시간이 완료될 때까지 말입니다.

25-27 그렇게 이방인들의 때가 완료되면, 하늘의 해와 달과 별로 특별한 표적과 징조가 보일 것입니다. 이 땅에 사는 모든 민족이 비정상

적인 바다 및 파도의 흔들림과 소리 때문에 엄청난 괴로움을 받을 것입니다. 이 땅에 연속해서 일어나는 충격적인 사건에 따른 공포와 앞으로 예상되는 시련에 대한 두려움으로 몇몇 사람들은 기절할 것입니다. 이 땅을 지키며 덮고 있던 하늘의 모든 것이 불안하게 흔들릴 것이기 때문입니다.

그리고 그때, 참사람인 하나님 아들이 천사들과 함께 권위 있고 영광스럽게 이 땅에 오는 것을 모든 사람이 보게 될 것입니다.

28 　믿음의 사람들, 하나님의 사람들인 여러분은 이런 일들이 일어날 때 두려워하지 말고 일어나 소망과 기대로 머리를 들어 올리세요. 여러분이 그토록 기다리던 것, 죄의 몸에서 해방되고 악한 세상에서 자유하게 되어 지금까지 견뎌온 구원이 완성될 날이 눈앞에 이르렀기 때문입니다."

29-31 이어 예수님께서는 한 비유를 사용해 연결하여 말씀하셨다.

"여러분! 예루살렘의 멸망과 그 후에 이어진 이방인의 때 그리고 마지막 재림의 시간까지 연결되는 모든 흐름에 대해 특별한 지식을 배우거나 특이한 공동체에 들어가 준비해야 한다고 생각하지 마세요. 여러분 곁에 늘 있는 무화과나무와 다른 모든 나무를 보세요. 그 나무들이 겨우내 앙상한 가지로 있다가, 싹이 나오기 시작하면, 곧 여름이 온다는 것을 자연스럽게 알지요. 누구나 정신을 차리고 잘 보면 알게 됩니다.

하나님 나라가 오는 것도 마찬가지입니다. 영적으로 건강한 시선과 감각을 갖고 있으면 여러분 옆에서 일어나는 일들을 보면서 자연스럽게 하나님의 시간이 다가오고 완성되는 것을 보고, 알게 될 것입니다.

32-33 　내가 분명하게 말합니다. 예루살렘의 멸망과 관련된 모든 일은 반드시 이 세대 안에 일어날 것입니다. 세상에 있는 모든 것은 취소되거나 사라질 수 있지만, 내가 하는 말들은 절대로 취소되지도, 사

라지지도 않을 것입니다.

34-36 그러므로 항상 영적으로 깨어 있어야 합니다. 그렇지 않으면 여러분의 마음은 세상의 방탕함과 술 취함 속에 빠져들어 갈 것이고, 육신의 염려와 생계의 문제로 돈에 함몰되어 전혀 준비 없이 살다가 갑자기 덫에 걸리듯 마지막 날이 올 것입니다. 그렇게 되면 여러분은 하나님을 믿는다는 모양만 가졌을 뿐, 결국 세상 사람들과 전혀 다를 바 없는 운명을 맞이할 것입니다.

다시 한번 말합니다. 여러분은 항상 영적으로 깨어 있어야 합니다. 모든 시간, 모든 사건 앞에서 늘 기도해야 합니다. 그래서 장차 다가오는 그 어떤 유혹과 시련도 이겨내고 헤쳐 나가, 마침내 하나님 아들이 다시 이 땅에 오실 때 담대하게 서 있도록 말입니다.”

37-38 이 모든 말씀을 마치신 후에, 예수님께서는 자신의 남은 생애를 낮에는 성전에서 말씀을 가르치심으로, 밤에는 올리브 산에서 기도하심으로 모범을 보여주셨다. 그래서 모든 백성도 예수님의 말씀을 들으려고 언제나 아침 일찍 성전으로 나왔다.

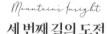

세 번째 길의 도전

초등학교 6학년 때, 저는 처음으로 죽음을 직접 만났습니다.

그전까지는 그저 지식으로만 죽음에 대해 알았고, 입으로만 ‘죽었다, 죽는다, 죽인다’ 등의 말들을 쉽게 내뱉었습니다. 하지만 학교 앞 건널목에서 보행자 신호등이 초록색으로 바뀌자마자 저보다 빨리 뛰어가던 친구는 신호등을 무시하고 속도를 낸 자동차에 의해 그 자리에서 잔인하고 처참하게 죽었습니다.

저는 그 죽음 앞에서 무수한 질문을 던졌습니다. 친구는 왜 죽었는가? 나는 왜 살았는가? 무슨 죄가 있어 죽었는가? 왜 신호를 지킨 사람은 죽고, 신호를 어긴 사람은 살았는가? 운전자는 교통신호에 대해 분명히 알았을 텐데 어째서 자신이 아는 것을 지키지 않았는가? 왜 세상은 이런가? 무엇보다 하나님은 왜 아무것도 하지 않으셨나?

그 질문들 앞에서 제가 갈 수 있는 세 가지 길이 보였습니다. 첫 번째 길은 그 질문들을 그냥 무시하는 것이었습니다. 하지만 그것은 너무나 무책임한 결정으로 보였습니다. 그렇게 하면 더 살아갈 이유도 목적도 없는 것 같았습니다. 두 번째 길은 어떻게든 나보다 더 많이 살았거나 아는 사람을 통해 빨리 대답을 찾는 것이었습니다. 적당한 답이 나오면 그것을 내 것으로 받아들여 마음이 편해지고 싶었습니다. 하지만 그렇게 쉽고 간단한 대답은 나오지 않았습니다. 무엇보다 대답은 모두 달랐습니다. 그래서 저는 세 번째 길을 선택을 했습니다. 그것은 대답으로 가는 길을 직접 걸어보기로 한 것입니다. 그 문제와 씨름해보기로 했습니다.

비유로 말하자면, 어려운 수학 문제를 푸는 학생에게 첫 번째 길은 그냥 수학을 포기하는 것이고, 두 번째 길은 정답지를 열어 빨리 해답만 적는 것이었습니다. 하지만 세 번째 길은 힘들지만, 처음부터 다시 수학을 공부하고 문제를 틀리는 과정을 거치며 그 문제와 씨름하는 것이었습니다. 저는 그 길을 오랫동안 포기하지 않고 걸어왔습니다.

그래서 무슨 대답을 얻었느냐고요? 물론 아직 모두가 동감할 만한 시원하고 깔끔한 대답을 얻지는 못했습니다. 그러나 저는 지난 세월 그 과정에서 대답보다 큰 의미를 발견했습니다. 놀라운 것은 죽음이라는 끝이 제게는 진정한 생명을 향한 시작이 되어주었다는 것입니다. 더 나아가 예수님께서 저에게 어떤 대답을 해주시는 분 정도가 아니라, 그분 자체가 대답이라는 것을 깨달았습니다.

인생에서 무수하게 던지는 질문들은 이러한 죄와 죽음의 문제와도 같습니다. 우리는 그 질문을 애써 무시하며 도망가기도 하고, 스스로도 믿지 않는 대답 몇 개로 대충 마무리하기도 합니다. 그러나 예수님은 죄와 죽음에 직접 부딪히셨습니다. 자신의 살과 피로 그리고 피와 눈물로 감싸 안으셨습니다. 우리는 대답을 원했지만, 그분은 우리를 구원하셨습니다.

진짜 예수 믿는 것이 무엇이냐고 누군가가 묻는다면, 저는 죽음처럼 밀려오는 수많은 질문을 놓고 도피하거나 쉬운 정답으로 만족하지 않고 최대한 예수님처럼 그 질문에 부딪히고 감싸 안는 것이라고 대답하고 싶습니다. 물론 이 일은 힘들고 지독하게 고독합니다. 하지만 놀랍게도 그 과정에서 저는 제 친구의 죽음이 던지는 질문의 중심으로 들어가게 되었고, 그 중심에 선명하게 계시는 예수 그리스도를 만났습니다.

그러므로 저는 죽음 같은 문제들 속에서 고통받고 있는 당신에게, 무책임한 첫 번째 길도 아니고, 쉽고 간단한 두 번째 길도 아니라, 주님과 함께 십자가를 지는 세 번째 길로 가보라고 간절하게 도전합니다. 그 세 번째 길에 계신 주님을 만나기를 간절히 바랍니다.

1-4 **22** 무교절[누룩을 넣지 않는 빵을 먹어야 하는 기간, 니산월 15-21일]을 시작하는 명절로, 이스라엘이 출애굽한 것을 기념하는 유월절이 앞에 다가왔다.

그즈음, 대제사장들과 율법학자들(서기관들)은 어떻게든 예수님을 제거하려고 계속 방법을 궁리하고 있었다. 지금까지 그렇게 못했던 이유는 예수님 주변에 항상 있는 백성이 두려웠기 때문이다.

그때, 예수님의 열두 제자 중 한 명으로 카리옷(가룟) 사람이라 불리는 유다에게 사탄이 들어갔다. 유다가 유혹에 넘어가 사탄을 환영하고 받아들인 것이다. 유다는 예수님과 제자들의 공동체를 떠나, 대제사장들과 성전 경비대장들을 만나 어느 장소에서 어떤 방식으로 예수님을 넘겨줄지를 의논했다.

5-6 이에 대제사장들과 성전 경비대장들은 기뻐했고 예수님을 넘겨주는 대가로 돈을 주겠다는 약속까지 했다. 그러자 유다는 그들의 약속에 동의했고 예수님을 그들에게 넘겨줄 가장 좋은 때, 즉 예수님 주변에 백성 무리가 없을 때를 계속 찾았다.

Mountain's Insight
거울 앞에 서는 시간

그날 저는 정말 너무나 화가 났습니다.

1년 넘게 복음을 전한 한 학생이 처음으로 고등부 예배에 오기로 한 날이었습니다. 그 친구는 몸이 조금 불편해서 교회 차량으로 데리러 가려고 준비 중이었습니다. 그런데 차량 봉사를 해주기로 한 전도사님에게서 말도 안 되는 이야기를 들은 것입니다. 장로님들이 회의를 마치고 회식을 하러 가는 일에 그 차량을 이용해야 하므로 학생을 태울 수 없다는 것이었습니다. 자기 차도 다 갖고 계신 장로님들이 조금 편하게 회식하러 가겠다고 한 영혼이 처음 교회 오는 길에 마중 가려고 준비한 차량을 빼앗아가는 것 같아 분노가 치밀어 올랐습니다. 당시는 혈기 많던 전도사 시절이라 저는 그 말을 듣자마자 수석 장로님을 만나려고 일어났습니다.

하지만 그때 고등부의 한 나이 많은 선생님께서 제 팔을 잡았습니다. 그 선생님은 침착한 목소리로, 차는 자기 것을 이용하면 된다고 하셨습니다. 무엇보다 잠시 후 예배를 인도하고 설교를 해야 하는 저를 걱정하셨습니다. 어떤 바른말도 그 순간에는 오히려 싸움의 불씨가 될 수 있다고 하시며 지금 거울 앞에 10분만 서 있다가 오라고 부탁하셨습니다.

저는 화장실로 가서 거울 앞에 섰습니다. 그 거울 앞에는 하나님 말씀을 전해야 할 사람은 보이지 않았습니다. 분노와 혈기로 가득한 어설픈 신학생이 하나 서 있을 뿐이었습니다. 거울은 제게 말하는 것 같았습니다. 이런 마음으로, 이런 기분으로, 어떻게 복음을 전할 수 있겠냐고 말입니다. 무엇보다 오늘 처음 교회를 오는 소중한 영혼에게 이런 상태로 무엇이 나가겠냐고 말입니다. 저는 거울에 비친 한심한 제 모습을 한참 바라보다가 결국 울고 말았습니다. 다행히 그 거울 앞에 10분간 서 있었던 덕분에 진지하고 침착하게 그날 예배를 잘 인도하고 설교까지 마무리할 수 있었습니다.

저는 요즈음도 설교하기 전에 거울을 봅니다. 저의 작은 서재에는 조그마한 거울이 하나 있는데 평소에는 거의 보지 않지만 예배 직전에 비춰봅니다. 머리카락부터 눈썹, 안경과 눈, 코와 입을 점검하고 넥타이까지 점검합니다. 하지만 가장 중요한 것은 제 영혼에 대한 점검입니다. 저는 그 거울에 비친 제 영혼에게 말합니다. "오늘 너에게 그 어떤 상황과 어려움이 있다 할지라도 오직 진리의 말씀을 사랑으로 전해야 한다"라고 말입니다.

참 힘들고 어려웠던 한 해가 지나는 시점에 이 글을 썼습니다. 하나님 말씀과 기도를 거울삼아 각자 살아온 한 해를 비춰봤으면 좋겠습니다. 한 해 동안 얼마나 더 예수 그리스도를 닮아 성장했는지, 얼마나 더 그분 만날 준비를 했는지 점검하여 회개하고 감사했으면 좋겠습니다. 여러분도 지금 영혼의 거울 앞에 서는 시간을 가져보십시오.

22:7-8   마침내 무교절 기간의 시작을 알리는 명절로, 반드시 어린양을 잡아서 먹어야 하는 유월절이 도래했다. 그래서 예수님께서는 베드로와 요한을 보내시며 이렇게 말씀하셨다.

"그대들은 나가서 우리가 함께 먹을 유월절 음식들을 준비하도록 하세요."

9   그러자 베드로와 요한이 예수님께 여쭤보았다. "예수님! 그러면 유월절 식사를 함께 나눌 장소를 어디로 준비하길 원하십니까?

이에 예수님께서는 이렇게 대답하셨다.

10-12   "그대들이 예루살렘 성안으로 들어가면 토기로 된(흙으로 만든) 물항아리를 운반하는 사람을 한 명 볼 것입니다. 그러면 그 사람을 따라 그가 들어가는 집으로 가보세요. 그 집 안으로 들어가, 집주인에게 '저희 선생님께서 제자들과 함께 유월절 음식을 먹도록 준비된 손님방은 어디인가요?'라고 물어보세요. 그러면 집주인이 그대들에게 그 집 위층에 이미 자리가 준비된 넓은 방을 보여줄 것입니다. 그대들은 그곳에 유월절 음식을 준비하면 됩니다."

13   이에 베드로와 요한은 밖으로 나갔고, 예수님께서 말씀하신 대로 예비된 사람과 장소를 만났다. 그래서 그들은 그곳에 유월절 음식을 준비했다.

14-20   마침내, 유월절 당일 저녁이 되었고 준비된 장소에 도착한 예수님께서는 제자들, 즉 그분께서 사명을 주시고 세상으로 보내실 사도들과 함께 식사 자세로 누우셨다. 예수님께서는 함께 모인 제자

들을 향해 이렇게 말씀하셨다.

"나는 그대들과 함께 이 유월절 음식 먹기를 간절히 원했습니다. 내가 십자가 고난을 겪기 전에 말입니다.

나는 그대들에게 중요한 말을 하겠습니다. 내가 그대들과 함께 먹는 오늘의 유월절 식사는 이 땅에서 함께 먹는 마지막 식사입니다. 하지만 이 유월절 식사의 진정한 의미가 하나님 나라에서 완성될 때가 올 것입니다. 그러면 그때 나는 여러분과 함께 진정한 구원이 완성되는 생명의 식탁 교제를 나눌 수 있을 것입니다."

그러고서 예수님께서는 포도주가 담긴 잔을 잡으신 후에 감사하시고 제자들에게 주시며 이렇게 말씀하셨다.

"자! 이 잔을 받아 그대들이 함께 나누어 마시도록 하세요. 다시금 내가 그대들에게 중요한 말을 하겠습니다. 그것은 그대들과 함께 마시는 이 포도주가 이 땅에서 마시는 마지막 음료라는 것입니다. 하지만 이 포도주의 진정한 의미가 하나님 나라에서 완성될 때가 올 것입니다. 그러면 그때 나는 여러분과 함께 진정한 희생과 생명이 완성된 포도주를 나눌 것입니다."

이어 큰 빵〔누룩 없이 만든 빵인 무교병〕을 잡으신 후에 감사하시고, 그것을 찢어 제자들에게 나누어 주시며 이같이 말씀하셨다.

"이것은 여러분을 위해 내어주는 나의 몸입니다. 여러분은 내가 한 것처럼 이렇게 내어주고 나누는 삶을 사세요. 그래서 나를, 내가 한 일을 기억하세요."

또한, 빵과 음식을 다 먹고 난 후에, 포도주가 담긴 잔도 제자들에게 나눠 주시면서 이같이 말씀하셨다.

"이 잔에 담긴 포도주는 나의 피를 상징합니다. 그대들이 내가 나눠 준 포도주를 마시는 것은, 곧 내가 십자가에서 그대들을 위해 흘리는 피를 받아들임으로 생명이 되고, 생명적인 관계가 되는 것, 곧 새 언약을 맺는 것입니다."

Mountain's Insight

특별한 거울을 가진 청년 이야기
(자작 소설)

매우 악하고 폭력적인 한 마을이 있었습니다. 마을 사람들은 약한 사람들을 괴롭히고 무슨 일이든 다투고 싸웠으며 살인도 서슴지 않았습니다. 밝은 빛이라고는 단 하나의 비침도 없는 캄캄한 밤과 같았고, 생명이라고는 단 하나의 피어남도 없는 사막 같았습니다.

그러던 어느 날, 그 마을에 한 청년이 왔습니다. 밝고 온화한 얼굴에 잔잔한 미소가 가득한 청년은 어두운 마을에 빛처럼, 사막 같은 마을에 꽃처럼 다가왔습니다. 마을 사람들은 처음에는 너무나 충격을 받았습니다. 그런 표정과 성품을 가진 사람을 태어나 한 번도 본 적이 없었기 때문입니다. 사람들은 신기하여 청년에게 이런저런 질문도 하고 말도 걸었지만, 금세 자신과 전혀 다른 이 청년이 미워져 본색을 드러냈습니다. 처음에는 험한 말과 욕설로 공격했는데, 이상하게도 그렇게 할수록 자신에게로 그대로 돌아와 마음이 더 힘들어졌습니다. 다음에는 폭력을 사용했습니다. 주먹으로 머리를 때리고, 발로 배를 찼습니다. 그런데 이상하게도 맞은 청년은 멀쩡한데, 때린 사람 머리만 아프고 배에는 상처가 생겼습니다. 심지어 어떤 사람은 칼로 찌르기도 했는데 놀랍게도 청년의 몸에서는 피 한 방울 흐르지 않았고, 오히려 찌른 사람 몸에서 피가 나기 시작했습니다.

사람들은 엄청난 충격을 받았습니다. 이 청년에게 함부로 했다가는 큰일 나겠다는 생각이 든 것입니다. 그래서 이제 태도를 바꾸었습니다. 그 청년에게 좋은 장소를 안내하고 좋은 음식을 주면서 어떻게 이토록 대단하고 강력한 사람이 되었는지 물어보았습니다. 그러자 그 청년은 자기 가슴을 보여주었습니다. 청년의 가슴은 투명했고 그 가슴 안에는 빛나고 뜨거운 거울이 하나 있었습니다. 자신에게 있는 그 특별한 거울 때문에, 누구든 자신에게 나쁜 짓을 하면 그대로 반사가 되어 돌아간다는 것입니다. 사람들은 그제야 왜 이 청년에게 욕하고 때리고 심지어 칼로 찔러도 이길 수 없었는지 알아차렸습니다.

마을 사람들은 청년에게 잘해주는 척하면서 이런저런 호의를 베풀다가 밤늦게 수면제를 탄 음식을 먹였습니다. 청년은 아무것도 모르고 잠들었고 거울의 능력도 사라졌습니다. 그러자 악한 사람들은 잠든 청년을 죽여 심장을 파냈습니다. 그 반짝거리는 거울을 청년의 심장에서 뽑아낸 것입니다. 그리고 다 함께 거울을 부숴 하나씩 삼켰습니다. 이제 그들은 세상에서 가장 강력한 사람, 누구도 건드릴 수 없는 사람이될 줄 알았습니다.

하지만 이상한 일이 일어났습니다. 청년의 심장을, 청년의 특별한 거울을 조각내 먹은 사람들은 세상에서 가장 강력한 사람이 아니라 가장 부드러운 사람이 되었습니다. 잠시 후, 그들은 지금까지 악하게 살아온 삶과 특히 마지막 순간 청년을 잔인하게 죽인 것을 한없이 울면서 회개하였습니다. 그들은 더는 남에게 악한 짓을 하지 않았고 욕하거나 싸우거나 폭력을 쓰지도 않았습니다. 청년은 죽어 사라졌지만, 청년의 심장에 있던 거울은 여러 조각으로 나뉘어 그 어두운 사람들의 영혼에 빛이 되고 그 강퍅한 사람들의 마음에 생명이 되었습니다. 나중에 사람들은 알게 되었습니다. 바로 그 청년의 이름이 예수, 곧 구원이라는 것을 말입니다.

22:21-23   "아! 하지만 안타깝게도 그대들 중에 나를 팔아넘길 사람이 이 자리에, 나와 함께하는 이 식탁 자리에 있습니다.

참사람인 내가 이제 십자가에서 죽는 것은, 하나님 아버지께서 주신 사명이라는 길을 따라 순종하는 것이지만, 나를 배반하고 팔아넘기는 것은 사탄의 조종을 받아 범죄하는 것이니 결국 그 사람에게 비참한 최후가 있을 것입니다."

예수님께서 이렇게 말씀하시자, 제자들은 서로 '이런 악한 짓을 행하려는 자가 누구일까?' 하며 그를 찾으려고 수군거리기 시작했다.

24-30   하지만 제자들의 수군거림은 결국 우리 중에 '누가 가장 큰 제자인가'라는 논쟁으로 이어지고 말았다. 이에 예수님께서는 제자들에게 다음과 같이 말씀하셨다.

"이 세상 왕들은 항상 큰 자가 되고 주인이 되려고 하고, 그런 왕들 아래서 힘과 권력을 가진 자들도 다른 사람들에게 작은 도움을 주고 그들로부터 '은혜를 베푼 자'라는 명예로운 신분과 호칭을 받아 인정받고 유명해지려고만 합니다.

하지만 그대들은 그런 흐름에 있는 사람들이 아닙니다. 오히려 정반대입니다. 하나님의 사람 중에 진정으로 큰 자는 작은 자입니다. 다시 말해 하나님 나라의 지도자는 군림하는 자가 아니라 섬기는 자입니다. 그대들은 섬기는 자가 되어야 합니다.

당연히 세상 기준으로 보면 식탁의 자리에서 누워 대접받는 사람이 높은 사람이고, 일어나 섬기는 사람은 낮은 사람입니다. 그러나 잘 보세요. 하나님 나라의 기준은 반대입니다. 무엇보다 내가 그 증거입니다. 내가 여러분의 스승이요 그대들이 따라야 할 모델로서 어떤 삶을 살았습니까? 언제나 섬기는 자로 살지 않았습니까?

[그러므로] 당연히 그대들도 나와 같이 하나님 나라의 흐름 속에 함께하는 사람이 되어야 합니다. 아니, 여러분은 이미 나와 함께 그 흐름 속에 있는 사람들입니다. 이미 그대들은 나와 함께 내가 당한 많은 시험과 고난이라는 낮아짐의 여정에 동참해왔습니다. 그래서 하나님 아버지께서 나에게 맡기고 위임해주신 것처럼, 나도 그대들에게 하나님 나라를 온전히 맡기고 위임합니다.

그 결과, 그대들은 하나님 나라에서 나와 함께 먹고 마시는, 진정으로 가장 높고 위대한 자리에 앉게 될 것입니다. 이스라엘 열두 지파를 대표하는 온 세상 사람들을 심판하고 다스릴 그 가장 높고 위대한 자리에 앉게 될 것입니다.

31-34 시몬 형제! 시몬 형제! 보세요. 그대가 알아야 할 것이 있습니다. 사탄이 그대를 비롯해 나의 제자들 모두의 영혼을 흔들어 넘어지게 하려고 엄청나게 애썼다는 사실입니다.

하지만 내가 시몬 형제의 믿음이 약해지거나 사라지지 않도록 참으로 간절히 중보하고 기도했습니다. 그러니 형제는 작은 실수나 실패를 하게 되더라도 다시 믿음을 회복해 돌이키고 나서, 그대처럼 믿음이 흔들려 실수하거나 약해진 지체들을 언제나 강하게 붙잡아주길 바랍니다."

그러자 시몬 베드로가 예수님께 다음과 같이 말했다. "주님! 저는 주님과 함께 감옥에 갈 준비도 되어 있고, 심지어 죽을 것도 각오하고 있습니다."

이에 예수님께서는 이렇게 대답하셨다.

"내가 그대에게 분명히 말할 수밖에 없군요. 베드로 형제는 오

늘 수탉이 세 번 울기 전에, 다시 말해 오늘 밤이 다 지나 내일 아침
이 오기 전에 나를 세 번이나 모른다고 철저히 부인할 것입니다."

35-38 이어 예수님께서는 제자들에게 이런 말씀을 하셨다. "내가 이전
에 전도여행을 하라고 여러분을 보낼 때, 지갑이든 가방이든 신발
이든 그 무엇도 준비하지 말고 가라고 했었지요. 그리고 그대들은
내 말을 믿고 그렇게 떠났고요. 그랬더니 그대들에게 어떤 부족함
이라도 있었나요?" 그러자 제자들은 "전혀 없었습니다!"라고 대
답했다.

하지만 예수님은 태도를 바꾸시며 이렇게 말씀하셨다.

"그러나 이제는 지갑도 준비하고 가방도 준비하십시오. 만약 칼
이 없다면 겉옷을 팔아서라도 장만해야 합니다. 이제 상황이 바뀔
것이기 때문입니다. '불법을 행한 자들과 한패로 여겨졌다'라는 구
약 예언[사 53:12]이 조만간 나에게 이루어질 것이기 때문입니다.
내가 이제 곧 불법을 저지른 사람들과 같은 취급을 당하고 그들과
함께 사형에 처해짐으로 죄인처럼 죽을 뿐 아니라 죄와 함께 죽는
결과가 이루어질 것이기 때문입니다. [그러면 그대들도 내 제자라
는 이유로 같은 취급을 받을 것입니다. 그대들은 그런 달라진 현실
을 준비하고 세상의 적대적 태도에 대비해야 합니다.]"

그러자 제자들은 [예수님께서 하신 말씀의 은유적 의미를 깨닫
지 못하고 문자적으로만 반응하여] 다음과 같이 대답했다. "주님!
보세요. 우리가 칼 두 개를 이미 준비해두었습니다." 이에 예수님
은 어쩔 수 없이 "그 정도면 됐습니다"라고 말씀하셨다.

쿼바디스 도미네!

너무도 황당한 날이었습니다. 교단의 상당히 큰 교회에서 고등부 사역자로 처음 출근해야 하는 날, 그 새벽에 갑작스럽게 외할머니께서 소천하셨다는 소식을 듣게 되었습니다. 당연히 가족들과 함께 경상북도 포항을 지나 구룡포까지 내려갔습니다. 하지만 막상 도착해 보니 돌아가셨다는 외할머니는 멀쩡히 살아계셨습니다. 우리의 당황한 표정을 마주하신 외할머니는 "내가 죽은 후에 와서 뭐할 거냐? 살아 있을 때 이렇게 와서 얼굴이라도 봐야지!" 하셨습니다.

하고많은 날 중에 왜 하필 그날이었을까요? 처음으로 출근해야 하는 그 교회 예배를 본의 아니게 빠지게 되어 저는 많은 사람에게 좋지 않은 첫인상을 남기게 되었습니다. 그리고 그 첫인상은 무척 오래갔습니다. 특히 당시 교육부 실권을 잡고 있던 부목사님은 그 일로 저를 상당히 못마땅하게 생각하셨습니다. 인사도 잘 받아주지 않고 제가 하는 사역에 노골적으로 부정적이셨습니다. 예를 들면, 그 교회에서 첫해 사역을 하면서 여름 수련회 기안을 무려 10번이나 다시 써야 했습니다. 부목사님이 마음에 안 들어 하셨기 때문입니다.

저는 너무나 힘들고 고통스러웠습니다. 제가 의도해서 발생한 일이 아니었기 때문입니다. 교회를 사임하는 방법도 있었습니다. 하지만 기도하는 중에 위기처럼 보이는 이 상황과 시간이 저를 위한 기회라는 마음을 하나님께서 주셨습니다. 당시 운전을 제외한 모든 사역에서 최선을 다했습니다. 출퇴근 시간을 정하지 않고 누구보다 일찍 와서 밤을 새우며 교회 일을 했습니다. 저를 못마땅하게 생각하는 사역자들에게도 친절하게 섬겼으며, 특히 부목사님의 마음을 풀어드리려고 선물도 드리고 작은 일부터 큰일까지 성심성의껏 협력했습니다. 제 입장이나 감정에서 생각하지 않고 저를 미워하고 오해하는 사람들 입장에서 최대한 저를 낮추었습니다. 당시 저는 하루에 백번도 넘게 오직 "예수님의 길로 가자"라고 결심했습니다.

그랬더니 1년 만에 모든 것이 바뀌었습니다. 제가 하는 대부분의 교회 사역에서 인정받았고 무엇보다 저를 오해했던 많은 분이 소중하고 귀한 관계로 역전되었습니다. 나중에 부목사님은 미국으로 가시며 자신이 아끼는 물건들을 선물로 주셨고 심지어 거기서 비싼 원서들도 구해 보내주셨습니다. 더 중요한 결과로는, 만약 제가 그 어려움을 통과하지 못했다면 지금까지 저를 위해 기도하고 후원해주는 그 소중한 사람들을 다 잃어버렸을 것이고 그중에서 보석 같은 제 아내를 만나지도 못했을 것입니다.

우리 삶은 기대하지 않은 방향으로 흘러갈 때가 참 많습니다. 하지만 하나님께서는 어떤 상황에서도 주님의 방향으로 이끄십니다. 힘들어 그만하고, 어려워서 짜증 내고, 마음에 들지 않아 화를 내거나 포기하는 것은 누구나 할 수 있습니다. 하지만 예수님은 다르셨습니다. 예수님은 평생토록 자신 앞에 다가오는 오해와 어려움이라는 문제를 피하지 않고 감당하셨으며 결국 십자가에서 온 인류가 해결하지 못했던 죄와 사망의 궁극적인 벽을 미셔서 회전문이 되게 만드셨습니다.

믿음의 길은 단순히 좋은 길로 가는 것이 아니라 언제나 예수님께서 가신 길로 가는 것입니다. 위대한 인생은 얼마나 큰 어려움과 고통을 겪었느냐에 있지 않습니다. 그 어려움과 고통에서도 주님의 길로 갔느냐에 달려 있을 뿐입니다. 그러므로 오늘도 저는 오직 한 가지 질문으로 모든 일을 시작합니다.

"주여 어디로 가십니까?"

22:39-40 유월절 식사를 마치신 후에, 예수님께서는 늘 하시던 습관대로, 올리브나무 동산인 감람산으로 가셨고 제자들도 그분을 따라갔다. 늘 기도하시던 장소에 도착하신 후에, 예수님께서는 제자들에게 이렇게 말씀하셨다.

"그대들은 시험에 들지 않도록 지금 기도하세요."

41-42 예수님께서는 제자들로부터 돌을 던지면 닿을 수 있는 정도의 거리만큼 떨어진 다음, 무릎을 꿇고 간절히 기도하셨다. 바로 이렇게 하셨다.

"아버지! 만약 당신께서 원하신다면 제가 이제 받으려고 하는 이 고난의 잔, 곧 십자가 처형을 제거해주소서! 하지만 제가 원하는 대로가 아니라 당신께서 원하시는 대로만 되길 바랍니다."

43-44 그때, 하늘에서 내려온 천사가 나타나 예수님께서 힘 있게 기도하실 수 있도록 도와주었다. 그러자 예수님께서는 고뇌 속에서도 열정적으로 기도하셨고 그 결과 그분의 땀이 핏방울처럼 땅 위로 떨어졌다.

45-46 그렇게 한참 기도하신 후에, 예수님께서는 일어나셔서 제자들에게 가보셨다. 하지만 제자들이 슬픔과 근심에 잠겨 잠들어 있는 것만 보셨다. 그래서 그분은 제자들에게 말씀하셨다.

"어찌하여 그대들은 이 중요한 시간에 잠들어 있습니까? 시험에 들지 않도록 깨어 기도하세요."

47 　그렇게 예수님께서 제자들에게 말씀하시는 중이었는데, 그때, 한 무리가 어둠 속에서 다가왔다. 그 무리의 맨 앞에서 예수님의 제자 중 하나인 가룟 유다가 그들을 이끌고 오고 있었다. 가룟 유다는 예수님께 입맞춤하려고 가까이 왔다.

48 　그러자 예수님께서 가룟 유다에게 이렇게 말씀하셨다. "유다 형제! 그대의 입맞춤으로 참사람인 나를 팔아넘기는 것입니까?"

49-51 예수님 곁에서, 상황이 안 좋게 흘러가는 것을 눈치챈 제자들은 예수님께 "주님! 우리가 칼로 이들을 공격할까요?"라고 물었다. 그리고 잠시 후에, [예수님의 대답이 떨어지기도 전에] 제자들 가운데 한 명이 칼을 가지고 예수님을 잡으려고 온 무리를 이끄는 사람 하나를 공격했다. 그는 대제사장이 무리의 책임자로 보낸 종이었는데, 한 제자의 공격으로 오른쪽 귀가 땅에 떨어지고 말았다. 그러자 예수님께서는 제자들에게 "그만 하세요. 여기서 멈추세요!"라고 하시고, 칼로 인해 떨어진 귀를 도로 그 종에게 붙이고 치료하셨다.

52-53 그러고서 자신을 잡으려고 온 사람들, 곧 대제사장들과 성전 경비 대장들 및 장로들에게 다음과 같이 말씀하셨다.
　"당신들은 칼과 몽둥이를 들고 마치 강도 잡으려고 온 사람들처럼 나에게 온 것입니까? 내가 날마다 성전에서 당신 가까이 있었는데, 그때는 사람들이 무서워 아무것도 하지 못하더니 말입니다. 하지만 이제는 당신들의 시간입니다. 어둠의 권세가 잠시 주도권을 잡은 시간이지요." [그렇게 기도하신 예수님은 자신에게 다가온 십자가의 시간을 당당하게 받아들이셨다.]

간절한 기도의 가장 큰 원동력

청년 시절 한 작은 교회에서 설교 시간에, 목사님께서 생선 냄새가 배어 있는 헌금을 정리하시다가 한참 우셨다는 이야기를 들은 적이 있습니다. 솔직히 그때는 그것이 무슨 의미인지 잘 몰랐습니다. 하지만 교회를 개척하고 성도들의 헌금을 정리하다가 그제야 저는 그것이 무엇인지 알 수 있었습니다. 지금은 제가 헌금 정리를 하지 않지만, 그때는 성도가 적어 재정을 관리할 사람도 없던 시절이었습니다. 십일조 헌금을 열어보면 자연스럽게 그 성도가 얼마나 어렵게 사는지 알 수 있었고, 어떤 헌금에서는 그 성도가 일하는 상황도 담겨 있었습니다. 추운 겨울에 붕어빵을 팔던 한 성도는 얼마 벌지도 못하는 수입에서 과할 정도로 많은 금액을 감사헌금으로 바쳤고 심지어 너무 가난하고 힘들어 아무것도 담을 수 없었던 빈 헌금 봉투에는 간절한 기도 제목만이 가득 담겨 있었습니다. 그 헌금 봉투를 하나하나 열면서 얼마나 마음이 아프던지요. 저는 정말 그들을 위해 기도하지 않을 수 없었습니다.

누군가가 저에게, 오랜 시간 기도할 수 있는 가장 큰 원동력이 무엇이냐고 물어본다면, 저는 조금도 주저하지 않고 소중한 영혼들을 향한 애틋한 마음이라고 답하고 싶습니다.

저는 한 가정의 아버지로서 기도하지 않을 수 없습니다. 오늘도 아이들 셋을 홈스쿨링 하기 위해 아침부터 저녁까지 애쓰는 아내를 생각할 때, 남들 다 가는 학원 한 번 가지 못하고 고독한 시간 속에서 어려운 공부를 해내는 아이들을 생각할 때, 목사의 가족이라는 이유로 항상 여러 사람의 오해와 어려움을 비롯해 어쩔 수 없는 고독과 불편함을 견뎌내야 하는 가족을 생각할 때 말입니다.

저는 한 교회의 담임목사로서 기도하지 않을 수 없습니다. 아프고 불편한 몸을 견디며 살아가는 성도를 생각할 때, 어려운 상황과 조건 속에서도 일하는 성도를 생각할 때, 불신의 가정에서 외롭게 믿음을 지키는 성도를 생각할 때, 실패와 어려움 속에서도 몸부림치며 주님의 이름을 부르는 성도를 생각할 때 말입니다.

하지만 그중에도 가장 큰 애틋함은 겟세마네 동산에서 홀로 외롭게 기도하시던 예수님 때문입니다. 아무도 함께 기도해줄 수 없는 상황에서 땀이 피가 되도록 기도하시던 모습을 생각하면, 저는 정말 기도하지 않을 수 없습니다.

혹시라도 지금, 자기 자신이든 남을 위해서든, 기도하지 않는 사람들은 이 애틋함이 없기 때문입니다. 고생하는 가족에 대한 애틋함이 없고, 함께 신앙생활 하는 성도들이 얼마나 힘들고 아픈지에 대한 애틋함이 없으며, 무엇보다 오늘도 나를 위해 땀과 피를 쏟으며 기도하시는 예수님과 그분과 함께 기도하는 사역자들의 애틋함이 무엇인지 전혀 모르고, 알려고 하지도 않기 때문입니다. 그 안으로 들어가지 않기 때문입니다.

그러므로 그 애틋한 마음을 회복했으면 합니다. 자기 영혼과 가족을 위해, 나라와 민족을 위해, 선교사님과 사역자들을 위해, 교회와 성도들을 위해, 예수님이 가지신 그 애틋함을 기억하십시오. 그러면 기도할 힘이 생길 것입니다.

22:54-55 그 밤에, 그들은 예수님을 붙잡아 대제사장의 저택 안으로 끌고 갔다. 그 모습을 보던 베드로는 멀찍이 떨어져 은밀하게 따라갔다. 그 밤의 어둠과 추위 때문에 저택 안뜰에 모닥불을 피웠고 주변에는 사람들이 모여 앉아 있었다. 베드로도 그들 중에 섞여 들어가 불을 쬐고 있었다.

56-57 그곳에 있던 여자 하녀 하나가, 모닥불을 향해 앉아 있는 베드로를 우연히 보았고, 그의 얼굴을 유심히 보더니 이렇게 말했다.

"어! 이 남자! 저 예수라는 자와 함께 있던 사람이네요!"

그러자 베드로는 "이 여자야! 나는 그 사람이 누군지 몰라!"라고 대답하며 그 말을 부인했다.

58 그리고 시간이 조금 더 흐른 후에, 모닥불 근처에 모인 사람 중에 다른 사람이 베드로를 향해 "당신! 그 예수라는 사람을 쫓아다니던 자 중 하나 같은데!"라고 말하자, 베드로는 "이 사람아! 나는 그런 사람들과는 아무런 상관도 없는 사람이야!"라고 두 번째로 부인했다.

59-62 대략 1시간 후에, 또 다른 사람이 베드로를 향해 자신 있게 이렇게 말했다. "확실한데! 이 사람 그 예수라는 사람과 함께 있었던 사람 맞아! 예수처럼 같은 갈릴리 사람이니까!"

그러자 베드로는 "이 사람아! 당신이 무슨 말을 하는지 도무지 모르겠어!"라고 말했는데, 그렇게 세 번째로 예수님을 부인하는 순간, 수탉이 울었다.

때마침 그곳을 지나시던 예수님께서는 몸을 돌려 베드로를 보셨는데, 그분의 눈과 마주친 순간 베드로는 "수탉이 울기 전에 그대가 나를 세 번 부인할 것입니다"라고 하신 말씀이 생각났다. 그래서 베드로는 밖으로 나가 대성통곡했다.

63-65 제사장들의 예비 심문을 마친 후, 예수님을 체포한 사람들은 그분을 계속 조롱했고 피부가 벗겨지도록 매질까지 했다. 이어 사람들은 예수님의 얼굴에 보자기를 덮어씌운 후에, 주먹질하면서 이렇게 말하기도 했다. "네 놈이 대단한 선지자라고 하던데, 그렇다면 지금 너를 때리는 사람이 누군지 한번 맞춰봐라!"

그런 식으로 주변의 다른 사람들도 수많은 말과 행동으로 예수님을 희롱하고 모독했다.

66 이윽고 날이 밝아오자, 유대 백성의 장로와 대제사장 그리고 서기관들이 모여들었고, 예수님을 붙잡아 산헤드린 공회 안으로 끌고 갔다.

67-68 그들은 재판을 열고 다음과 같은 질문으로 예수님께 심문을 시작했다.

"당신이 정말 메시아라면 우리에게 분명하게 말하시오!"

그러자 예수님은 대답하셨다. "내가 아무리 분명하게 말해도 당신은 절대 내 말을 믿지 않을 것입니다. 또한, 내가 질문한다 해도 당신은 어떤 대답도 할 수 없을 것입니다.

69 지금, 이 순간 중요한 것은 이것입니다. 지금부터 이루어지는 모든 일을 통해, 참사람인 내가 하나님의 오른쪽 자리인, 능력의 자리에 앉게 되는 것입니다."〔다시 말해, 지금부터 시작되는 십자가와 부활의 과정을 통해, 죄악 된 이 세상에 하나님 나라를 도래하게 하심으로 예수께서 온 세상의 왕이요 주인의 자리로 올라가시는, 영

적 대관식이 시작됩니다.]

70 이에, 주변에서 예수님을 심문하던 모든 사람이 질문했다. "그렇다면 당신이 하나님의 아들이라는 말이냐?" 그러자 예수님께서는 그들을 향해 분명히 대답하셨다.

"당신이 말한 그대로입니다. 내가 그 사람입니다."

71 결국, 그들은 이렇게 말하고 모든 심문을 끝냈다. "우리가 더 많은 유죄 증거를 찾을 필요가 있겠습니까? 방금 들은 말, 저 예수라는 사람이 직접 한 말로 충분합니다! 저 사람은 스스로 자신을 하나님의 아들이라고 말하는 신성 모독죄를 지었습니다!"

Mountain's Insight
누가복음 22장 69절에 대한 묵상

성경에는 짧은 구절이지만 중요한 내용이 밀도 깊게 담긴 본문이 있는데, 누가복음 22장 69절 말씀이 그렇습니다. 오늘은 이 한 구절에 담긴 깊은 진리를 설명해보겠습니다.

먼저, 대다수 그리스도인이 잘못 알고 있거나 오해하는 내용이 있는데, 그것은 복음이란 죽어서 천국에 가거나 세상에서 잘사는 것 정도로 생각하는 것입니다. 그리고 그렇게 되는 데 유일한 걸림돌인 '죄'를 해결하시려고 예수님이 오셨다고 보는 것입니다.

하지만 예수님께서 이 땅에 오신 이유는 우리 죄 문제뿐 아니라, 죄로 인해 잘못된 것을 주인과 왕으로 섬기는(즉, 예배하는) 변질된 현실을 철저히 바로 잡기 위해서입니다. 그렇게 하려면 예수님을 우리 주인이요, 왕으로 고백하고 영접해, 그분 말씀대로 사랑하고 순종하며, 그분께서 보내신 성령님의 감동을 따라 섬기고 나누는 삶을 살아야 합니다. 이것이 예수님을 믿는다, 하나님 나라를 누린다는 말입니다. 다시 말해 하나님 나라는 죽어서만 이루어지는 것이 아니라 지금 여기서부터 예수님을 우리 주인이요 왕으로 인정하고 순복할 때 시작됩니다.

이토록 놀라운 하나님 나라가 시작되는 데 있어 세상과 결정적으로 다른 방식을 하나 볼 수 있어야 합니다. 지금까지 역사 속에서 새 나라가 일어나는 방식은 언제나 앞에 있던 나라를 폭력으로 파괴하고 다른 이들을 죽인 후에, 새로운 지도자와 왕이 세워지는 방식이었습니다. 하지만 예수님께서는 그런 세상 방식과는 전혀 다르게, 하늘의 방식 곧 역전적인 방식으로 하나님 나라가 오게 하였습니다. 즉, 다른 이들을 죽이는 것이 아니라 자신을 죽이고 희생하는 방식으로 말입니다. 더 자세하게는, 아담부터 시작된 이 땅의 죄와 복수라는 반복된 운명을 어린양처럼 자기 몸에 담으시고 십자가에서 죽으심으로 그 악순환을 끊어버리셨고, 3일 후에 하나님께서 예수님을 부활하게 하심으로 그분을 새롭게 시작된 하나님 나라의 주인이요 왕으로 세워주신 것입니다. 그러므로 구원받은 그리스도인은 하나님 나라 백성이 되어 우리 주인 되시고 왕 되신 예수님을 찬양하고 영광 돌리는 흐름과 방향으로 세상에서 사명과 은사에 따라 살아야 합니다.

누가복음 22장 69절은 그러한 하나님의 섭리를 아주 밀도 깊은 표현으로 선포하신 것입니다. 즉 십자가와 부활을 통해, 사망으로 변질된 죄의 나라는 끝나고, 생명으로 바로잡힌 하나님 나라가 시작된다는 것이며, 특히 예수님께서 하나님 권능의 우편에 앉으신다는 말은 이렇게 시작되는 하나님 나라에서, 예수님이 왕이 되시고 주님 되심을 선포하는 것입니다. 즉 예수님의 십자가 사건은 억울한 죽음이 아니라 세상 방식을 바로잡는 하늘 방식의 역전적이고 신비로운 왕위 등극식인 것입니다. 그래서 나중에 바울은 빌립보서 2장 6절부터 11절에 이 모든 내용을 다시금 담아 놀랍게 선포하고 찬양합니다.

"그는 근본 하나님의 본체시나 하나님과 동등됨을 취할 것으로 여기지 아니하시고 오히려 자기를 비워 종의 형체를 가지사 사람들과 같이 되셨고 사람의 모양으로 나타나사 자기를 낮추시고 죽기까지 복종하셨으니 곧 십자가에 죽으심이라 이러므로 하나님이 그를 지극히 높여 모든 이름 위에 뛰어난 이름을 주사 하늘에 있는 자들과 땅에 있는 자들과 땅 아래에 있는 자들로 모든 무릎을 예수의 이름에 꿇게 하시고 모든 입으로 예수 그리스도를 주라 시인하여 하나님 아버지께 영광을 돌리게 하셨느니라"(빌 2:6-11).

1-4 **23** 그렇게 예비 심문을 마친 산헤드린 공회의 모든 사람은 일어나, 예수님을 로마 총독 빌라도 앞으로 끌고 갔다. 빌라도 앞에서 그들은 예수님을 다음과 같은 죄목으로 고소하기 시작했다.

"총독 각하! 우리는 이 사람이 우리 민족을 미혹하며, 황제에게 세금 바치는 것을 금지하게 하고, 심지어 자기 스스로 메시아(그리스도) 곧 왕이라고 말하는 것을 찾아냈습니다."

그러자 빌라도가 예수님께 질문했다. "네가 유대인의 왕이냐?" 이에 예수님께서는 대답하셨다. "당신이 말한 대로입니다."

심문을 마친 빌라도는 대제사장들과 모인 무리를 향해 이렇게 선언했다.

"나는 이 사람이 죄를 지었다는 어떤 증거도 발견하지 못했다!"

5-7 하지만 사람들은 더 강경한 태도로 말하며 자기주장을 밀어붙였다.

"이 사람은 갈릴리에서부터 시작해 온 유대 땅을 지나 여기 예루살렘까지 와서 이상한 내용을 가르쳐 백성을 선동하고 있습니다!"

그들의 말을 듣고 나서, 빌라도는 예수님이 갈릴리 사람이냐고 물었다. 그분이 헤롯 안티파스가 다스리는 관할 지역(갈릴리) 사람임을 알았기에, 빌라도는 헤롯이 심문하도록 예수님을 그에게로 보냈다. 마침 그때, 헤롯 안티파스는 예루살렘에 와 있었다.

8-12 헤롯은 빌라도가 보낸 예수님을 보고 매우 좋아했다. 그동안 예

수님에 대한 여러 소문을 들었던 헤롯은 그분을 꼭 한번 보고 싶었고, 그분이 행하시는 기적도 보고 싶었기 때문이다. 헤롯 안티파스는 예수님께 많은 질문을 쏟아부었지만, 그분은 아무런 대답도 하지 않으셨다. 다만 대제사장들과 서기관들이 그 자리에서 예수님을 맹렬하게 고소할 뿐이었다. 그러자 헤롯 안티파스는 곁에 있던 군인들과 함께 예수님을 무시하고 조롱한 후에, 〔그분의 무죄를 증명하면서도 왕이라는 주장에 대해서는 조롱하는 표시로〕 밝고 화려한 의상을 입힌 후 빌라도에게 다시 돌려보냈다. 그래서 늘 원수처럼 지내던 헤롯과 빌라도는 그날만큼은 친구가 되었다.

13-16 다시 예수님을 재판하게 된 빌라도는 대제사장들과 지도자들 그리고 백성도 함께 불러 모았다. 그리고 그들에게 이렇게 말했다.

"너희가 이 예수라는 자를 나에게 끌고 와서 백성을 미혹하는 자라고 고소했지만, 내가 너희 앞에서 철저하게 심문한 결과 너희가 이 사람을 적대하여 고소한 죄를, 나는 하나도 찾을 수 없었다!

심지어 이 예수라는 자가 소속된 관할 지역 분봉왕 헤롯 안티파스에게도 보내 심문하라고 했지만, 헤롯 역시 이 사람을 무죄로 판결해 우리에게 돌려보냈다. 자, 보아라! 이 사람이 한 말이나 행동 중에 사형을 선고할 만한 죄는 없다! 그러므로 나는 이 사람을 적당히 채찍질한 후에 풀어줄 것이다!"

17 ● 당시 유월절 같은 명절에는 로마 총독이 죄수 중 하나를 풀어주어야 했다. 그래서 총독 빌라도는 예수님을 유월절 특사로 풀어주겠다고 제안했다.

18-19 하지만 그곳에 모인 유대인들은 모두 한목소리로 "저 예수라는

● 대다수 헬라어 사본에는 이 구절이 없으며, 아마도 후대에 삽입되었을 것이다.

사람을 없애버리시오! 우리에게는 바라바를 풀어주시오!"라고 소리쳤다. 바라바는 예루살렘에서 폭동을 일으키고, 그 과정에서 사람을 죽여, 살인죄로 감옥에 갇혀 있던 사람이었다.

20-21 그러자 빌라도는 예수님을 풀어주려고 그곳에 모인 유대인들을 향해 예수는 무죄라는 말을 다시 했다. 하지만 유대인들은 소리를 지르면서 이렇게 말했다. "십자가형에 처하시오! 예수를 십자가형에 처하시오!"

22-23 총독 빌라도는 세 번째로 같은 말을 했다. "도대체 이 사람이 무슨 죄를 지었는가? 나는 이 사람에게서 십자가형으로 사형시킬 만한 죄를 전혀 발견하지 못했다! 그러므로 적당히 채찍질한 후에 풀어줄 것이다!" 하지만 그곳에 모인 유대인들은 큰 소리로 예수님을 십자가형에 처하라고 요구했고, 결국 그들의 목소리가 이기고 말았다.

24-25 그래서 어쩔 수 없이 빌라도는 그곳에 모인 유대인의 요구대로 예수님을 십자가형에 처하도록 판결했다. 그렇게 총독 빌라도는 그곳에 모인 유대인들이 요구했던 사람, 폭동과 살인죄로 감옥에 갇혀 있던 바라바는 풀어주었고, 오히려 아무 죄도 없었던 예수님은 요구대로 십자가형으로 사형이 집행되도록 넘겨주고 말았다.

Mountain's Insight
태도의 온도

어느 교회에 목회자의 마음을 힘들게 하는 청년 하나가 있었습니다. 그 청년은 미술을 전공하는 대학생이었는데 오전 11시에 시작하는 주일 예배에 항상 지각했습니다. 모두 말씀에 집중하는 시간에 시끄럽게 들어와 자리를 잡고 앉다 보니 대다수 성도가 예배의 흐름을 빼앗겼습니다. 하지만 그것이 전부가 아니었습니다. 그 청년은 앉아 성경책도 펴지 않고 잠을 자기 시작했습니다. 조는 것도 아니고 언제나 깊은 수면으로 들어갔습니다.

처음에 목사는 궁금해했고 나중에는 속상했습니다. 토요일에 뭘 하는 것일까? 왜 집에서 잠을 자지 않고 굳이 교회까지 와서 자는 것일까? 무엇보다 저렇게 몸만 와서 앉아 있는 것이 무슨 예배가 될까 하고 말입니다.

목사는 그 청년을 위해 오랫동안 기도했습니다. 한 번이라도 일찍 교회에 와서 하나님 말씀을 깨어 듣길 바랐습니다. 하지만 청년의 오랜 습관은 바뀌지 않았습니다. 그러던 어느 주일 아침, 그날도 어김없이 청년은 지각했고 어김없이 설교 시간에 고개를 떨궜습니다. 오늘은 예배 후에 한번 눈물이 나도록 꾸중해야겠다고 다짐한 목사는 설교를 마치는 순간 하나님의 세밀한 음성을 들었습니다. 그래서 예배 후에 청년을 서재로 불렀습니다.

목사는 청년에게 종이와 연필을 하나 주었습니다. 미술을 전공한 그 청년에게 1분 정도 시간을 줄 테니 자기 얼굴을 그려달라고 했습니다. 청년은 짧은 시간에 대충 실력 발휘를 해서 목사에게 건넸습니다. 하지만 목사는 청년이 그린 그림을 보지도 않고 그 자리에서 구겨 쓰레기통에 던져버렸습니다. 청년은 충격을 받았고 금세 얼굴이 찌그러졌습니다.

목사는 그 청년에게 부드럽게 말했습니다. "자네가 오늘 나를 위해 그림을 그리느라 1분 정도 수고를 했지만, 나는 자네를 위해 설교하려고 지난주에 20시간 넘는 수고를 했네. 자네는 방금 자네의 그림이 무시당하는 것으로 속상했지만, 나는 지난 몇 년간 자네가 내 설교를 무시하는 것으로 마음이 아팠네." 그러자 그 순간 청년은 무릎을 꿇고 목사에게 용서를 구했습니다.

목사님은 그 청년을 다시 일으키며 마지막으로 이렇게 말했다고 합니다. "내가 혹시라도 너무 어렵거나 지루하게 설교하고 있다면 나의 부족함을 이해해주게. 하지만 자네가 조금만 더 진지하고 적극적으로 예배와 말씀 앞에 다가와 주면 좋겠네. 우리는 예배 시간에 사람 앞에 서 있는 것처럼 보이지만, 사실은 하나님 앞에 서 있다네. 우리끼리는 지식이 많은 사람과 적은 사람, 돈이 많은 사람과 부족한 사람, 건강한 사람과 그렇지 않은 사람으로 구분할 수 있겠지만 하나님께서는 진정한 예배자와 그렇지 않은 사람으로만 구분하신다네. 하나님의 태도는 자네를 위해 자신의 아들을 희생시킬 만큼 뜨거우신데, 자네의 태도는 왜 그리도 차가운가? 네 가지 밭 비유처럼, 결국 각 사람이 예배와 말씀 앞에서 취한 태도에 따라 미래가 달라질 것이네. 매 순간이 예배의 자리이며, 우리는 그때마다 예수님을 환영하기도 하고 무시하기도 하네, 그분을 영접하기도 하고 다시 그분을 십자가에 못 박기도 하네. 어떻게 할 것인가? 뜨거운 태도로 그분을 사랑할 것인가? 아니면 차가운 태도로 그분을 심판할 것인가?"

23:26 십자가 나무 형틀을 지고 가시던 예수님은, 이미 너무나 약해져 더 이상 형틀을 질 수 없게 되었다. 그래서 로마 군사들은 도시 외곽에서 예루살렘으로 오던 구레네 출신의 시몬이라는 사람을 붙잡아, 강제로 나무 형틀을 지고 예수님 뒤를 따라가게 시켰다.

27-31 그런 예수님의 모습을 보고서, 백성과 많은 여자가 무리 지어 그분을 따라가며 계속해서 가슴을 치고 애통해하였다. 예수님께서는 자신을 위해 우는 여자들을 향해 몸을 돌이켜 이렇게 말씀하셨다.

"예루살렘의 딸들이여! 나를 위해 울지 마시고, 여러분 자신과 자녀들을 위해 우십시오. 이제 곧 '임신하지 못한 여자들과 출산할 수 없는 여자들 그리고 젖 먹일 자녀가 없는 여자들이 차라리 행복하도다!'라고 말하게 될 비참한 날들이 다가오기 때문입니다. 예루살렘이 멸망하는 날이 오면, 너무나 비참한 현실로 사람들은 '산들아! 제발 우리 위에 무너져버려라! 작은 언덕들아! 우리를 덮쳐 죽여다오!'라고 말할 것입니다. 다시 말해, 푸른 나무와 같은 나에게도 이렇게 억울하고 고통스러운 일들이 닥치는데, 하물며 마른 나무와 같은 그대들〔유대인들〕에게는 얼마나 잔인하고 비극적인 일들이 일어나게 될까요?"

32-33 당시 예수님과 함께, 다른 범죄자 두 명도 십자가형에 처해져 끌려갔다. 예수님과 두 범죄자가 '해골'이라고 불리는 장소, 곧 골고다 언덕에 도착하자, 거기서 로마 군사들은 그 세 사람을 십자가에 못 박고 세워, 사형 집행을 시작했다. 예수님은 가운데 십자가에 달

리셨고 두 범죄자는 예수님의 우편과 좌편에 매달렸다.

34 십자가 위에서 예수님께서는 기도하셨다.

"아버지여! 저 사람들의 죄를 용서해주십시오. 저들은 자신이 무엇을 하는지 아무것도 모르기 때문입니다."

로마 군사들은 예수님의 겉옷과 속옷을 모두 벗겼고, 그 십자가 아래에서 제비를 던져 나눠 가졌다.

35-38 그 시간, 대다수 백성은 예수님의 십자가 처형을 서서 구경하며 그분을 향해 심한 조롱을 담아 비웃었고 유대인 지도자들도 "다른 사람들은 잘도 구해주더니, 정작 자신은 구원하지 못하는군! 자기가 하나님이 선택한 메시아요 왕이라면, 지금 즉시 십자가에서 내려와 자신부터 구해보시지!"라며 조롱했다.

십자가 아래에서는 로마 군인들도 신 포도주를 담은 긴 막대기를 예수님께 내밀어 장난치면서 그분을 조롱하였다. 그들도 "네가 정말 유대인의 왕이라면, 지금 즉시 십자가에서 내려와 자기부터 구해보시지!"라며 조롱했다. 아이러니하게도 예수님께서 못 박히신 그 십자가 형틀 위에는 "이 사람은 유대인들의 왕"이라는 죄패가 붙어 있었다.

39-43 그때, 예수님 곁에 함께 십자가 처형으로 매달린 범죄자 중 한 사람이 예수님을 모욕했다. "이봐! 당신이 메시아라며? 그러면 지금 즉시 당신과 우리를 좀 구해봐!"

하지만 함께 매달린 또 다른 범죄자는 그를 꾸중하면서 "야, 이놈아! 너는 하나님이 무섭지도 않느냐? 이렇게 똑같은 벌을 받으면서 말이야! 우리가 이렇게 처형당하는 것은, 우리가 한 짓이 있으니 당연하지만, 저분은 아무런 잘못도 없는 분이야!"라고 말했다.

그러고서 예수님을 향해 이렇게 마지막으로 부탁했다.

"예수님! 당신의 나라로 가시면, 저를 꼭 기억해주시길 부탁드립니다!"

그러자 예수님께서는 그에게 말씀하셨다.

"네! 그래요! 형제는 오늘 나와 함께 낙원에 있게 될 것입니다."

Mountain's Insight
당신은 어떤 고통 속에 있습니까?

솔직히 저는 고통의 사람입니다. 먼저 육신적으로, 많은 책을 읽느라 나빠진 시력은 이미 오래전에 심각한 상태로 발전한 비문증을 견디고 있습니다. 조금만 무리하면 눈에서 통증과 함께 눈물이 납니다. 끊임없이 말을 해야 하므로 성대도 많이 상했고 밤이 되면 목이 항상 아파 한여름에도 목도리를 하고 자야 합니다. 선천적으로 약한 이와 잇몸으로 그동안 수많은 치료를 받았지만 점점 약해지고 있어 식사 시간뿐 아니라 평소에도 통증이 있습니다. 그러다 조금이라도 신경 쓰고 몸이 지치는 날에는 잇몸이 부어 밤새도록 치통에 시달립니다. 매일 사용하는 오른쪽 손목 관절도 많이 손상되었고 지난 몇 년간 연속해서 다친 허리는 어느 정도 무거운 물건은 이제 들 엄두가 안 날 정도로 약해졌습니다. 오랫동안 지속해온 기도 자세로 무릎이나 발목 접히는 부분에 자리 잡은 습관성 통증이 생이 마감되는 시간까지 따라다닐 것 같습니다.

하지만 목회자로 살아가면서 견뎌야 하는 더 큰 고통은 이런 육신적인 것이 아니라 영적인 것입니다. 매주 이어지는 찬양과 말씀 준비 및 다양한 상담 사역에는 영적인 어려움과 시련이 끊임없이 밀려옵니다. 아무리 설교를 잘 준비해 전했더라도 다시금 새로운 말씀을 준비해야 하는 부담감이 설교를 마친 직후부터 시작됩니다. 애써서 상담을 잘 마쳤더라도 다시금 전혀 다른 상담이 저를 기다립니다. 무엇보다 힘든 것은 사람들의 고집스러운 완고함과 이기적인 강퍅함입니다. 천 개를 잘해도 한 개만 마음에 들지 않으면 욕하고 비난합니다. 가끔은 정말 밑 빠진 독에 계속 물을 붓는 것처럼 느껴지기도 합니다. 변화되기 힘든 방식으로 종교 생활만 하는 성도들과 감정만 위로받으려 할 뿐 성장하지 못하는 영혼들을 볼 때마다 너무나 안타깝고 속상합니다. 100명의 성도가 예배의 자리에서 은혜를 받아도 오늘 나오지 못한 1명의 성도로 인해 눈물이 납니다. 더하여 사탄의 유혹과 공격도 엄청납니다.

그러면 어떻게 이 고통을 이겨나가느냐고요? 육체적으로나 영적으로 쉼을 가지는 것도 필요하겠지만 그것보다 더 강력한 해결책은 예수님의 고통을 바라보는 것입니다. 영원한 분께서 유한한 육체의 몸을 입고 매일 똑같이 생명의 말씀을 전했지만 다시 사망의 진흙탕으로 돌아가는 죄 많고 약한 인간들을 보시며 날마다 기도하시며 결국 십자가를 지셔야 했던 그분을 생각하는 것입니다. 마지막 남은 한 방울의 피를 흘리시며 "주여 저들의 죄를 용서해주소서!"라고 외치셨던 그 위대한 고통 앞에 저를 내려놓는 것입니다.

제가 발견한 진리는 이것입니다. 인생은 고통과 멀어질 때 행복해지는 것이 아니라 진정한 고통을 껴안을 때 비로소 의미를 찾는다는 것입니다. 무의미한 인생을 살아가는 사람들 대다수는 어떤 힘든 고통 때문이 아니라, 마땅히 감당해야 할 고통을 피했기 때문에 그렇게 되었습니다. 부족함을 견디고 시련을 감당하며 성장한 자녀들은 바른 사람이 되지만, 부족함을 모르고 조금만 어려우면 포기한 아이들은 어디서도 무가치한 사람이 되었습니다.

신앙인도 마찬가지입니다. 예수님을 믿는다면서도, 그분의 고통이 무엇인지 모르고 말씀의 수고, 기도의 애씀, 헌신의 희생이 없는 사람들은 아무리 오랫동안 교회를 다녀도 변화가 없었습니다. 하지만 예수님의 십자가를 품에 안고 사는 사람들은 아무리 힘들고 어려운 일이 있어도 거기서 하나님 은혜를 누리며 승리하는 신앙인으로 성장하였습니다.

고통이라고 다 같은 것이 아닙니다. 밤새도록 게임하고 술 마시면서 힘든 사람도 있고, 아이를 낳기 위해 어머니가 감당하는 고통과 한 사람을 살리기 위해 의사가 견디는 고통도 있습니다. 결국, 당신의 고통은 예수님의 십자가와 얼마나 가까이에 있습니까?

고통 없는 사람은 아무도 없습니다. 의미 있는 고통 속에서 성장하는 사람과 무가치한 고통 속에서 변질되는 사람만 있을 뿐입니다. 당신의 고통이 십자가와 멀어질수록 하나님 나라와도 멀어지고, 당신의 고통이 십자가와 가까워질수록 부활의 생명과도 가까워지는 것입니다.

지금 자신의 고통을 점검해보십시오. 당신은 진정 어떤 고통 속에 있습니까?

23:44-46 예수님께서 십자가에 매달리신 후, 시간이 어느덧 정오 정도가 되었는데, 온 땅이 갑자기 어두워지더니 오후 3시까지 이어졌다. 그밝던 태양이 빛을 잃자 성전 지성소 입구를 막고 있던 두꺼운 휘장이 가운데로 찢어졌다.

그때 예수님께서는 "아버지! 내 영혼을 당신 손에 맡깁니다!"라고 큰 소리로 말씀하시고 숨을 거두셨다.

47-49 그러자 예수님의 십자가 곁에 서 있던 백부장은 그분의 죽음과 모든 상황을 직접 보고 나서 "분명히! 이분은 의로운 분이셨도다!"라고 말하며 하나님께 영광을 돌렸다.

그리고 예수님의 십자가 처형을 구경하려고 모였던 사람들은 그분의 죽음과 함께 일어난 모든 일을 보고 나서, 가슴을 치고 애통해하면서 자기 집으로 돌아갔다.

하지만 예수님을 갈릴리에서부터 예루살렘까지 따라왔던 사람들과 여자들 그리고 그분을 알았던 모든 사람은 이 모든 것을 멀리 떨어져 보면서, 한참이나 서 있었다.

Mountains Insight

무엇을 이루고, 무엇을 남겼습니까?

얼마 전에 너무나 감격스러운 소식을 하나 들었습니다. 오래전 상담

했던 한 가정이 놀랍게 변화된 것이었습니다. 약 10년 전에 처음 만났던 그들은 정말 비참한 상태였습니다. 아버지는 술과 노름에, 어머니는 쇼핑과 남 험담하는 일에 중독되어 있었습니다. 게다가 하나밖에 없던 아들은 부유한 환경에 살면서 게임과 음란물에 중독되어 있었습니다. 하나님께서 그들에게 주신 물질적 육체적인 축복은 모조리 죄와 악을 번식시키는 통로로만 사용되고 있었습니다. 그러다가 문제가 터졌습니다. 아버지 사업은 부도나고 어머니는 암에 걸리고 말았습니다. 아들 또한 심각한 범죄에 연루되어 모두 비참한 모습이 되어 도움을 청했습니다.

당시 저는 그들의 모습이 안타까웠지만, 인간적이고 감정적인 위로만으로는 어떤 것도 해결할 수 없음을 알았습니다. 그래서 조금 힘들더라도 그들의 죄를 분명하게 깨닫게 했습니다. 하나님께서 주신 소중한 인생과 물질을 함부로 허비하는 것이 죄인 줄도 모르고 있었기 때문입니다. 저는 마지막으로 이렇게 말했습니다. "지금까지 무엇을 이루었습니까? 그리고 이런 식으로 계속 살면 무엇이 남을까요?" 상담 후에, 세 사람은 속상함과 부끄러움과 죄송함을 가지고 헤어졌습니다.

그때 그 가정이 엄청난 결단을 합니다. 한국에 있던 모든 사업과 재산을 정리하고 몽골에 있는 한 선교지로 떠났다고 합니다. 가난하고 절박한 삶의 자리에서 그곳의 선교사와 함께 매일 예배드리고 복음을 전하기 시작했습니다. 처음에는 적응하기 힘들었지만, 시간이 지나자 인생의 소소한 즐거움보다 훨씬 귀한 하나님 나라의 의미를 누리게 되었습니다.

결국, 술과 노름을 일삼던 아버지는 거기서 10여 개의 교회를 손으로 지었고, 쇼핑 중독에 남을 험담하기만 하던 어머니는 그곳에서 고아로 살아가는 수많은 아이의 선생님이 되었습니다. 게임과 음란물에 빠져 있던 아들은 신학교에 가서 목사 안수를 받고 그 땅을 위해 선교사로 헌신했습니다.

결과 중심으로 누군가의 인생을 평가하자는 것은 아닙니다. 하지만 마음에 결과를 담고 살면 오늘은 달라질 수 있습니다. 몇 달란트 받았느냐가 중요하지 않습니다. 몇 달란트를 남겼느냐가 중요합니다. 당신은 이번 주말에 무엇을 하셨습니까? 지난 주간에는 무엇을 이루었습니까? 예수님을 믿는 그 많은 날 동안 무엇을 남겼습니까? 그렇게 계속 5년, 10년을 더 살면 무엇이 이루어지고 무엇이 남겠습니까?

23:50-52 〔예수님께서 십자가 처형으로 돌아가신 후,〕요셉이라는 이름을 가진 남자가 나타났다. 그는 유대 최고 종교회의인 산헤드린 공회 의원으로, 선하고 의로운 사람이었다. 요셉은 〔예루살렘 북쪽으로 약 8킬로미터 정도 떨어진〕유대 지역의 도시 아리마대 출신으로, 하룻밤 만에 예수님을 유죄 판결했던 산헤드린 공회의 결정과 사형 집행에 동의하지 않았고, 하나님 나라가 오기를 고대하던 사람이었다. 그는 로마 총독 빌라도에게 가서, 십자가에서 돌아가신 예수님의 시체를 달라고 요청했다.

53-54 아리마대 사람 요셉은 십자가에서 예수님의 시체를 내린 후, 그분의 몸을 세마포(린넨)로 감싸고, 지금까지 아무도 사용한 적이 없는 바위를 파내서 만든 새 무덤 안에 예수님의 시체를 안치했다.

예수님께서 십자가에서 죽으시고 무덤에 안치되신 그날은 다가오는 안식일을 준비하는 날〔금요일〕이었다. 그날이 저물고 다음 날인 안식일〔토요일〕이 동터왔다.

55-56 그때, 갈릴리에서부터 예수님과 동행하여 예루살렘까지 올라와 골고다에서 예수님의 십자가 처형을 끝까지 남아 지켜보았던 여자들이 있었는데, 그들은 예수님께서 십자가에서 내려지신 후 아리마대 사람 요셉이 돌로 만든 무덤 안에 안치하는 과정까지 따라가서 자세히 보았다.

그러고서 그 여자들은 돌아가 예수님의 몸에 바를 향유와 몰약을 준비했다. 다음 날은 안식일[토요일]이었으므로 율법에 따라 하루 쉬면서 그다음 날[일요일]이 오길 기다려야 했다.

24

¹⁻³ 드디어 새로운 한 주간의 첫 번째 날[일요일]이 밝아왔다. 여자들은 이른 아침에 자신이 준비한 향료를 예수님의 몸에 바르고자, 그분의 시체를 안치해놓은 무덤으로 갔다.

여자들이 무덤에 도착해보니, 이미 누군가가 무덤 입구를 막고 있던 커다란 돌을 굴려 옮겨놓은 것을 발견했다. 여자들이 무덤 안으로 들어가보니, 그곳에 안치되어 있으리라 생각했던 예수님의 시체는 이미 사라져서 보이지 않았다.

⁴⁻⁷ 여자들은 그런 예상치 못한 상황 때문에 당황했는데, 그때 사람처럼 보이는 두 명의 천사가 빛나는 옷을 입고 그녀들을 향해 그곳에 서 있는 것을 보았다. 천사들을 보자마자, 여자들은 두려움에 사로잡혀 얼굴을 땅에 대고 엎드렸다.

그러자 두 천사는 이렇게 말했다. "그대들은 어째서 살아계신 분을 죽은 자들 가운데서 찾습니까? 예수님께서는 더는 이 죽음의 장소에 계시지 않습니다! 오히려 살아나셨고 부활하셨습니다! 그대들은 기억하십시오. 그분께서 갈릴리에서 여러분과 함께 계시면서 어떤 말씀을 하셨는지를 말입니다. 그분은 거기서 이렇게 말씀하셨지요!

'참사람인 나는 죄인들의 손에 의해 넘겨지고 십자가 처형으로 죽을 것입니다. 하지만 내가 죽고 3일째 되는 날에, 나는 반드시 다시 살아날 것입니다'라고요!"

⁸⁻¹⁰ 그러자 여자들은 이전에 예수님께서 하신 말씀을 떠올렸다. 그리고 무덤을 떠나 돌아가 남은 열한 사도들과 다른 모든 제자에게 이 사실을 전부 알렸다. 이 놀라운 부활 소식을 전한 여자들은 막달라

마리아, 요안나, 야고보의 어머니 마리아 그리고 그녀들과 동행한 다른 여자들이었다. 그녀들은 열한 명의 사도들에게 그들이 체험한 것을 계속 말했다.

11 하지만 예수님께서 이미 확실히 죽었다고 생각하는 사람들에게, 여자들이 전해준 부활 소식은 헛소리처럼 들렸다. 그래서 제자들은 여자들이 아무리 많은 말을 해도 믿지 않았다.

12 다만, 베드로만 일어나 그 무덤으로 달려갔고, 빈 무덤 안을 들여다볼 뿐이었다. 거기서 베드로는 무덤 안에 예수님의 시체를 감쌌던 세마포(린넨)만 남아 있는 것을 발견했다. 베드로는 예수님의 죽음 이후에 벌어진 이 모든 일을 이상하게 여기며 자기 집으로 돌아갔다.

<hr>

Mountains Insight

'그다음'이 있는 신앙

어느 한 교회에서 이제 막 신학교를 다니기 시작한 전도사가 처음으로 유치부 설교를 하게 되었습니다. 어떤 내용으로 첫 설교를 할까 고민하던 전도사는 창세기 1장의 천지창조를 선택했습니다. 1주일간 열심히 성경을 읽고 설교문을 작성했습니다. 무엇보다 집중력이 약한 유치부 아이들을 위해 손수 융판을 만들고 천지창조에 등장하는 해, 달, 별을 비롯해 동물과 사람까지 그림을 그리고 찍찍이를 붙여 교보재(教補材)까지 만들었습니다.

드디어 주일 아침 9시, 작은 눈동자들이 모인 유치부실에서 전도사는 최선을 다해 첫째 날의 빛에서 시작해 여섯째 날 사람까지의 천지창조 이야기를 재미있고 쉽게 잘 전달했습니다. 설교를 마치자 감동받은 아이들은 박수쳤고 뒤에 있던 선생님들도 흐뭇한 미소를 지었습니다. 그렇게 모든 것이 즐겁게 마무리되려는 순간, 어떤 유치부 아이 하나가 손을 들고 질문했습니다. "전도사님, 그런데 지금 이야기해주신 내용이 정말로 있었던 것인가요?" 그러자 전도사는 밝은 미소를 지으며 이렇게 말했습니다. "아니에요! 실제로 있었던 일은 아니랍니다. 여러분 동화책에서 햇님 달님이 된 오누이 이야기나 마늘을 먹고 사람이 된 곰 이야기 알죠? 그런 것처럼, 이런 이야기를 설화 혹은 전설이라고 한답니다."

불행히도 이 내용은 제 눈과 귀로 직접 보고 들은 사건입니다. 핵심은 "그다음"이 얼마나 중요한가에 대한 것입니다. 텔레비전에서 뉴스를 전하던 앵커가 아주 심각한 내용을 전한 후에 "제가 지금까지 전한 내용은 모두 거짓말입니다"라고 한다면, 한참 시간을 허비하고 감정을 소모해 가면서 들은 시청자들의 마음은 얼마나 허탈할까요? 또한, 자신이 누군가에게 열심히 가르쳤는데 그 사람이 아무것도 배운 것이 없다고 하거나, 정말 좋은 일이라고 생각하고 인생을 바쳤는데 그것이 인류를 파괴하는 아주 나쁜 일이 되었다면 어떨까요?

저는 솔직히 우리 그리스도인들이 대다수 이런 흐름 속에 있다고 생각합니다. 주일에 아무리 예배를 드려도, 성경을 그렇게 많이 읽어도, 기도를 그렇게 많이 해도, 아무리 감동받고, 아무리 은혜를 받아도 '그다음'이 없기 때문입니다. 지난주 설교 제목, 기억나십니까? 제목은 기억이 안 나더라도 받은 찔림과 도전을 가지고 어떤 '다음'이 있었습니까? 잘못된 습관을 고치거나 삶의 방식을 바꾸었나요?

진짜 신앙은 다음이 있는 신앙입니다. 얼마나 지식적으로 많이 배웠느냐보다 그 배운 것을 삶에서 얼마나 분명하게 살아냈느냐가 더 중요합니다. 예수님께서 십자가에서 죽으신 것은 단순히 자신의 고결함이나 위대함을 과시하기 위함이 아니었습니다. 그 십자가의 죽음과 부활이 삶에서 그다음으로 이어지길 바라신 것입니다. 그러므로 이제 '다음'이 있는 신앙으로 우리 모습을 전환해야 합니다.

이것은 그냥 되는 것이 아닙니다. 기억하고 훈련해서 꾸준히 실천해야만 가능한 일입니다. 복음은 이론과 교리가 아닙니다. 실제와 열매입니다. 오늘도 하나님께서는 우리에게 수많은 사건과 문제를 통해 씨앗 같은 선물을 주십니다. 그 씨앗으로 무엇을 하시렵니까? 그 씨앗이 무엇이 될지는 각자의 그다음에 달렸습니다.

24:13-16 그러고서 주목할 만한 사건이 하나 일어났다! 예수님의 빈 무덤 사건이 발생한 그날, 제자 무리 중에서 두 명이 예루살렘을 떠나 60 스타디온[약 11킬로미터] 떨어진 엠마오라는 마을로 가고 있었다. 그들은 그 길을 가면서 최근에 일어난 일들에 대하여 서로 이야기하고 있었다.

그때 이런 일이 일어났다. 그들이 나누던 이야기가 열정적인 토론이 되어갈 즈음, 부활하신 예수님께서 직접 그들 가까이에 오셔서 그들과 함께 걷기 시작하신 것이다. 하지만 그들은 [이미 예수님은 죽으셨다는 생각에 사로잡혀] 영적인 눈이 닫혀버려, 누군가가 그들 가까이 오는 것은 보았으나, 그분이 예수님일 것이라고는 생각지도 못했다.

17-18 이제 예수님께서는 제자 둘이 나누는 대화에 끼어드시며 이렇게 물어보셨다.

"무슨 이야기인데 길 가면서도 그렇게 열정적으로 나누는 건가요?" 그러자 두 제자는 어두운 표정을 지으며 [예수님을 향해] 멈추어 섰다. 두 제자 중 글로바라는 이름을 가진 사람이 예수님에게 이렇게 질문했다. "예루살렘 근처에 사는 분 같은데, 어떻게 최근에 거기서 일어난 일을 모르십니까?"

19-24 그래서 예수님께서는 "무슨 일이 일어났나요?"라고 물어보셨다. 그러자 두 제자는 말했다.

"나사렛 출신 예수님에 관한 일이지요. 그분은 하나님과 모든 사람 앞에서 행한 일과 말씀에서 모두 탁월한 능력을 보인 선지자였습니다. 그런데 대제사장들과 우리 민족의 지도자들[산헤드린 공회원들]이 예수님을 죄인으로 몰아 사형 판결하였고, 결국 로마 총독에게 넘겨주어, 십자가 처형으로 그분은 돌아가시고 말았습니다. 사실 우리는 그 예수님이 이스라엘을 구원하실 분이라고 기대했지요. 하지만 결국 이렇게 허망하게 끝나고 말았고, 그분이 십자가에서 처형당한 후 벌써 3일이나 지났습니다. 그런데 우리와 함께하는 어떤 여자들이 오늘 새벽에 그분 무덤에 갔다가, 그곳에서 이상한 사건이 일어났다고 알려주는 바람에 충격을 받았지요.

그 여자들은 예수님의 시체는 사라져 무덤에서 볼 수 없었지만, 천사들이 나타난 것을 보았다면서 예수님이 살아나셨다고 말했습니다. 그래서 우리와 함께하는 남자들 중 몇 사람이 무덤에 직접 가 보았더니, 여자들이 말한 대로, 예수님의 시체가 무덤 안에 없는 것만 확인했을 뿐이었습니다."

25-27 그러자 예수님께서는 그들을 향해 이렇게 꾸중하시며 말씀하셨다.

"아! 영적인 지혜와 지식이 없는 사람들이여! 구약 선지자들이 이미 말한 것에 대하여 무딘 믿음을 가진 자들이여! 진정한 메시아는 반드시 십자가 고난을 통과한 후에 부활 영광으로 일어나는 것이, 하나님께서 선지자들을 통해 이미 말씀하신 당연하고 필연적인 과정이라는 것을 왜 그대들은 이상하게 여기고 아직도 깨닫지 못하는 것입니까?"● 이어 예수님은 구약성경 모세오경부터 시작해 모든 선지자의 말씀을 자세하고도 철저하게 풀어 설명하셨다. 모든 성경 말씀 속에 담긴 자신, 곧 메시아에 관한 내용 말이다.

28-31 그러다 보니, 어느덧 두 제자는 목적했던 마을에 가까이 도착했다.

● 신명기 18:15, 시편 2:7, 16:8-11, 110:1, 118편, 이사야 53장 참고.

예수님께서는 그 마을에 머물지 않으시고 여정을 더 이어 가시려는 듯 보였다. 그러자 두 제자는 "이미 저녁이 되어 하루가 다 저물어가니, 우리와 함께 머무시죠!"라며 예수님을 강권해 붙잡았다. 그래서 예수님은 그들과 함께 한 숙소에 들어가 하룻밤을 머물었다.

그리고 이런 일이 일어났다. 모두 저녁 식사를 하려고 함께 식사 자세로 누웠을 때, 예수님은 식탁에 있는 빵을 잡아 감사기도를 드리고 그것을 찢어 나눠 주셨다. 그 순간, 제자들의 어두운 눈이 완전히 열렸고 그들은 그 자리에 계신 분이 부활하신 예수님이심을 온전히 알게 되었다. 그러자 예수님께서는 그 즉시 그들 앞에서 사라지셨다.

32 [하지만 그들은 낙망하지 않았다. 오히려 새로운 소망이 일어났다.] 그 순간 두 제자는 서로를 향해 감동의 고백을 나누었다. "우리 마음이 뜨겁게 타오르는 것을 느끼지 않았나? 부활하신 예수님께서 말씀하실 때 말이야! 길에서 성경 말씀을 자세히 풀어 설명해 주실 때 말이야!"라고 말하면서.

33-35 결국, 그들은 그 밤에 일어나서 예루살렘으로 돌아갔다. 그곳에 도착하니 열한 명의 사도와 나머지 제자들이 모두 함께 모여 있었다. 사도들과 제자들은 이미 예수님께서 정말로 부활하셨다는 이야기를 나누고 있었고, 특히 시몬 베드로에게 부활의 주님께서 직접 나타나셨다는 이야기도 했다. 그래서 엠마오 마을로 갔다가 돌아온 두 명의 제자들도, 자신들이 그 마을로 내려가던 길에 있었던 일들, 곧 예수님께서 그들에게 나타나셔서 말씀을 통해, 빵을 나누는 교제를 하면서 일어난 놀라운 체험과 이야기를 전해주었다.

유일한 전환점에 계신 예수님

잠시 눈을 감고 당신 인생에 가장 소중한 사람을 한번 떠올려보십시오. 부모님일 수 있습니다. 낳고 길러주셨기 때문입니다. 선생님이나 교수님일 수도 있습니다. 배움의 중요성과 어려운 공부를 쉽게 할 방법을 알려주었기 때문입니다. 아주 절박한 상황에서 큰돈을 빌려준 사람이나, 죽고 싶을 만큼 힘들 때 날 붙잡아준 사람일 수도 있습니다. 그 외에도 각자 상황과 형편에 따라 다양한 사람이 생각날 것입니다.

다만 안타깝게도, 그 모든 사람은 진짜 소중한 사람이 아닙니다! 과거를 조금 더 분명하게 돌아볼 수 있도록 안내하기도 하고, 지금 살아가는 현재를 조금 더 즐겁게 만들기도 하며, 앞으로 다가올 시간을 조금 더 잘 준비하도록 도움을 줄 수도 있겠지만, 이 세상 누구도 급한 경사의 내리막길 끝에서 절벽처럼 다가오는 죄와 죽음이라는 방향 자체를 전환시킬 수 있는 사람은 단 한 명도 없습니다. 다시 말해, 지금 자신이 가는 이 죽음이라는 방향을 유지할 사람은 많아도 그 방향에서 완전히 반대로 전환할 힘과 능력을 지닌 사람은 없다는 것입니다. 그 사람들도 결국 죄와 죽음의 운명이라는 동일한 방향에 휩쓸려가는 사람이기 때문입니다.

하지만 예수님은 다릅니다. 그분은 우리 인생에 운명처럼 결정된 죽음의 흐름을 십자가와 부활이라는 전혀 다른 생명의 길로 완전히 전환시킬 수 있는 유일한 분입니다. 오직 그분만이 그렇게 하셨습니다. 우리가 지식적으로 이해하고 감정적으로만 도전받는 것이 중요한 게 아닙니다. 그것만으로는 아무 일도 일어나지 않습니다. 그분을 만나 그분이 전환하신 길로 함께 가야만 합니다. 그분을 내 영혼에 주인으로 모셔와 그분의 대전환속에 내 인생을 맡겨드려야 합니다. 그것이 예수님을 믿는 것이며, 참 생명을 얻는 길입니다.

저는 그 예수님을 만났습니다. 그래서 제 인생은 대전환을 이루었습니다. 만약 제가 예수님을 만나지 않았다면, 돈과 욕망의 노예가 되었을 것이고, 지난날 절 힘들게 했던 원수들에게 복수하는 잔인한 사람이 되었을 것입니다. 하지만 저는 예수님께서 십자가와 부활로 만드신 전환점을 통해 인생의 쾌락보다 하나님 나라의 의미를 추구하고, 복수보다 위대한 사명에 사로잡혀 이 세상과 반대로 살게 되었습니다.

그러므로 제 유일한 소망은 모든 사람이 이 유일하고 위대한 전환점에 서 계신 예수 그리스도를 만나는 것입니다. 자신이 가는 방향이 비참하게 끝난다는 것을 직시하고, 겸손하게 회개하여 그분 눈을 바라보고 그분 손을 붙잡고 그분 걸음을 따라서 대전환을 이루어내는 것입니다. 그렇게 하려면 자신이 주인 삼은 모든 혈기와 욕망과 방식을 포기해야 합니다. 그리고 내 인생의 주인 자리에 예수님을 모셔야 합니다. 그것은 고통스러울 수 있지만 어려운 일은 아닙니다. 오히려 감격스럽고 위대한 일입니다.

이제는 눈을 떠서 당신 인생에 가장 소중한 사람을 바라보십시오. 여기 엠마오 마을로 가던 두 제자와 함께하신 그분이 오늘도 당신 옆에 와 계신 것을 주목하십시오. 당신도 이러한 인생의 대전환을 체험하고 누리기를 바랍니다.

24:36-37 제자들이 한참 이런 이야기를 나누고 있을 때, 그들이 모인 그 자리에 부활하신 예수님께서 나타나 서셨다. 그리고 그들에게 말씀하셨다.

"샬롬! 그대들에게 평화가 있기를 바랍니다."

그러자 제자들은 모두 깜짝 놀랐고 동시에 두려움에 사로잡혔다. 그들은 부활한 예수님을 보았지만, 몸이 없는 유령이라고 생각했기 때문이다.

38-40 그래서 예수님께서는 그들에게 말씀하셨다.

"왜 그렇게 놀라워하고 동요합니까? 왜 그대들 마음속에 의심과 두려움이 일어납니까? 자! 다가와, 나의 손과 발을 직접 보세요. 그래요! 정말 나입니다. 나를 만져보세요. 유령은 살과 뼈가 없지만, 나는 이렇게 새로운 부활의 몸을 입고 있습니다. 지금 그대들이 보고 있는 것처럼 말입니다."

예수님께서는 이런 말씀을 하시면서, 제자들에게 자신의 손과 발을 직접 보여주셨다.

41-43 부활하신 예수님을 만나게 된 기쁨이 너무나 커서, 제자들이 여전히 믿기 어렵다는 듯한 표정을 하고 있으니, 자신이 온전히 부활하셨음을 그들에게 보여주시고자 "혹시 여기 먹을 것이 있나요?"라고 물어보셨다.

이에 제자들이 구운 생선 한 토막을 예수님께 드렸다. 그러자 그분은 그것을 받으신 후에 제자들 앞에서 드셨다. 이렇게 예수님은 부활의 몸을 가지셨음을 확실히 증명해 보이신 것이다.

44-49 이제 예수님께서는 제자들을 향해 다음과 같이 말씀하셨다.

"내가 여러분과 함께 있을 때 나눴던 중요한 메시지를 지금 다시 기억해보세요. 모세 오경과 선지서와 시편에서 나에 관해 기록된 말씀, 하나님의 아들 메시아를 통해 반드시 이루어진다고 했던 십자가와 부활, 곧 복음의 모든 내용 말입니다."

그렇게 예수님께서는 제자들의 마음을 활짝 여셔서, 구약 성경의 모든 말씀을 깨닫게 해주셨다. 이어 제자들에게 다음과 같이 말씀하셨다.

"이미 구약 성경에서 세상의 구원자 메시아, 곧 내가 십자가에서 고난받고 죽은 후, 3일 만에 다시 죽은 자들로부터 일어나 부활할 것을 예언하였고, 지금 그 말씀대로 이루어졌습니다.●

내 이름으로 인류의 궁극적인 문제인 죄를 해결하고 용서하는 복음의 능력이 예루살렘에서 시작되어 땅끝에 있는 모든 민족에게까지 전파될 것을 예언하였으며, 이제 그것이 시작되었습니다. 그리고 그 놀라운 복음 전파의 통로요 증인들이 바로 그대들입니다.

다만 그 전에, 아버지 하나님께서 약속하신 성령님을 내가 그대들 위에 보낼 것입니다. 그러므로 그대들은 이곳 예루살렘에서 그 성령님이 그대들 위에 임하셔서 하늘의 위대한 능력이 입혀질 때까지 기도하면서 기다리세요!"

50-54 말씀을 마치신 후에, 예수님께서는 제자들을 데리고 예루살렘에서 [3킬로미터 정도 떨어진 올리브 산의] 베다니 마을까지 가셨다. 거

● 누가복음 9:22, 18:31-33, 24:7 참고.

기서 예수님은 두 손을 올리셔서 제자들을 모두 축복해주셨다.●

　　그렇게 예수님께서 제자들을 축복하시는 동안, 그분은 천천히 제자들을 떠나 하늘 위로 올려지셨다. 제자들은 하늘로 승천하시는 예수님을 향해 경배한 후에, 크게 기뻐하면서 예루살렘으로 돌아왔다. 그리고 제자들은 항상 신실하고 정기적으로 예루살렘 성전에 모여 예배하고 기도하며 하나님을 찬양했다.

Mountain Insight

나의 끝, 예수님의 시작

"내 인생도 이제 여기서 끝이구나"라고 느껴본 적 있습니까?

　　저는 그런 순간이 여러 번 있었습니다. 학교에서 반 아이들 전부가 저를 왕따로 만든 적도 있었고, 깡패에게 걸려 몇 시간 동안 맞아 거의 한 달간 팔을 못 쓴 적도 있었습니다. 늦은 밤 마지막 기차를 타고 집에 오다가 술에 취한 아저씨가 휘두른 흉기에 큰 상처를 입어 피를 많이 흘린 적도 있었습니다. 아버지가 실패한 목회자라는 이유로 거절당한 기회도 많았고 야간 대학을 졸업했다는 이유로 무시당한 만남도 많았습니다. 군 생활 중에는 첫 번째 천리행군에서 낙오했다가 길을 잃어 절벽에서 떨어진 적도 있고, 무장 공비가 쳐들어와 유서를 쓰고 여러 밤을 뜬눈으로 보낸 날들도 있었습니다.

　　그러나 무엇보다 절망스럽고 포기하고 싶었던 날들은 교회를 개척하고 본격적으로 하나님의 일을 할 때 일어났습니다. 아무리 좋은 설교를 준비해도 사람들은 말씀에 관심을 두지 않았고, 아무리 목이 쉬도록 찬양해도 사람들은 따라 부르지 않았습니다. 아무리 밤을 새워

● 　사도행전 1:1-11과 연결되는 구절이다.

기도해도 사람들은 자기 인생의 작은 문제 몇 개만 해결받으려고 했지, 진정으로 하나님 나라와 복음을 위해 삶을 바꾸지 않았습니다. 받는 것만 좋아하고 나눌 줄 몰랐으며, 찔림받은 죄에 대해 분노만 할 줄만 알았지, 작은 것 하나라도 회개하려고 하지는 않았습니다. 무엇보다 주변의 가짜 목사들이 진정한 복음의 말씀 없이 돈과 속임수로 건물을 지어 올리고 인간적인 친분과 술수로 부흥하는 것을 볼 때, 저는 정말 죽고 싶었습니다.

하지만 놀라운 사실은 그것이 절대로 끝이 아니었다는 것입니다. 저의 기대가 끝날 때, 하나님의 기대가 시작되었고 제 마음과 몸이 상처받을 때, 하나님의 치유가 이루어졌습니다. 제가 철저히 가난해질 때, 하나님의 부유함이라는 기적을 맛보았고 제가 죽을 때, 하나님께서는 살아나셨습니다. 십자가의 끝에서 부활이 시작되듯 하나님의 모든 놀라운 시작은 제 끝에서 이루어졌습니다.

그래서 성도들이 아프다고, 실패했다고 그리고 끝났다고 말할 때, 저는 솔직히 기쁩니다. 그때 비로소 하나님께서 시작하시기 때문입니다. 그러므로 우리가 해야 할 일은 우리의 끝이 다가올 때, 인간적인 방법으로 해결하려고 하지 말고 주님과 함께 제대로 끝나야 한다는 것입니다. 주님께 모든 것을 맡기고 기다려야 합니다.

최근에 아주 친한 목사가 교회를 개척했습니다. 바쁜 일정을 쪼개 그 교회에 가서 기도도 해주고, 좋은 책들도 한아름 선물해주었습니다. 언제든 어려움이 있으면 전화하라고 했습니다. 정말 얼마 지나지 않아 전화가 왔습니다. 부교역자 생활을 상당히 했는데도 막상 담임목사가 되어 보니 그동안 한 것은 목회가 아니었다며 힘들어했습니다.

오랜 상담을 마무리하고 전화를 끊으려는데, 갑자기 이런 질문을 했습니다. 이 힘든 개척교회를 그동안 어떻게 감당했느냐고요. 그래서 제가 말했습니다. "처음에는 나도 너무 힘들었지! 하지만 나중에 깨달았어. 내가 죽을 때 주님이 사시고, 내가 끝장나야 하나님이 시작하시지! 이제는 어려운 일이 닥치면 오히려 기대되기도 해. 하나님이 이 죽음 같은 사건을 어떻게 생명으로 바꾸실까 하고." 그 목사는 한참이나 아무 말을 하지 않다가 "아멘"이라고 하면서 전화를 끊었습니다.

저는 여러분에게도 동일하게 말하겠습니다. 지금 자신의 무엇인가가 끝나고 있습니까? 감사하고 기대하십시오. 이제야 예수님의 프로젝트가 시작되는 것이니까요. 누가복음의 끝에서 사도행전이 시작되듯, 나의 진정한 끝에서 예수님의 진정한 시작을 기대해봅니다!

누가복음 풀어쓴 성경

초판 1쇄 발행 | 2022년 7월 14일

지은이 | 강산

펴낸이 | 김윤정
편집 | 오아영
마케팅 | 김지수

펴낸곳 | 글의온도
출판등록 | 2021년 1월 26일(제2021-000050호)
주소 | 서울시 종로구 삼봉로 81, 442호
전화 | 02-739-8950
팩스 | 02-739-8951
메일 | ondopubl@naver.com
인스타그램 | @ondopubl

© 2022, 강산
ISBN 979-11-92005-18-8 (03230)